세계금융위기와 중국경제

김광수경제연구소 경제시평 05

| 중화경제동향 |
세계금융위기와 중국경제

김광수경제연구소 중화경제센터장
인장일 지음

1판 1쇄 발행 | 2009. 3. 1

발행처 | Human & Books
발행인 | 하응백
출판등록 | 2002년 6월 5일 제2002-113호

서울특별시 종로구 경운동 88 수운회관 1009호
기획 홍보부 02-6327-3535, 편집부 02-6327-3537, 팩시밀리 02-6327-5353
이메일 | hbooks@empal.com

값은 뒤표지에 있습니다.

ISBN 978-89-6078-061-3 13320

김광수경제연구소 경제시평 05

중화경제동향
세계금융위기와 중국경제

김광수경제연구소
중화경제센터장 인장일 지음

Human & Books

CONTENTS

| 저자서문 | 12

|제1부| 급변하는 중국경제
급강하는 중국경제   14
베이징올림픽 이후의 중국경제와 소수민족   23
중국 기업의 한국증시 상장   31
중국의 독점금지법   37

|제2부| 전기·전자·인터넷·통신
가전제품 보조금 지원과 TCL그룹   48
중국 제조업체의 현실, 닝보버드   59
세계 최대의 중국어 사이트, 바이두닷컴   67
중국의 인터넷시장 동향과 소후닷컴   76
3강 체제로 재편되는 중국의 통신산업   83
중국 최대의 이동통신사업자, 차이나모바일   91
쓰촨성 대표 가전기업, 창홍전자   100

|제3부| 금융·부동산
선전시를 통해 살펴본 중국의 부동산시장 버블 붕괴   108
미국발 금융위기와 중국 금융시장 동향   115
국제 금융위기에 대처하는 중국의 은행업   124
경기부양대책과 부동산대책   134
농업은행의 민영화   143
대규모 자금조달에 나선 상하이푸동발전은행   151
중국의 카드산업 발전 현황   158

| 중화경제동향 |
세계금융위기와 중국경제

|제4부| 기계 · 자동차 · 조선 · 항공

대규모 경기부양책의 수혜주, 삼일중공	166
중국 조선산업 동향과 중국선박공업	175
방위산업체 상장 1호, 시안항공엔진주식회사	186
중국 항공산업 동향과 에어차이나	195
중국의 자동차시장 동향	203
동펑자동차그룹과 동펑자동차주식회사	211

|제5부| 의류 · 식음료 · 유통

농민공 실업 급증과 차이나의류	220
멜라민 사태와 멍뉴유업의 경영 현황	229
코카콜라의 훼웬쥬스그룹 인수	237
중국의 소비시장 동향과 렌화마트	245
중국의 대외교역과 치이니푸드	253

|제6부| 금속 · 석유 · 화학

중국의 비철금속산업과 쟝시동업주식회사	262
해외 유전 개발에 나서는 중국해양석유주식회사	270
세계 철강수급 현황과 탕산철강	280
중국 최대의 정유회사, 시노펙주식회사	287
중국 최대의 시멘트회사, 하이루어시멘트	296
금시장 동향과 중진황금주식회사	303

■ 서문

중국 경제를 알면 한국 경제가 보인다

2009년 중국 정부의 첫 국무원 상무회의가 1월 7일 원자바오 총리 주재로 열렸습니다. 첫 상무회의의 핵심 의제는 대학생 취업률 확대였습니다. 지난 2000년 이후 고도 경제성장을 거듭해온 중국이 내수 침체와 주식 및 부동산 거품 붕괴에 따른 경제위기에 직면하면서 대량 실업사태를 빚고 있기 때문입니다.

중국 정부는 4조 위안 규모의 경기부양책과 추가 부양책 등으로 내수 촉진과 일자리 창출에 애쓰고 있지만 글로벌 불황 속에서 쏟아지는 청년 취업인구와 농민공 문제를 근본적으로 해결하기에는 역부족인 것입니다.

2008년 하반기에 치러진 공무원 시험 경쟁률은 80 대 1에 이를 정도로 치열했습니다. 근무환경이 좋고 연봉이 높은 외국계 기업이나 금융업을 선호하던 예년과는 달리 상대적으로 안정적인 공무원직을 선호하기 시작했다는 것은 일자리 불안이 사회 불안으로 확산되고 있다는 증거라고 할 수 있습니다.

중국의 인력자원사회보장부와 교육부는 2008년 말 공동으로 취업지원팀을 발족하고 2009년 대졸자들의 취업을 적극 지원할 것이라고 발표했습니다. 교육부의 한 관계자는 2008년 중국 대졸자 취업률이 70%에 그치고 있다고 밝혔습니다. 이는 2009년 2월 550만 명의 대학 졸업 예정자 가운데 165만 명 정도가 대학원에 진학하거나 미취업자가 된다는 것을 의미합니다.

중국은 2000년부터 각 대학이 자율적으로 대학 정원을 정할 수 있도록 개편하면서 2003년 이후 대학 졸업자 수가 급증하고 있습니다. 이 때문에 중국의 4년제 대학 졸업생은 2003년부터 매년 25만 명 이상씩 증가하고 있고, 3년제 전문대학은 2002년부터 연간 25만 명씩 증가하다가 2005년부터는 연간 40만 명씩 증가하고 있습니다. 그 결과 2008년에는 대학 졸업생이 550만 명에 이르고 있으며, 이는 전년 대비 100만 명이나 증가한 셈입니다.

대학 졸업생 수의 증가는 경기침체로 가뜩이나 심각해진 청년실업 문제를 더욱 악화시키고 있습니다. 이에 중국 국무원은 청년취업 확대를 위해 7가지 지원대책을 마련하였습니다. 이 지원대책의 주요 내용은 △도농 취업기회 확대 △중소기업 및 공기업 취업 확대 △연구개발 프로젝트 참여기회 확대 △창업지원 확대 △대학 졸업생 취업지원 강화 △졸업 전 인턴십제도 도입 △각종 취업정보 제공 등입니다.

하지만 이 같은 중국 정부의 노력에도 불구하고 중국 기업들의 경영사정은 갈수록 나빠지고 있습니다. 에어차이나 등 3대 항공사는 이미 대규모 공적 자금을 지원받은 데 이어 다시 2차 공적 자금 지원을 요청한 것으로 알려졌습니다. 또 2008년 11월부터 70개 주요 철강업체들이 20~50% 이상 감산에 돌입하였고, 중소업체들은 생산 중단 혹은 폐업신고를 하였습니다. 주요 철강업체들은 비용 감축을 위해 직원들의 연봉 삭감과 감원을 추진하고 있고, 부동산개발과 건설사업을 전개하고 있는 주장부동산그룹이 경영난 악화로 2009년 초 절반가량의 직원을 감원하고 잔류 직원들의 월급을 30% 삭감하였습니다.

감원은 외국계 기업도 예외가 아닙니다. 실리콘밸리에 본사를 둔 유티스타컴(UTStarcom)의 중국지사는 최근 일부 부서에서 50% 이상 직원 수를 줄이고 있습니다. 지멘스중국(Siemens China)도 감원을 시작했고, 또 중국 최대의 개인용 컴퓨터(PC) 제조업체인 레노보는 불황 여파로 전체 직원의 11%에 해당하는 2,500명을 감원할 계획이라고 발표했습니다.

국가발전개혁위원회 경제연구소 장옌성 소장은 전세계에 확산되고 있는 감원과 임금삭감이 중국 진출 글로벌 기업들의 감원으로까지 여파가 미치고 있다고 말했습니다. 그러나 중국 정부의 대규모 내수경기 부양책과 각종 지원책이 본격적으로 추진되면 이런 감원 움직임도 진정될 것이라고 말하면서 민심 안정을 위한 진화에 나서고 있습니다.

중국 정부가 대규모 일자리 창출 방안을 마련하고 대량 감원을 막기 위해 노력하고 있지만 중국 기업들은 부동산 거품 붕괴와 수출 급감으로 경영실적이 급속히 악화되고 있습니다. 금융위기와 동시에 경기불황이 전세계적으로 진행되고 있는 가운데 중국 경제도 빠르게 경기침체의 늪으로 빠져들고 있는 것입니다. 미국발 글로벌 금융위기와 경기불황의 주변국에 속했던 중국 경제가 세계경제 불황의 중심국으로 변해 갈지도 모른다는 불안이 확산되고 있는 실정입니다.

2008년 중국 언론들이 자주 언급했던 10대 경제 유행어를 살펴보면 중국 경제가 직면한 현실이 얼마나 심각한지 실감할 수 있습니다. 주가

부양, 인력감축, 리만브라더스, 금융해일, 버나드 매도프, 2주택, 자금투입, 신용대출위기, 주가하락, 금융재건으로 10개 단어 중 8,9개가 부정적인 단어였습니다.

특히 인력감축은 중국 언론에서 접하기 힘들었던 문제로, 개혁개방 이후 처음 겪는 대량 실업사태는 중국 경제뿐만 아니라 정치, 사회 전반에 걸쳐 커다란 충격을 주고 있습니다. 중국 정부도 고용안정에 총력을 기울이고 있습니다. 다만 글로벌 금융위기로 농민공 등 실업이 급증하고 있음에도 불구하고 중국 정부가 발표한 실업률은 전년에 비해 0.2% 포인트 증가한 것에 그치고 있어 현실과 상당한 괴리감을 보이고 있습니다.

현실과의 이러한 괴리감은 비단 실업 통계뿐만 아니라 중국 경제지표 전반에 걸친 문제점이라고 할 수 있습니다. 중국정부가 발표하는 통계의 신뢰도 문제는 중국경제에 대한 불신을 낳는 주요 요인이라고 할 수 있습니다. 최근 중국 내부에서도 중국경제에 대한 통계의 신뢰도 향상이 필요하다는 의견이 대두되고 있습니다.

저희 연구소는 이러한 문제점을 인식하고 중국 경제의 현실을 제대로 파악하기 위해 많은 노력을 기울여 왔습니다. 그리하여 2008년 초에 발간한 『중국의 기업을 해부한다』에 이어 이번에 발간되는 『세계 금융위기와 중국경제』편에서는 중국의 산업과 기업 분석과 고찰을 통해, 실감나게 중국 경제의 현장을 들여다 보았습니다. 중국경제의 경기후퇴는 한국 경제에도 매우 큰 부담이 되고 있는 상황입니다. 때문에 우리 연구소에서는 2009년 초에 전체적으로 중국 경제의 현황을 다룬 책이 절실하다는 생각을 가지고 있었고, 이에 <경제시평>의 '중화경제권동향 보고서'에 소개된 내용 가운데 일부를 발췌하여 이 책을 발간하게 된 것입니다.

<경제시평>의 '중화경제권동향 보고서'는 최신의 중국경제 전반에 관한 각종 고급 분석자료를 제공해오고 있습니다. 저희 연구소의 <경제시평>은 신문 구독료 수준인 연간 20만원에 각종 고급 경제분석 자료를 회원들에게 매주 제공하고 있습니다. 2009년 2월 현재 가입 유료 회원 수는 2,400명을 넘고 있습니다. 보다 많은 분들께서 <경제시평>을 참고해보신다면 국내외 경제동향과 산업 및 기업 동향에 대해 그 어느 곳에서도 찾아보기 어려운 각종 고급정보들을 얻으실 수 있을 것입니다.

마지막으로 항상 든든하게 제 옆을 지켜주시는 부모님과 중국 경제에 대한 올바른 시각을 가질 수 있도록 지도편달을 아끼지 않으신 연구소 김광수 소장님께 감사의 말씀을 올립니다.

2009년 2월

金光洙經濟硏究所
중화경제센터장 인장일

|제1부|

급변하는 중국경제

급강하하는 중국경제

2009년 중국 경제의 최대 목표가 '8% 경제성장 유지'로 확정되었다. 12월 8일부터 10일까지 3일간 베이징에서 열린 2008년 중앙경제업무회의에서 글로벌 금융위기와 국내 경기 하강에 직면한 중국 정부가 '성장유지(保增长), 발전촉진(促发展)'이라는 주제로 2009년 경제정책을 논의했다. 특히 수출 중심의 성장을 지속해온 중국으로서는 불확실성이 크게 높아진 글로벌 경제환경 변화에 대비해 경제정책 기조를 전면 수정하였다.

2008년 중국 경제의 최대 목표는 '인플레이션 억제, 경기과열 억제(双防)'이었다. 2007년 10월에 5년 만에 열린 전국대표대회(전대, 全国代表大会)에서 중국의 새 지도부를 선출한 후 중국 정부는 곧바로 열린 중앙경제업무회의에서 경기과열과 인플레이션을 막기 위해 주요 정책기조를 긴축통화정책으로 전환하였다. 수출 위주의 성장으로 막대한 무역수지 흑자가 계속되었고 외국인 직접투자도 지속적으로 유입되었다. 중국 내부적으로는 외환집중관리 방식으로 수출대금 등 외화의 위안화 강제 환전에 따른 위안화 공급과잉으로 부동산시장과 주식시장의 과열이 위험수위를 넘어가고 있었다. 7년여를 준비한 베이징올림픽 개최에 대한 기대심리로 물가상승 압력이 크게 높아졌다. 뿐만 아니라 2007년 하반기부터 국제유가를 비롯한 주요 원자재 가격이 급등하기 시작하면서 '고성장, 고물가' 신호가 나타나기 시작했다. 이에 중국 정부는 1997년 이후 처음으로 긴축통화정책으로 정책방향을 전환한 것이다.

그러나 2008년 초부터 상황이 변하기 시작했다. <도표 1>에서 2008년 한해 중국경제의 주요 흐름을 살펴보면, 1월 중국 남부지역의 폭설재해와 5월 쓰촨성 대지진 피해 복구를 위해 7월 25일 개최된 중앙정치국회의에서 중국 정부는 하반기 경제정책 기조를 긴축통화정책에서 '성장유지, 인플레이션 억제(一保一控)'로 변경하였다. 즉 재정확대-통화긴축 정책으로 정책방향을 전환한 것이다.

그런데 8%를 상회하던 물가상승률이 하반기로 접어들면서 4%까지 떨어지기 시작했다. 또 2008년 3분기 경제성장률이 9%까지 떨어지고 4분기에는 7%대로 급감할 가능성이 높아지고 있다. 이에 중국 정부는 2009년도 경제정책 목표를 '성장유지(保增长), 내수확대(扩内需)'로 내세워 재정확대-통화확대 기조로 전환한 것이다.

부동산과 주식 등 자산시장 버블도 붕괴되기 시작했다. 70개 대·중도시의 집값 상승률을 보면, 2008년 연초부터 상승률이 계속 둔화되더니 베이징올림픽이 끝난 후부터는 전국적으로 하락세가 뚜렷하게 나타나고 있다. 이에 중국 정부는 집값 하락을 막기 위해 2008년 10월 부동산시장 활성화 대책을 마련하고, 보장성 주택(임대주택) 건설확대 추진과 주택거래세 인하를 통해 국민들의 주택구입을 촉진했다. 하지만 부동산 활성화 대책 발표 후인 11월에는 전월에 비해 오히려 0.5% 하락하여 2008년 들어 가장 큰 폭의 하락세를 기록했다. 이미 상하이, 선전시 등 대도시 지역의 부동산가격은 큰 폭의 하락세를 지속하고 있으며 부동산시장의 버블 붕괴가 전국적으로 확산되는 양상을 보이고 있다.

<도표 1> 2008년 중국경제 동향

	주요 경제 동향	CPI 상승률(%)	금리 정책	집값 (70개도시)	상하이 주가지수
1월	상반기 경제정책 인플레, 경기과열 억제	7.1		전년동월대비 11.3% 상승, 전월대비 0.3% 상승	5000 붕괴
2월		8.7		전년동월대비 10.9% 상승, 전월대비 0.2% 상승	
3월	1분기 성장률; 10.6%	8.3		전년동월대비 10.7% 상승, 전월대비 0.3% 상승	4000 붕괴
4월		8.5		전년동월대비 10.1% 상승, 전월대비 0.2% 상승	
5월	쓰촨성 대지진	7.7		전년동월대비 9.2% 상승, 전월대비 0.1% 상승	
6월	2분기 성장률; 10.2%	7.1		전년동월대비 8.2% 상승, 전월대비 보합세	3000 붕괴
7월	하반기 경제정책 성장유지, 인플레억제	6.3		전년동월대비 7.0% 상승, 전월대비 보합세	
8월	베이징올림픽 개최 중소기업 자금난 심화	4.9		전년동월대비 5.3% 상승, 전월대비 -0.1% 하락	
9월	3분기 성장률; 9%	4.6	0.27% 인하	전년동월대비 3.5% 상승, 전월대비 -0.1% 하락	
10월	부동산활성화대책 발표 부동산세 감면 및 대출조건완화	4	0.27%씩 두 차례 인하	전년동월대비 1.6% 상승, 전월대비 -0.3% 하락	2000 붕괴
11월	4조위안 경기부양책 발표		1.08% 인하	전년동월대비 0.2% 상승, 전월대비 -0.5% 하락	
12월	2009년 경제정책 성장유지, 내수확대				

(주) KSERI 작성

상하이 종합주가지수도 2007년 말 6,000포인트를 돌파하여 투기 버블이 극에 달했으나 미국발 금융위기 등의 영향으로 2008년부터 폭락세를 지속해오고 있다. 2008년 1월에는 5,000포인트가 붕괴되었으며 3월에는 4,000포인트, 6월에는 3,000포인트, 10월에는 2,000포인트가 붕괴되어 최고가 대비 1/3 수준으로 폭락했다.

이처럼 실물경제 위축과 자산시장 버블 붕괴가 가속화되자 중국 금융당국인 인민은행은 2008년 9월 이후 4차례에 걸쳐 금리를 인하하고 있다. 특히 11월에는 1997년 10월 이래 가장 큰 폭의 금리 인하를 단행했다.

중국 정부도 경기부양에 적극 나섰다. 11월에 2010년까지 사회인프라 건설사업을 중심으로 하는 4조 위안에 달하는 대규모 경기부양책을 발표하였다. 임대주택 건설사업과 사회간접시설 확충, 산업구조조정 및 감세(증치세 감면), 시중은행의 대출 확대 등 10대 경기부양대책을 통해 내수경기를 활성화하겠다고 나선 것이다.

다음의 <도표 2>에서 4조 위안 경기부양책의 사업예산 내역을 살펴보면, 철도, 도로, 공항, 전력망 등 인프라 구축사업에 1.8조 위안의 예산이 투입되어 가장 많은 것으로 나타났으며, 이어서 재난복구사업에 1조 위안이 투입된다. 이 두 사업들의 세부사업들에 대해서는 각 해당부처와 지방정부들이 논의를 계속하고 있다. 또 임대주택 건설사업에 2,800억 위안, 농촌기간시설사업 3,700억 위안, 의료 및 문화교육사업 400억 위안, 생태환경조성사업 3,500억 위안, 혁신화 구조조정사업(自主创新结构调整) 1,600억 위안 등이 투입된다.

한편, 이번 중앙경제업무회의에서는 성장유지-내수확대 경제정책 방향과 함께 경제성장 전략에 대한 수정을 의미하는 '구조조정(调结构)'도 거론되었다. 수출주도형 경제성장을 지속하던 중국 경제가 글로벌 금융

<도표 2> 4조 위안 경기부양책의 사업내용

주요 사업내용	예산(억 위안)
철도, 도로, 공항, 전력망 구축 사업	18,000
재난복구 사업	10,000
보장성 주택건설 사업	2,800
농민 민생 및 농촌 기간시설 사업	3,700
의료위생, 문화교육 사업	400
생태환경조성 사업	3,500
자주혁신 구조조정 사업	1,600
합계	40,000

㈜ 국가발전개혁위원회 자료로부터 KSERI 작성

위기로 인해 경제가 흔들리자 이번 기회를 통해 내수주도형 경제성장 전략으로 전환하자는 의견이 제기된 것이다. 중국경제가 장기적으로 안정적인 성장을 유지하기 위해서는 내수확대 중심의 성장모델로 전환해야 한다는 것이다. 이를 위해 노동집약적이고 단순 조립가공 위주의 수출중심 산업구조에서 내수 위주의 산업으로 구조조정을 하고 핵심기업들을 집중 육성해야 한다는 것이다.

국가통계국 마젠탕(马建堂) 국장은 최근 한 기고문에서 중국의 소비 병목현상을 제거하기 위해서는 자동차산업과 부동산, 주식시장의 안정이 선결과제라고 지적하였다. 구체적인 언급은 없었지만 해당 산업들에 대한 직접적인 정부지원을 강조한 것으로 보인다.

우선 국책은행인 수출입은행이 중국 자동차산업의 자존심인 체리(Chery, 奇瑞)에 대해 100억 위안을 융자해주기로 했다고 발표했다. 이번에 체리가 지원받는 자금은 수출 및 해외현지생산 확대를 위해 사용한다고 한다. 그러나 이는 중국 자동차산업이 어려움에 직면하자 중국 정부가 체리의 해외사업을 지원해주는 형태로 보조금을 지원해주고 있는 것이라고 할 수 있다. FAW, 동펑(东风), 창청(长城) 등 주요 자동차업체들 역시 일제히 수출 목표량을 하향조정 발표하고 있어 이들에게도 보조금이 지원될 것으로 보인다.

중국 실물경제의 위기는 비단 자동차산업뿐 아니라 전 산업에 걸쳐 나타나고 있다. 항공업의 경우, 10월까지 누적 적자액이 43억 위안으로 거의 모든 항공사들이 적자 상태에 직면해 있다. 이에 민항총국은 증편 운항을 전면 금지하고, 신규 항공사 설립인가를 유보키로 하는 한편, 4,500억 위안에 달하는 항공인프라 구축방안 등을 수립하여 정부에 자금지원을 요청한 것으로 알려지고 있다. 이미 11월에 중국 정부는 동방항공과 남방항공에 30억 위안씩, 에어차이나에 100억 위안 합계 160억 위안의 자금지원을 해준 것으로 알려지고 있다.

알루미늄산업도 공급과잉이 최근 10년 만에 최대 수준에 달하고 있다. 알루미늄업체 절반 이상이 심각한 영업손실 상태에 직면하고 있으며 10월부터는 내량 감산체제로 돌입했다.

화섬산업 역시 마이너스 성장이 유력해지고 있다. 2008년 1~8월 화섬제품 생산량은 전년동기대비 3% 가량 증가한 것으로 나타났으나 8월 이후 생산량은 크게 감소하면서 2008년 전체 생산량이 전년에 비해 줄어들 것으로 확실시되고 있다. 8월까지 화섬업계 전체 매출액은 47억 위안으로 전년동기에 비교해 42%나 감소한 것으로 보도되고 있다.

서비스업도 경영난에 직면해 있다. 선전시 식당의 5% 가량이 이미 문을 닫은 것으로 알려지고 있다. 최근 선전시 음식서비스협회가 발표한 자료에 의하면, 2008년 하반기부터 5% 가량의 식당이 문을 닫은 상태로,

특히 고급식당 수가 크게 줄어들고 있다고 한다. 이는 외식문화가 정착되어 있는 중국 가정이 경기침체와 자산가격 폭락으로 소비심리가 크게 위축되고 있음을 보여주고 있다.

이에 중국정부는 이번 중앙경제업무회의에서 개인창업 장려 방안을 적극 검토한 것으로 알려지고 있다. 중소기업이 도산하면서 실업이 크게 증가하자관련부처들이 900만 명 일자리 창출을 목표로 개인창업 지원방안을 논의하고 있다. 하지만 소상공인들의 폐업신고가 줄을 잇고 있는 상황에서 창업장려 방안이 실효성을 거둘 수 있을지는 미지수이다.

중국 국무원은 상무위원회는 이번 중앙경제업무회의가 열리기 바로 직전에 다음의 <도표 3>과 같은 9가지 금융지원방안(金融九条)을 발표하였다. 이중 주식시장 안정화에 관해서는 아직 확정된 것은 아니지만 사회보장기금의 주식투자 수익에 대해 면세 혜택을 논의한 것으로 알려지고 있다. 또 금융기관들이 중소기업 대출확대에 따른 부실위험을 완화해주기 위해 은행들의 영업세율을 기존의 5%에서 3%로 하향 조정하는 방안에 대해서도 거론되었다고 한다.

이처럼 중국정부는 8% 성장률 사수를 위한 '성장유지, 내수확대, 구조조정'이라는 주요 정책기조를 정하고 총력전을 전개하고 있다. 하지만 이 같은 총력전이 충분한 효과를 거둘 수 있을지는 미지수다. 부동산과 주식의 투기 버블 붕괴와 주요 수출 대상국의 경기 침체에 직면한 중국경제가 8%대의 경제성장을 이룬다는 것은 벅찬 과제로 보인다. IMF는 내년 중국 경제성장률을 5%대로 전망하여 경착륙 위험을 경고했다.

그리고 현재까지는 8% 성장률 사수를 위한 '성장유지, 내수확대, 구조조정'이라는 주요 정책기조만 발표되었을 뿐, 구체적인 세부정책과 목표

<도표 3> 9대 금융지원방안(金融九條)

방안	주요 내용
적절한 통화확대정책	지준율, 금리, 환율 등 모든 방안을 동원해서 은행들의 자금 유동성을 충분히 유지시켜 줌으로써 대출규모 확대
중소기업 대출 강화	지방정부들은 지역내 중소기업들의 신용담보대출을 원활히 제공하기 위한 공적 자금을 충분히 확보하고, 대출기관 설립을 통해 중소기업에 대한 대출을 확대. 조건에 부합하는 중소기업에 대해서는 영업세를 감면해주고, 농촌신용담보시스템 가이드라인을 구축하여 담보 대상범위를 확대. 주택, 자동차, 농촌 소비시장을 적극 지원.
주식시장 안정화 및 채권발행	주식시장을 안정화시킬 수 있는 적극적 방안을 모색하고, 사회기간시설, 생태환경, 재난복구와 관련된 대규모 국채 발행.
보험업무 강화	주택, 자동차, 건강, 양로 보험 확대를 통한 보험회사들의 영업구조 향상을 통해 교통, 통신, 에너지와 같은 기간시설 투자에 적극 동참하도록 유도.
신규대출 확대	M&A대출, 부동산신탁투자기금, 주식투자기금, 민간발전기금 등 여러 방안을 검토하여 기업융자 창구역할 확대.
외환관리	중소 수출기업들의 무역융자 간편화, 외환자금 사용효율성 제고 등을 통해 대외교역조건 개선.
금융서비스 현대화	농촌과 재난지역에 대한 국가 예산 지원 범위 확대, 수출환급세 과정 간편화 등을 통해 중소기업과 농촌 금융업무 수준 향상.
세제정책 지원	국가 재정을 통해 금융업의 부실자산 처리를 도와 국가 경제성장 능력 향상.
금융개혁 가속화	리스크 감독 및 관리기능을 강화하는 금융감독시스템을 완비함으로써 금융안정화를 체계적으로 전개.

(주) KSERI 작성

들은 알려지고 있지 않고 있다. 통상적으로 중국은 중앙경제업무회의를 통해 논의된 사안들을 국무원에 상정하고 《정부업무보고(政府工作報告)》로 확정될 때까지 외부에 공식 발표하지 않는 것이 관례이다. 2009년 3월에 있을 전인대 심의를 통과해야 비로서 국가정책이 확정 발표되는 만큼 경기부양책과 구조조정 세부내용들의 윤곽은 2009년 3월 이후에나 공식 발표될 것으로 보인다.

(2008년 12월 15일)

베이징올림픽 이후의 중국경제와 소수민족

올림픽 개막식 직전인 8월 5일과 10일 신장위구르(新疆维吾尔)자치구에서 연이어 폭탄테러가 발생한 가운데, 2008년 8월 8일 저녁 8시 중국이 지난 7년간 야심차게 준비한 제29회 올림픽이 중국 베이징 국가스포츠센터(国家体育场)에서 장엄한 막을 올렸다. 역대 최대 규모로 치러진 이번 베이징올림픽 개막식에는 전세계 80개국 100여 명의 국가 정상들과 1천여 명에 달하는 글로벌 기업 대표들, 그리고 205개국에서 모인 1만여 명의 선수들이 한데 어우러져 지구촌 최대 축제를 시작하였다.

부시 미 대통령을 비롯하여 푸틴 러시아 총리, 후쿠다 일본 총리, 사르코지 프랑스 대통령, 타이완의 우보슝(吴伯雄) 국민당 주석 등 각국의 주요 정상들과 빌 게이츠 전 MS 회장, 릭 왜고너 GM 회장, 루퍼드 머독 뉴스코프 회장 등 세계 정치와 경제를 이끌어가고 있는 지도자들이 한자리에 모임으로써 중국의 파워를 가늠할 수 있게 한 자리였다고 할 수 있다.

2008년 5월 이전까지만 해도 세계의 베이징올림픽에 대한 시선은 부정적이었다. 특히 올림픽 성화 봉송과정에서 세계 곳곳에서 불거진 각국 시위대와의 충돌은 중국 정부를 더욱 불안하게 하였다. 4월 프랑스 파리 봉송에서 인권단체들이 티벳 독립지지 시위를 하고 사르코지 대통령이 개막식 불참을 선언하면서 올림픽 보이콧 움직임이 EU 회원국으로 확산되는 조짐을 보였다. 호주와 한국 등 몇몇 국가에서도 성화 봉송과정에서 물리적 충돌이 발생하기도 하였다.

이전까지 중국 정부는 인권문제가 불거질 때마다 내부간섭이라는 강경입장으로 맞섰다. 그러나 이번 올림픽 개최를 통해 '중화사상'을 고취하고 싶었던 중국은 과거와는 달리 주로 침묵으로 일관하면서 사태가 진정되기를 기다렸다. 그리고 때마침 2008년 5월 쓰촨성에 대지진이 발생하면서 올림픽 보이콧 문제도 수그러들었다.

중국 정부는 이번 올림픽에 막대한 자금을 투입하였다. 중국 정부의 공식 집계는 아니지만, 2002년부터 2008년까지 중국 정부는 대략 2,800억 위안(약 42조원)에 달하는 엄청난 투자를 하였는데 이 중 대부분이 교통망과 통신망 등 사회인프라 구축 및 경기장 선수촌 등 건설 분야에 집중되었다. 이를 통해 중국은 높은 경제성장 효과도 얻을 수 있다.

그러나 벌써부터 올림픽 이후 중국경제 침체에 대한 우려의 목소리가 나오고 있다. 중국정부는 올림픽 이후 경기 감속을 방지하기 위해 금융긴축정책을 완화하기 시작했다. 중국인민은행은 2007년 가을에 부동산 투기버블을 억제하기 위해 실시한 은행대출 총량규제 조치를 완화하기로 한 것이다. 수출둔화로 어려움이 처한 기업을 지원하기 위해서라고 한다. 중국정부는 지금까지 인플레 억제를 위해 금융긴축정책을 지속해

오는 한편, 공공사업 확대 등 재정사업을 통해 성장을 유지해왔다. 그러나 이번 금융긴축 완화조치로 거시경제 전체가 경기중시형으로 기조가 바뀜에 따라 인플레 가속을 우려하는 목소리도 높아지고 있다.

구체적으로 올림픽 이후 중국경제의 경기둔화 가능성에 대해 간단히 살펴보기로 하자. 1988년 서울올림픽에서부터 2008년 베이징올림픽까지 개최된 6개 대회의 개최연도를 기점으로 전후 4년간의 연평균 경제성장률은 다음의 <도표 1>과 같다.

이 도표에서 올림픽 개최 전후의 경제성장률을 비교해보면, 애틀랜타 올림픽을 제외하고 모두 개최 이전의 성장률이 개최 이후의 성장률보다 높게 나타나고 있다. 이것은 올림픽 개최 준비가 개최국의 경제성장률을 연평균 1~2% 가량 끌어 올리고 있다는 점을 시사한다고 할 수 있겠다. 반대로 올림픽 개최 후의 경제성장률은 1~2% 가량 둔화되고 있다는 것을 보여주고 있다고도 할 수 있다. 이로 비추어 볼 때 중국 역시 2008년 상반기부터 나타나고 있는 성장률 둔화가 하반기와 2009년에도 지속될 것으로 보인 다는 점에서 올림픽 이후 성장률이 1~2% 가량 둔화될 가능성이 높다고 할 수 있다.

또 올림픽 개최연도의 성장률을 살펴보면 애틀랜타 올림픽을 제외한 나머지 5개국은 올림픽 개최연도의 성장률이 개최 1년 전에 비해 대략 1% 가량 낮아지고 있는 것으로 나타나고 있다. 중국도 2008년 상반기 현재 10.4%로 전년의 11.9%에 비하면 1.5%의 둔화를 보이고 있다. 비록 단순비교이기는 하지만 과거 올림픽 개최국의 성장률 변화 패턴으로 볼 때 중국도 올림픽 이후 경기가 둔화될 가능성이 높다고 할 수 있다.

올림픽 전후의 성장률 추이 면에서 가장 비슷한 한국과 호주, 중국 3개국의 소비자물가 상승률을 살펴보면, 3개국 모두 개최연도에 물가상승률이 크게 상승한 것으로 나타나고 있다. 전년도 상승률에 비해 3~4% 정도 높게 나타나고 있는 것이다. 한국의 경우 개최연도인 1988년에 소비자물가 상승률이 크게 상승한 것으로 나타나고 있는데, 개최 전 4년간의 평균 물가상승률이 2.63%인데 비해 개최 후 4년 동안에는 평균 7.45%가 상승한 것으로 나타나 올림픽개최로 인한 인플레이션 후유증이 있었음을 시사하고 있다. 호주 역시 비슷한 패턴을 보이고 있다. 개최연도인 2000년에 4.5%가 상승하였으며, 개최 전 평균 물가상승률이 1.3%에 그친

<도표 1> 올림픽 개최국의 주요 경제 추이

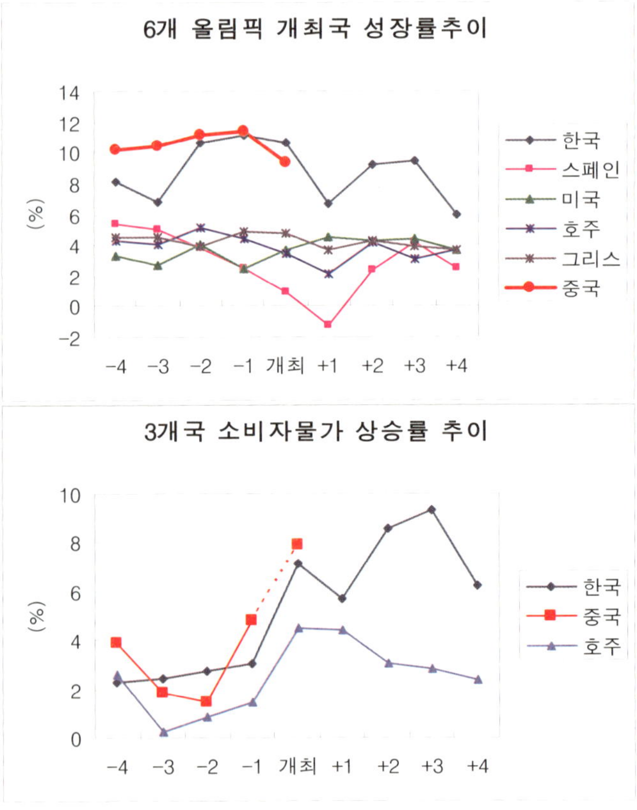

6개 올림픽 개최국 성장률추이

3개국 소비자물가 상승률 추이

(주) 각종 자료로부터 KSERI 작성

데 비해 개최 후에는 3.12%로 2% 가량 높게 나타났다.

  중국도 올림픽 개최 전 4년 동안 평균 2.98%의 물가상승률을 나타내고 있는 반면 2008년 상반기에는 전년동기대비 7.9%의 상승률을 있다. 한국과 호주의 올림픽 개최 전후의 물가상승률 변화와 비슷한 패턴을 보이고 있는 것이다. 이로부터 올림픽 개최 후 중국의 소비자물가 상승률도 7%대의 높은 수준을 유지할 가능성이 높다고 할 수 있다.

  한편, 세계의 무관심으로 중국인만을 위한 잔치로 전락할 수 있었던 이번 올림픽이 중국의 외교적 파워뿐 아니라 쓰촨 대지진과 같은 내부 악재가 전화위복이 되어 '중화사상'을 전세계에 홍보하는 호기로 탈바꿈하였지만, 올림픽 개최를 전후로 계속 터지고 있는 폭탄테러는 중국내 소수민족들의 독립운동과 인권문제의 심각성을 보여주고 있다.

  중국의 주요 발전정책에 항상 소수민족정책이 포함되어 있을 정도로 소수민족 문제는 중국정부 입장에서 좀처럼 해결하기 어려운 난제라고 할 수 있다. 56개 민족으로 구성되어 있는 중국은 한족(漢族)이 전체 인구의 92% 가량을 차지할 정도로 절대적인 비중을 차지하고 있으나 55개 소수민족도 인구 수에서 1억 명을 상회하는 수준에 달하고 있다.

  1949년 중화인민공화국이 설립되면서부터 중국 정부는 소수민족 우대정책을 실시하고 있으나 민족적 뿌리와 사상, 종교, 언어, 생김새 등의 차이는 여전히 중화사상으로도 뛰어넘을 수 없는 벽으로 존재하고 있다.

  중국의 소수민족들은 소수민족자치구에 밀집되어 생활하고 있으며, 낙후된 지역에 위치해 있다 보니 교육의 기회가 상대적으로 적어 중앙이나 도시로 진출할 수 있는 기회가 많지 않다. 따라서 이들은 주로 관광산업으로 생활을 유지하고 있는데 이들의 평균소득은 중국 전체 평균수준에 미치지 못하는 열악한 수준에 처해 있다. 정치, 종교, 사회적 차별성은 차치하고서라도 이들의 경제적 빈곤이 독립운동을 더욱 부추기는 요인으로 작용할 가능성도 배 제할 수 없다. 이에 중국의 지역별 평균소득에 기인한 지역별 경제 격차에 대해 간단히 살펴보기로 한다.

중국의 소수민족 생활수준을 보기 위해서는 이들이 속해 있는 내몽고(内蒙古)자치구, 광시장족(广西壮族)자치구, 티벳(西藏)자치구, 닝샤회족(宁夏回族)자치구, 신장위구르(新疆维吾耳)자치구 등 5개 지역과 가장 많은 소수민족이 밀집되어 있는 윈난(云南)지역을 중심으로 살펴볼 필요가 있다.

다음의 <도표 2>에서 중국의 지역별 소득수준을 살펴보면 2006년 처음으로 베이징 시민 1인당 소득이 상하이를 앞질러 평균 4만 위안에 근접하였다. 이는 베이징올림픽을 계기로 대규모 건설사업이 베이징시에 집중 투자된 결과이다. 이어서 상하이가 3.76만 위안으로 그 뒤를 잇고 있고, 티벳 2.91만 위안, 톈진 2.77만 위안, 저쟝 2.76만 위안 의 순으로 나타나고 있다. 이에 비해 내몽고 1.84만 위안, 광시 1.76만 위안, 닝샤 2.1만 위안, 신장이 1.77만 위안, 윈난 1.83만 위안으로 나타나고 있다. 2006년 기준 중국 전체 1인당 소득이 2.09만 위안인 것을 감안하면 티벳을 제외한 나머지 5개 지역은 모두 평균 이하의 소득수준으로 나타나고 있는 것이다.

또 지역별 소득격차(=지역소득-전국평균소득)를 보면, 베이징시 1인당 소득은 중국 전체 평균소득보다 1.88만 위안이 많고, 상하이시 역시 평균 1.67만 위안이 더 많은 것으로 나타나고 있다. 반면, 내몽고 -2,474위안, 광시 -3,244위안, 닝샤 +44위안, 신장 -3,152 위안, 윈난 -2,594

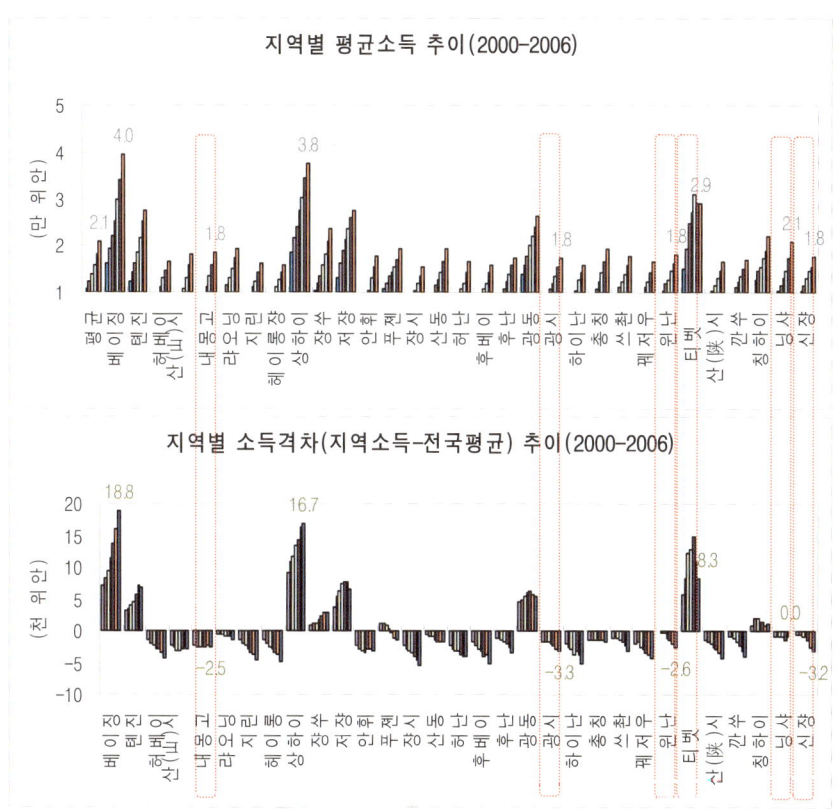

㈜ 중국 국가통계국 자료로부터 KSERI 작성

위안으로 중국 전체의 평균소득에 상당히 못 미치는 수준으로 나타나고 있으며 티벳 만이 8,263위안 더 높은 것으로 나타나고 있다.

이처럼 티벳의 평균소득이 높게 나타나고 있는 이유는 중국 정부가 '서부대개발프로젝트'를 통해 칭짱(青藏)철도 건설 등 엄청난 자본을 투입하고 있기 때문으로 보인다. 뿐만 아니라 앞으로도 2010년까지 1백 여 개에 달하는 개발프로젝트가 지속적으로 추진될 예정으로 있다.

중국 정부가 이처럼 티벳 지역에 많은 개발사업을 집중적으로 추진하는 까닭은 명백히 '티벳 달래기' 의도가 내포되어 있다고 할 수 있다. 또 티벳을 제외한 모든 소수민족자치구가 열악한 상황에 놓여 있는 점을 감안하면 중국 정부는 앞으로도 소수민족자치구를 중심으로 대규모 개발사업을 계속 전개해갈 필요가 있을 것으로 보인다.

결론을 맺자. 중국경제는 이번 올림픽을 계기로 경기가 둔화될 가능성이 높아지고 있으며, 소수민족들의 경제성장 차별에 대한 불만도 증폭되고 있다. 이에 따라 중국 정부는 물가안정 정책기조에서 경기부양 기조로 전환하려는 움직임을 보이고 있으며, 소수민족의 소득증가 정책도 계속 확대해갈 필요가 있는 것으로 보인다. 그러나 섣부른 금융긴축 완화 정책은 인플레이션 상승을 초래할 위험을 배제할 수 없으며, 소수민족 소득증대가 하루아침에 이루어질 수 없다는 점이 중국정부로서는 고민이라고 하겠다.

(2008년 8월 11일)

중국 기업의 한국증시 상장

2007년 하반기 이후 미국 서브프라임론 사태로 글로벌 신용경색이 빠르게 확산되고, 중국 국내증시도 폭락을 거듭함에 따라 중국 기업들의 상장 소식이 뜸해졌다. 그런 가운데 2008년 7월 중국의 정바오 원거리교육(正保远程教育, CDEL)그룹이 미 뉴욕증권거래소에 상장하기 위해 기업공개(IPO)를 했다는 보도가 있었다. 7월 30일 첫 거래가 시작된 CDEL은 기업공개를 통해 1주당 7달러에 875만 주를 발행함으로써 총 6,125만 달러를 조달할 것으로 추정되고 있다.

이와 관련 중국 언론들은 2008년 하반기 중국 기업들이 국내상장보다는 해외상장에 큰 관심을 보일 것이라고 전망하고 있다. 중국 정부가 최근의 국내 증시 수급문제를 고려하여 신규상장뿐 아니라 추가발행 물량까지 엄격하게 제한하고 있기 때문이다. 2008년 초부터 끊임없이 거론됐던 핑안(平安)보험그룹의 추가발행이 결국 잠정 연기된 것도 이 때문이다. 또, 중국정부가 상장 우선순위를 국영기업에 맞추고 있는 점도 민간기업으로 하여금 해외증시로 눈을 돌리게 하는 주요 원인으로 작용하고 있기도 하다.

이번에 뉴욕증시에 상장되는 CDEL 을 비롯하여 코스피에 이미 상장된 화평방직(华丰纺织)이나 코스닥시장에서 거래되고 있는 3노드디지털(三诺电子, 3Nod), 코웰(Cowell e Holdings Inc.) 역시 모두 민간기업들이다.

2007년 상하이종합주가지수가 거의 3개월마다 1천 포인트씩 돌파하면서 중국 기업들의 상장도 붐을 이루었다. <도표 1>에서 보면 2007년 국내외 증시에 상장된 전체 중국 기업 수는 총 242개사로 2006년에 비해 크게 증가하였다. 이 중 해외에 상장된 기업 수는 118개사이고 국내상장 기업 수는 124개로 거의 비슷한 수준을 보였으며 모두 2006년에 비해 크게 증가한 것으로 나타나고 있다.

이에 비해 자금 조달액 면에서는 2006년까지 해외상장 조달액이 압도적으로 많다가 2007년에는 중국증시 급등으로 후반기로 갈수록 중국내

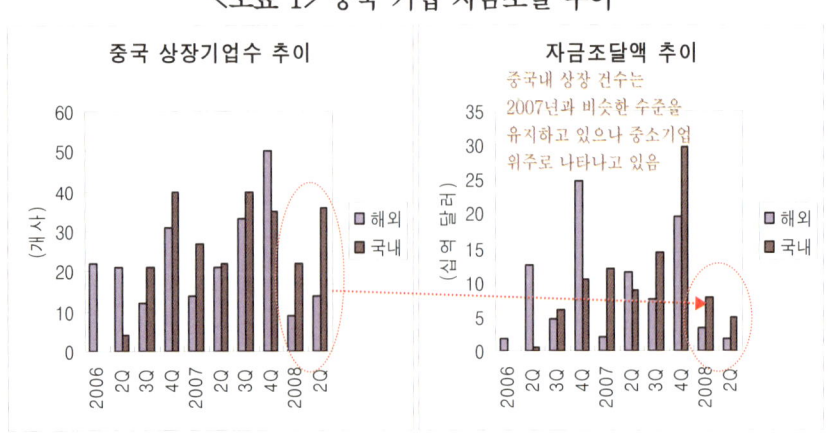

<도표 1> 중국 기업 자금조달 추이

㈜ 각종 자료로부터 KSERI 작성

상장 조달액이 급증하고 있음을 알 수 있다. 이처럼 국내 조달액이 급증한 것은 페트로차이나(中国石油), 선화에너지(中国神华), 건설은행(建设银行) 등 국영 대형주들이 대거 국내 상장을 하였고, 이 중 10억 달러 이상 조달한 회사가 14개사에 이를 정도였기 때문이다.

그러나 2008년에는 상황이 크게 달라지고 있다. 글로벌 신용경색의 영향으로 해외상장 기업 수가 크게 줄고 있는 반면, 국내상장 기업 수는 전년과 비슷한 수준을 보이고 있다. 반면, 자금조달액 면에서는 국내 및 해외상장 모두 급감하고 있다. 특히 국내 상장기업 수는 전년에 비해 크게 변하지 않은데 비해 국내 조달액은 40% 가까이 감소한 것으로 나타나고 있다. 이는 2008년 소규모 자금조달을 하는 중소기업들의 상장이 주류를 이루고 있음을 의미한다고 하겠다.

글로벌 신용경색과 미국 증시의 침체 영향으로 중국 기업들의 해외상장 움직임이 크게 둔화되기 시작함에 따라 중국 대기업들이 국내증시 상장을 추진하려는 움직임을 보이자 중국 정부는 기업들의 해외상장을 적극 상려하고 있다. 강력한 긴축통화정책으로 기업들의 자금조달이 여의치 않게 되자 중국정부는 지금까지 국내(A 주식) 상장기업과 홍콩(H 주식) 상장기업에 차별적으로 적용되던 회계기준을 하나로 통합하여 적용할 계획으로 있다. 해외 상장 중국 기업의 절반 이상이 홍콩거래소에 상장하고 있기 때문이다.

중국 기업의 한국 증시 상장도 잇따라 추진되고 있다. 2007년 8월 3노드디지털이 코스닥에 상장된 이래 11월에는 화평방직이 거래소에, 그리고 2008년 1월에는 코웰이 코스닥에 차례로 상장되면서 한국 증시도 중국 기업의 자금조달 시장으로 급부상하고 있다. 또 렌허과기공사(中国联

合科技控股有限公司, UTchina)가 지난 7월 14일 한국 증시상황이 좋지 않아 상장을 연기한다는 신고서를 제출한 상태이지만 이미 상장허가를 받아 놓은 상태이고, 이외에도 15개 중국업체가 국내 증권사를 주간사로 선정한 상태로 알려지고 있어 향후 국내 증시 상장을 시도하는 중국 기업들이 늘어날 것으로 보여진다.

<도표 2>에서 현재 국내 증시에 상장된 중국 3개 기업의 최근 매출과 주가 추이를 간단히 살펴보자.

먼저, 거래소에 상장된 화평방직(직물/염색가공과 방적, 1988년 설립)의 2007년 매출액은 전년대비 27.5% 증가한 7.47억 HKD (약 971억 원)을 기록하였고, 영업이익과 당기순이익은 24.8%와 16.5%가 증가한 1.26억 HKD 와 0.99억 HKD 를 기록하였다. 또, 2008년 1분기 현재 매출액은 전년 동기대비 18.5% 증가한 3.8억 HKD, 영업이익은 8.7% 증가한 0.7억 HKD, 당기순이익은 6.3% 증가한 0.6억 HKD 를 각각 기록한 것으로 나타났다.

중국 기업 최초로 한국 증시에 상장된 3노드디지털(멀티미디어 스피커생산, 1996년 7월 설립)의 2007년 매출액은 전년대비 30% 증가한 587.6억 원을 기록한 가운데, 영업이익과 당기순이익은 38.4%와 26.1% 증가한 75.3억 원과 56.5억 위안을 기록하였다. 또 2008년 상장된 코웰(카메라모듈 및 광부품 개발, 1992년 설립)은 2007년 매출액이 전년에 비해 9.2% 감소한 431.53억 원을 기록하였고, 영업이익은 26.3% 감소한 45.95억 원, 당기순이익은 22.9% 감소한 39.52억 원을 각각 기록한 것으로 나타났다.

또 이들 기업의 주가 추이를 보면, 2007년 8월에 가장 먼저 상장된 3노드디지털는 중국 기업에 대한 투기적 기대심리가 반영되면서 상장 초기 주당 3000원 대에서 무려 13,800원까지 급등하였으나 이후 가격이 급락하면서 2천 원대까지 떨어졌다. 또 화평방직의 경우는 상장초기 3,600원이던 주가가 최근에는 1,800원대까지 떨어졌다가 2,000원 전후 수준에서 등락을 보이고 있다. 코웰 역시 상장초기 1,615원으로 시작하여 800원대까지 빠졌다가 1,000원 전후 수준에서 등락을 반복하고 있다.

중국 기업들의 해외상장 기업들은 크게 두 가지로 나뉘어진다고 할 수 있다. 국영기업을 중심으로 하는 대기업들은 국제금융 중심지인 뉴욕과 홍콩 증시에 상장을 하며, 중소기업들은 한국, 대만 등과 같이 주로 주

<도표 2> 국내 상장된 중국 기업들의 주요 경영실적 현황

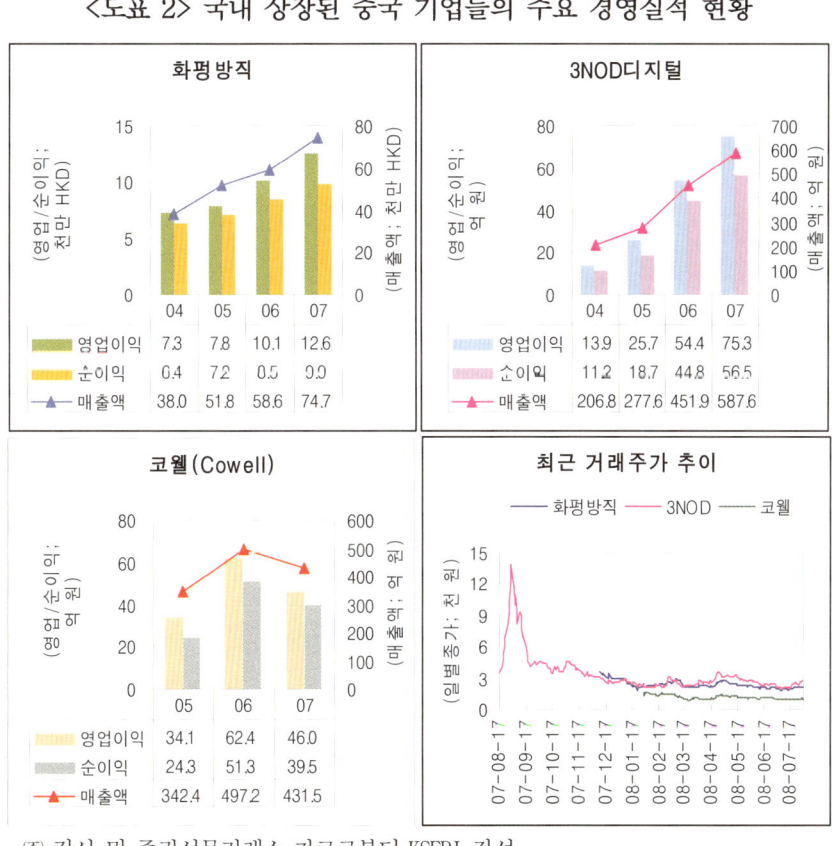

㈜ 각사 및 증권선물거래소 자료로부터 KSERI 작성

변국 증시에 상장을 하고 있다. 위에서 소개된 국내 증시 상장 중국 기업들도 모두 규모가 크지 않은 중소기업들이다.

이들 중소기업들은 주요 사업영역이 경기변동에 민감한 영향을 받는 방직과 부품 하청생산 업종이 대부분이다. 따라서 올림픽 이후 중국 경기가 둔화될 가능성이 높아지고 있다는 점을 감안하면 이들 중소기업의 경영실적도 크게 악화될 가능성이 높으며, 따라서 부실화될 위험도 매우 높다고 할 수 있다.

중국 중소기업들이 한국증시에 상장하고 있는 주된 이유는 한국증권선물거래소가 해외기업 상장유치 실적을 올리는데 급급한 나머지 중국 중소기업들을 유치하고 있기 때문이라고 할 수 있다. 중국 중소기업으로서는 딱히 손해 볼 일이 없는 셈이다. 한국증시에 상장된 중국 중소기업에 대한 투자에 각별한 주의가 필요하다고 하겠다.

(2008년 8월 4일)

중국의 독점금지법

"해외자본이 중국기업을 M&A 하거나 여타 방식을 통해 기업집중(독과점 형태)을 형성하여 국가안보에 영향을 미치는 경우, 독점금지법 외에도 반드시 국가안전심사를 거쳐야 한다."

이는 2008년 8월 1일부터 정식 시행에 들어가는 중국 독점금지법의 한 조항이다. 2008년 4월 초, 중국 언론들은 앞다투어 중국의 독점금지법 시행이 마이크로소프트사의 야후 인수에 새로운 쟁점 사안으로 떠오를 수 있다고 보도했다. 왜냐하면 야후는 중국 최대 B2B 기업인 알리바바(阿里巴巴, Alibaba)의 최대주주로, 2008년 8월부터는 중국 감독기관이 해외자본의 중국기업 인수에 대해 심사와 감독을 행사할 수 있기 때문이다.

야후는 2008년 2월 11일 마이크로소프트가 제시한 인수금액이 상대적으로 낮게 평가됐다는 이유로 M&A 제안을 거부한 바 있다. 이와 관련하여 마이크로소프트가 인수가를 다소 상향 조정할 가능성이 대두되었으나, 마이크로소프트는 투자자들이 야후에 우호적이지도 않고 현재의 주식시황도 좋지 않기 때문에 올릴 만한 이유가 없다는 입장을 밝히고 있다. 오히려 최근 외신보도에 의하면, 마이크로소프트는 야후 간부진과의 협상에서 이미 제시했던 인수가를 더 낮추어야 한다고 주장하고 있는 것으로 알려지고 있다. 미국 경기가 악화되어 야후의 가치가 더 떨어졌기 때문이라는 점을 내세우고 있다고 한다.[1]

이런 가운데 야후가 최대주주로 있는 중국의 알리바바가 조만간 시행에 들어갈 독점금지법을 들고 나와 마이크로소프트의 야후 인수전에 새로운 변수로 등장하려 하고 있다. 이는 향후 중국기업 M&A 와 관련해 중요한 시사점을 줄 수 있다는 점에서 이번 중화경제동향에서는 조만간 시행될 중국 독점금지법의 주요 내용을 정리하고자 한다.

중국의 독점금지법은 2007년 8월 30일 제10기 전인대 상임위원회에서 초안이 통과됨으로써 논의를 시작한지 14년 만인 2008년 8월 1일부터 정식 시행에 들어간다. 지난 1994년 상무부는 제8기 전인대 상임위원회에서 처음으로 독점금지법 입법화 추진계획을 발표하였으나, 2002년까지 계획만 발표될 뿐 뚜렷한 진전을 보이지 못했다. 그러나 후진타오 정권이 들어선 2003년 제10기 전인대에서 입법화 추진계획을 재차 발표하고 이듬해인 2004년에는 국무원이 입법계획을 주요 과제로 채택하면서 2005년부터 본격적으로 논의가 진행되었다. 그 후, 2005년 12월에 독점금지법 초안 심사가 이루어지고, 2006년 6월에 전인대 상임위원회의 심의를 거쳐, 2007년 8월 30일 제10기 전인대 상임위원회에서 표결에 부쳐

---

[1] MS의 야후에 대한 M&A는 김광수경제연구소, 「한국경제의 도전」 휴먼앤북스, 2008, 268~282쪽 참조

져 초안이 통과된 것이다.

　이 법안의 제정 목적을 살펴보면 독점행위를 예방하고 제지함으로써 시장의 공정한 경쟁을 보호하고, 경제효율성을 제고하며, 소비자 권익과 사회 공공이익을 보호함과 동시에 사회주의 시장경제의 건전한 발전을 촉진하기 위해서라고 명기되어 있다.

　또, 이 법안의 적용범위는 중국내 경제활동 중 발생하는 독점행위뿐 아니라 해외에서의 독점행위가 중국내 시장경쟁활동에 제한적, 배타적 영향을 주는 행위까지 포함하고 있다. 이를 위해 국무원 산하에 공정거래위원회와 집행기구를 설치하는 것으로 되어 있다. 공정거래위원회는 경쟁관련 정책을 연구하고, 시장의 총체적 경쟁 상황에 대한 조사와 평가 보고서를 발표하며, 독점금지 가이드라인 제정 및 집행기구와의 협조를 주된 업무로 정하고 있다. 집행기구는 실질적인 독점행위와 관련된 업무를 집행하는 기구로서 필요에 따라서 국무원이 성(省), 자치구, 직할시 인민정부에 상응하는 권한을 집행기구에 부여할 수 있도록 되어 있다.

　독점행위의 유형으로는 크게 담합행위, 시장의 지배적 지위 남용, 기업집중, 행정권력 남용 등 4가지로 구분하고 있다.

　우선 담합행위(壟斷協議)에 대해 살펴보면 기업간의 가격 고정이나 변경, 생산량 또는 판매량의 제한, 판매시장 혹은 원재료 구매시장 분할, 신기술・신설비 구매제한 혹은 신기술・신상품 개발 제한, 거래에 대한 집단 거절, 제3자에게 재판매하는 상품의 가격고정, 제3자에게 재판매하는 상품의 최저가격 제한, 그리고 집행기구가 정하는 기타 독점행위로 규정하고 있다. 즉 기업 상호간의 경쟁 제한이나 완화를 목적으로 기업간에 결성되는 담합행위(Cartel)를 독점행위로 규정한 것이다.

<도표 1> 중국 독점금지법의 주요 내용

			주요 내용
목적			공정한 시장경쟁 보호, 경제효율성 제고, 소비자권익 및 공공이익 보호, 사회주의시장경제 건전한 발전
대상			중국내 독점행위, 해외 독점행위 중 중국내 시장경쟁활동에 영향을 주는 행위
감독기구			국무원 산하 반독점위원회와 반독점집행기구 설치
독점행위 유형	독점협의	조건	기업간 가격 고정 혹은 가격 변경
			생산량 혹은 판매량 제한
			판매시장 혹은 원재료구매시장 분할
			신기술·신설비 구매 제한 혹은 신기술·신상품 개발 제한
			거래에 대한 연합 거절
			제3자에게 재판매하는 상품가격 고정
			제3자에게 재판매하는 상품 최저가격 제한 등
		예외	기술향상, 신제품 R&D
			품질향상, 원가절감, 효율증진, 제품규격통일
			중소기업 경쟁력 향상
			에너지 절감, 환경보호 등 사회공익 실현
			불경기로 인한 판매량 급감 혹은 수급불균형 완화
			대외교역 혹은 대외협력 중 정당한 이익 보장
		법적책임	소득몰수 및 전년도 매출액의 최고 10% 벌금형
			독점협의 의심시 최대 50만 위안 벌금 부과 가능
	시장 지배적 지위 남용	조건	상품 고가 판매 혹은 저가 구매
			원가 이하 상품 판매
			거래 거절
			상품 끼워팔기 혹은 불합리한 거래조건 제시
			가격 등 거래조건에 대한 차별
		법적책임	소득몰수 및 전년도 매출액의 최고 10% 벌금형
	기업집중	조건	인수합병(M&A)
			주식 혹은 자산 취득 방식을 통한 다른 기업의 지배권 획득
			계약 등의 방식을 통해 다른 기업의 지배권 혹은 결정적 영향력을 행사
			해외자본이 중국기업을 M&A 등 여타 방식을 통해 국가안보 영향을 주는 경우 국가안전심사도 적용
		예외	1개 회사가 50% 이상의 주식 혹은 자산을 보유하고 있는 회사들과 결합하는 경우
			50% 이상의 주식 혹은 자산을 보유하고 있는 각각의 회사가 상대기업과 결합하는 경우(계열회사간)
		법적책임	주식, 재산, 사업부문 양도 등 무효 및 최대 50만 위안 벌금
			소비자 피해 보상
	행정권력 남용	조건	행정기관 및 공공기관의 특정 상품 구매 강요 혹은 제한
		법적책임	상부기관이 개정 요구 및 책임자 처벌
제외대상			지적재산권에 의한 행위
			농산물 생산자(가공자, 판매자, 운송자, 보관창고업자)
시행일자			2008년 8월 1일

㈜ KSERI 작성

두 번째로, 시장의 지배적 지위 남용(濫用市場支配地位)[2]에 관해서는 시장의 지배적 지위에 있는 기업이 부당하게 고가로 상품을 판매하거나 저가로 상품을 구매하는 행위, 정당한 이유 없이 원가 이하의 가격으로 상품을 판매하는 행위, 정당한 이유 없이 거래를 거절하는 행위, 정당한 이유 없이 상품 끼워팔기 혹은 불합리한 거래조건을 부과하는 행위, 정당한 이유 없이 가격 등 거래조건에 대해 차별하는 행위 등을 규정하고 있다.

세 번째로, 기업집중(经营者集中)을 보면 인수합병(M&A), 주식 혹은 자산 취득 방식을 통해 다른 기업의 지배권을 획득한 행위, 계약 등의 방식을 통해 다른 기업의 지배권 혹은 결정적 영향력을 행사하는 행위로 규정하고 있다. 또한, 앞서 언급한 바와 같이 해외자본이 중국기업을 M&A 하거나 여타 방식을 통해 기업집중에 참여하여 국가안보와 관련이 있는 경우에는 독점금지법과는 별도로 국가안전심사를 반드시 거쳐야 한다고 명시하고 있다.

그리고 국무원이 규정하고 있는 기준에 부합되는 기업집중의 경우에도 반드시 집행기구에 사전 신고를 해야만 인정 받을 수가 있다. 다음의 <도표 2>는 최근에 여론수렴을 바탕으로 변경된 기준을 나타내고 있는데, 당초에 발표됐던 초안보다 강화되고 세분화되었다. 1개 기준을 3개 기준으로 세분화하고, 전년도 매출액 규모를 대폭 낮춤으로써 기준을 좀 더 강화하였다.

네 번째로, 경쟁을 제한하거나 배제하는 행정권력의 남용(濫用行政权

---

[2] 시장의 지배적 지위로 추정되는 요건은 다음과 같다: i) 한 기업의 시장점유율이 1/2 이상인 경우, ii) 2개 기업의 시장점유율이 2/3 이상인 경우, iii) 3개 기업의 시장점유율이 3/4 이상인 경우를 말한다.

力排除)을 보면 행정기관과 법률, 법규가 권한을 부여하는 공공기관들의 권력을 남용하여 특정 상품을 구매하도록 강요하거나 제한해서는 안 된다고 규정하고 있다.

<도표 2> 기업집중 신고기준 변경 내용

√ 기업집중에 참여하는 모든 기업의 전년도 매출액(전세계)이 120억 위안(약 1.67조원) 이상이고, 1개 기업의 전년도 매출액(중국)이 8억 위안(약 1,115억 원) 이상인 경우

 세분화, 강화

√ 기업집중에 참여하는 모든 기업의 전년도 매출액(전세계)이 90억 위안(약 1.25조원) 이상이고, 최소 2개 기업의 전년도 매출액(중국)이 각각 3억 위안(약 418억 원) 이상인 경우

√ 기업집중에 참여하는 모든 기업의 전년도 매출액(중국)이 17억 위안(약 2,371억 원) 이상이고, 이 중 최소 2개 기업의 전년도 매출액(중국)이 각각 3억 위안 이상인 경우

√ 기업집중을 통해 참여 기업의 중국내 해당 시장점유율이 25%를 넘는 경우

㈜ KSERI 작성

이상에서 살펴본 중국의 독점금지법은 향후 중국경제의 공정한 시장경쟁이 법적 장치를 통해 확립될 수 있다는 데에 의미가 있다고 할 수 있다. 하지만 현재 중국은 석유, 전력, 전신, 우정, 철도, 운송, 보험 등 주요 산업과 사회인프라 관련 기업들 상당수가 독점적 위치에 있기 때문에 독점금지법의 시행에 적잖은 어려움이 있을 것으로 예상된다. 그런가 하면 2007년 12월 국무원은 전력, 석유, 가스, 석유화학, 통신, 석탄, 항

공, 운송 등을 전략분야로 지정해 놓고 있고, 독점금지법 역시 이에 관한 예외 조항들을 명시해 놓고 있다.

이상의 중국 독점금지법의 관점에서 마이크로소프트의 야후 인수가 적용대상이 되는가를 살펴보기로 하자. 마이크로소프트의 야후 인수 문제는 위에서 설명한 독점행위 유형 중 세 번째에 해당하는 기업집중에 해당된다. 현재 야후는 야후재팬(34%지분 보유, 2007년 9월 기준)과 함께 알리바바의 지분 33.51%를 소유하고 있다. 마이크로소프트가 야후를 인수하게 되면 알리바바의 지분도 자동으로 보유하게 된다.

또, 변경된 신고기준 중 기업집중 참여기업들의 전년도 매출액(전세계)이 총 90억 위안(약 13억 달러) 이상이고, 최소 2개 기업의 전년도 매출액(중국)이 각각 3억 위안(약 4,300만 달러) 이상인 경우와, 기업집중을 통해 참여 기업의 중국내 해당 시장점유율이 25%를 넘는 경우 등 최소 2개 기준에 해당된다. 아래 <도표 3>에서 마이크로소프트와 야후, 그리고 알리바바의 최근 매출액 추이를 살펴보면 2007년 마이크로소프트의 매출액(6월말 회계)은 511.22억 달러, 야후가 69.69억 달러, 알리바바가 3.08억 달러로 각각 나타나고 있다.

그런가 하면 해외자본이 중국기업을 M&A 하거나 여타 방식을 통해 기업집중에 참여하여 국가안보와 관련이 있는 경우에는 독점금지법과는 별도로 국가안전심사를 반드시 거쳐야 한다는 조항 역시 적용될 수 있다. 하지만 중국의 독점금지법이 마이크로소프트의 야후 인수전에 영향을 줄 지는 지켜봐야 하겠지만, 이번 중국 언론들의 집중적인 보도는 알리바바의 몸값 올리기 의도가 강하게 내포된 것이 아닌가 보여진다. 이 보도와 함께 알리바바의 주가가 17홍콩달러에 근접하는 수준까지 올라가고 있기 때문이다.

 2007년 11월 6일 홍콩증시에 상장된 알리바바는 아래 <도표 4>에 나타난 바와 같이 주당 39.5홍콩달러에 거래되기 시작하였으나, 지난 2008년 3월 18일에는 최초 상장일 대비 69.5%가 급락한 12.2홍콩달러까지 떨어졌다. 그 후 15홍콩달러를 중심으로 급등락을 반복하던 알리바바의

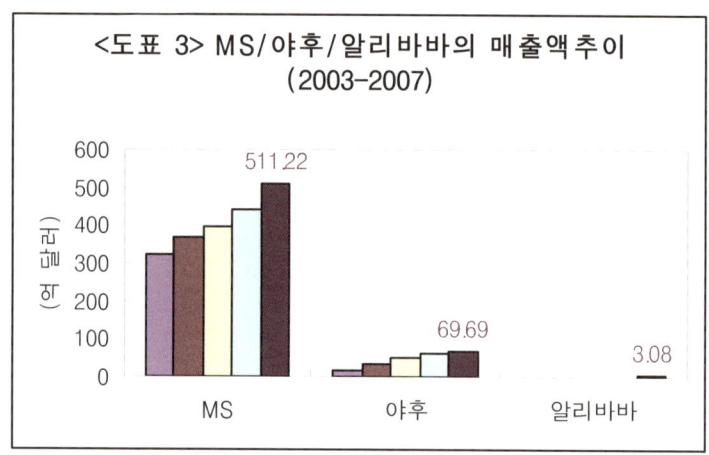

㈜ 각 사 자료로부터 KSERI 작성

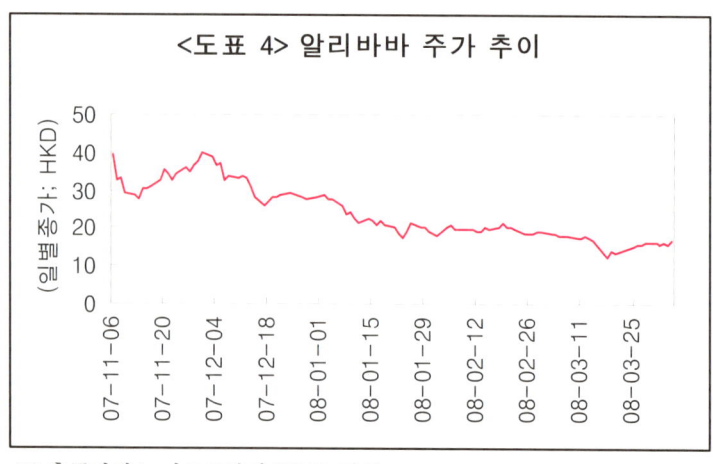

㈜ 홍콩거래소 자료로부터 KSERI 작성

주가는 이 보도와 함께 17홍콩달러에 근접하는 수준까지 올라가고 있다.

이상에서 마이크로소프트사의 야후 인수를 통해 중국의 독점금지법 주요 내용을 살펴 보았다. 2008년 8월부터 독점금지법이 정식 시행에 들어 가게 되면 이미 상당수의 글로벌 기업들이 중국시장에 진출해 있기 때문에 독점금지법이 중국내 사업전개에 있어서 커다란 걸림돌로 작용할 가능성을 배제할 수 없다. 중국에서 비교적 높은 시장점유율을 기록하고 있는 한국의 CDMA 휴대폰 및 LCD 기업들도 중국의 독점금지법 시행과 적용에 주의를 기울일 필요가 있을 것이다.

(2008년 4월 7일)

|제2부|

전기 · 전자 · 인터넷 · 통신

가전제품 보조금 지원과 TCL 그룹

2009년 중국 경제정책 기조를 확인할 수 있는 중앙경제업무회의의 일정이 계속 뒤로 밀리고 있다. 당초 2008년 11월 말에서 12월 초로 예정되어 있었으나 4조 위안의 경기부양책 및 연말까지 1천억 위안 투자 세부계획수립 문제로 일정이 조정되더니, 12월 4일~5일 양일에 걸쳐 열린 제5차 중미전략적경제대화로 인해 또 한차례 연기되면서 12월 8일로 미루어졌다는 언론 발표가 있었다.

중앙경제업무회의는 후진타오(胡錦涛) 국가주석과 원자바오(溫家宝) 총리를 비롯한 중국 최고 지도부가 모두 참석하는 회의로 다음해 중국 거시경제정책을 결정하는 중요한 자리이다. 2009년도 중국 경제정책의 기본 방향은 성장유지가 최우선 과제가 될 것으로 보인다. 구체적으로는 내수 확대로 최소한 8% 이상의 성장을 유지하는 것을 목표로 할 것으로 예상된다.

이에 앞서 중앙정치국은 11월 29일에 열린 제9차 전체모임에서 2009

년도 경제업무 회의를 한 것으로 알려져 중앙경제업무회의의 주요 안건을 대략 짐작할 수 있을 것으로 보인다. 정치국 모임에서는 '성장 유지(保增长), (생활)수준 향상(上水平), 자생력 증강(增活力), 민생 중시(重民生)' 등 크게 네 가지 주제가 집중 논의된 것으로 파악되고 있다. 그 중에서도 성장 유지가 2009년도 중국경제운영의 최우선 과제로 거론됐다.

특히 이번 정치국 모임에서는 미국발 서브프라임론 사태로 시작된 국제 금융위기 속에서 중국이 왜 휘청거리고 있는가라는 논의가 이루어졌는데, 주 원인으로 수출 위주의 경제성장모델 자체에 내재된 문제점 때문으로 분석했다. 이를 바탕으로 중국경제가 안정적인 성장을 유지를 위해서는 지금까지의 경제성장모델에 대한 조정과 함께 산업 구조조정이 병행되어야 한다는 의견이 제시된 것으로 알려졌다. 이에 중앙경제업무회의에서도 이를 다룰 것으로 보인다.

중국 정부는 4조 위안의 경기부양책과 연속적인 금리인하 발표에 이어 2008년 말까지 1천억 위안 투자 집행 및 농민들의 가전제품 구입보조금 지급도 발표했다. 4조 위안 경기 부양책 가운데 연내 1천억 위안 투자 세부계획은 아직까지 논의 중이다. 또 농민들의 가전제품 구입보조금 지급은 이미 시행하기 시작했다. 재정부와 상무부, 공업신식부는 12월 1일부터 14개 성(省)에 대해 우선적으로 보조금을 지급하고, 2009년 2월 1일부터는 전국적으로 확대 실시하며 향후 4년간 계속 실시할 방침이라고 발표하였다. 보조금 지급대상 제품은 컬러TV, 냉장고, 세탁기, 그리고 휴대폰 등 4가지 제품으로 한정하고 있는데, 대략 9,200억 위안의 소비촉진을 유발할 수 있을 것으로 기대하고 있다.

보조금 지급과 관련하여 재정부 장샤오춘(张少春) 부부장은 글로벌 금융위기의 영향으로 중국 경제도 본격적인 하강국면에 진입하기 시작했으며 특히 수출이 둔화됨에 따라 일부 산업과 기업들이 심각한 어려움에 직면하고 있기 때문이라고 배경을 설명했다. 상무부 푸즈잉(傅自應) 부부장도 해외시장 수요가 급감함에 따라 중국 가전 수출산업이 심각한 타격을 받고 있어 내수시장 창출로 돌파구를 찾지 않을 수 없다고 말했다.

가전제품 구입보조금 지급에 관한 세부내용을 살펴보면 컬러 TV 와 세탁기는 최고 2천 위안, 냉장고는 2,500위안, 그리고 휴대폰은 1천 위안을 넘지 않는 제품에 대해서만 보조금을 지급하되, 판매가의 13%를 보조해준다. 다만 시중에 판매되는 모든 회사 제품에 대해 보조금이 지급되는 것은 아니며, 선정된 일부 제품에 한해서 지급된다. 2008년 11월 20일 전후로 가전제품 보조금 지급 결정이 이루어진 후 10일 만에 제품선정이 완료되었다는 점을 감안하면 해당 부처와 몇몇 대형 가전업체들간의 사전 물밑협상을 통해 결정되었을 가능성이 높다.

정확한 제품선정 기준이 알려지지는 않았지만 중국의 TCL 그룹이 가장 큰 수혜를 입은 것으로 보인다. TCL 그룹은 컬러TV, 냉장고, 세탁기, 휴대폰 등 4개 품목에 걸쳐 모두 83개 제품이 선정되었고, 1차 대상지역인 14개 성 모두에서 보조금 지급이 확정되었다고 한다. 이에 이번 중화경제동향에서는 중국 정부의 내수 활성화 대책의 첫 번째 수혜업체로 부상하고 있는 TCL 그룹에 대해 분석해보기로 한다.

TCL 그룹에 대한 분석에 앞서 먼저 이번 보조금 지급대상이 농촌지역으로 제한되어 있는 이유를 살펴보기 위해 <도표 1>에서 도농간의 인구 변화와 소득 추이, 보조금 지급 대상품목의 보급 현황을 간단히 살펴보기로 하자.

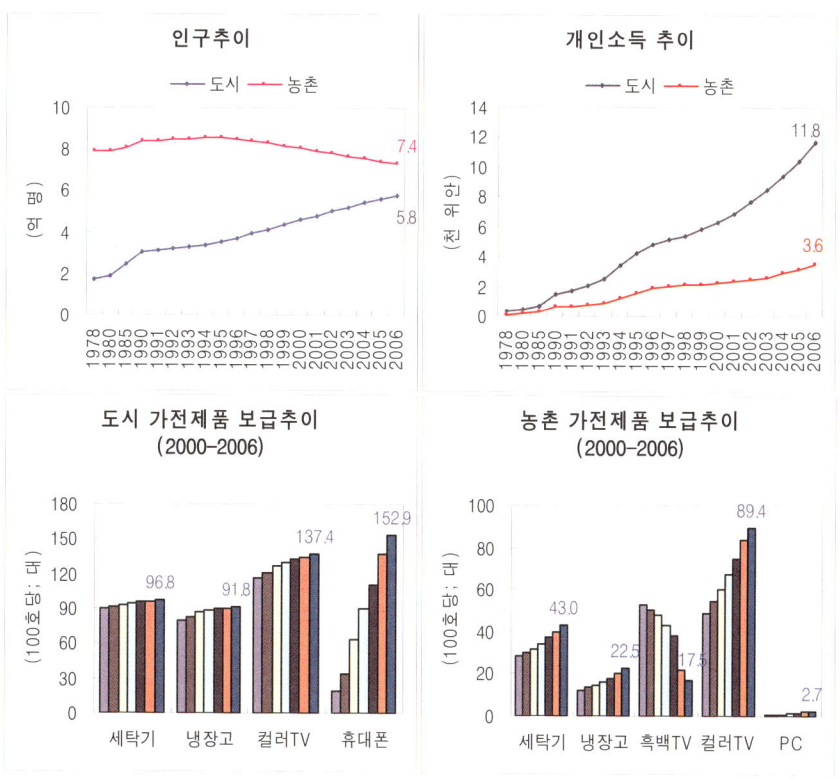

<도표 1> 중국의 도농간 인구분포 및 가전제품 보급 추이

(주) 중국 국가통계국 자료로부터 KSERI 작성

2006년 말 기준 중국의 총 인구수는 13.1억 명으로 나타나고 있으나 14억 명 이상으로 보는 기관도 있다. 이는 중국이 1970년대 후반부터 1가구 1자녀 가족계획을 실시하면서 통계에 잡히지 않는 사각지대 인구들이 많기 때문이다. 중국 정부는 1970년대 후반부터 가족계획 정책을 헌법과 혼인법에 명시하고 있는데 처음에는 소수민족 우대정책의 일환으로 시작되었다고 한다. 한 가정에 자녀 두 명까지 허용하였다가 8,90년대로 들어오면서 국가 최우선 목표인 경제성장을 위해 '1가구 1자녀'의 강력한 인구억제 정책을 전개했다. 그 결과 연간 1,600만 명 이상씩 증가하던 인구가 지난 2006년에는 처음으로 7백만 명 이하인 693만 명 증가에 머문 것으로 나타났다.

도농간의 인구 분포를 보면, 2006년 현재 도시 인구는 전체 인구의 43.9%에 해당하는 5.8억 명이며 농촌인구는 7.4억 명(56.1%)으로 나타나 2000년 이후 빠르게 인구의 도시유입이 진행되고 있는 것으로 나타났다. 현재 논의되고 있는 호구제도에 대한 개혁이 이루어지면 농촌인구의 도시로의 유입은 더욱 거세질 것으로 예상된다.

또 도농간 소득 추이를 보면 2006년 현재 도시인구 1인당 가처분소득은 11,759위안이며 농촌인구 1인당 개인소득은 3,587위안으로 나타나고 있다. 1978년 소득대비 증가율로 보면 농촌은 26.8배, 도시는 34.2배가 증가한 것이다. 도농간의 소득격차는 1978년의 2.6배에서 2006년에는 3.3배로 계속 확대되고 있는 것으로 나타나고 있다.

다음에 이번 가전제품 보조금 지급대상 품목의 2006년 보급현황을 보면, 우선 도시가정의 세탁기 보급대수는 100호당 96.8대, 냉장고 91.8대, 컬러 TV 137.4대, 휴대폰 152.9대로 이미 포화상태에 이르고 있는 것으로 나타났다. 반면 농촌가정의 세탁기 보급대수는 43대, 냉장고 22.5대, 컬러 TV 89.4대로 나타났으며 휴대폰 보급대수에 관해서는 공식 통계자료가 없다. 다만, PC 보급대수는 100호당 2.7대인 것으로 나타나고 있어 휴대폰 보급률 역시 매우 낮을 것으로 보인다.

이처럼 중국 전체 인구의 56%를 차지하는 농촌가정의 가전제품 보급률은 컬러 TV를 제외하고 세탁기와 냉장고, 휴대폰의 경우 상당히 낮게 나타나고 있다. 이로부터 일견 중국정부의 농촌지역 가전제품 구입보조금 지원정책은 효과가 있을 것으로 보인다. 하지만 중국정부가 보조금 지급을 한다고 해도 과연 얼마나 성과를 거둘 수 있는지는 미지수라고 할 수 있다. 왜냐하면 농촌의 1인당 평균소득이 3,587위안에 불과해 이번 보조금지원 대상에 포함되어 있는 가전제품들의 판매가(최고 2,500위안)와 큰 차이가 없기 때문이다. 중국 농촌가정의 소득수준에 비해 가전제품은 아직도 지나치게 높은 고가제품인 것이다.

이제 이번 보조금지원 대상에 가장 많은 제품이 선정된 TCL 그룹에 대해 살펴보기로 하자.

TCL 그룹은 1981년에 설립된 중국 최대 소비가전업체라고 할 수 있다. 'The Creative Life'의 약자로 알려진 TCL 그룹은 중국의 개혁개방 시기에 설립된 후 빠르게 성장하였다. 중국 정부의 기업구조조정 속에서 1997년 7월 TCL 그룹은 주식회사 체제로 전환하였다.

TCL 그룹의 지배구조는 아래의 <도표 2>와 같이 훼저우시 투자지주회사(惠州市投資控股有限公司)가 12.74%의 지분으로 최대 주주로 나타나고 있으며, 필립스전기중국(Philips Electronics CHINA B.V)이 6.3%, 리동성(李东生) CEO가 3.77%의 지분을 소유하고 있다.

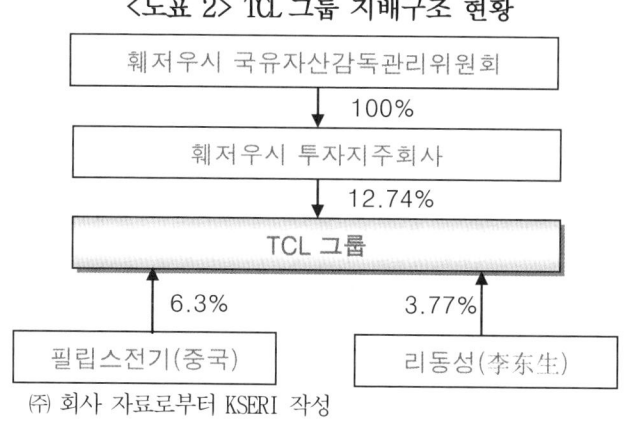

<도표 2> TCL 그룹 지배구조 현황

㈜ 회사 자료로부터 KSERI 작성

훼저우시는 노동집약형 기업들이 밀집되어 있는 주장삼각주(珠三角) 동북단에 위치해 있는 도시로 광동성에 속해 있다. 훼저우시 투자지주회사는 훼저우시 국유자산감독관리위원회가 100% 지분을 가지고 있는 지방정부 국유자산관리회사로, 2001년에 설립되었으며 지방정부 건설사업 융자를 하고 있는 것으로 알려지고 있다.

  TCL 그룹의 리동성 CEO는 1957년생으로 1982년에 화난(华南)공학원 무선전기학과를 졸업하고 1985년 TCL 통신설비회사의 대표로 취임하면서 TCL 그룹과 인연을 맺었다. 1993년 TCL 전자그룹의 대표를 거쳐 1996년 말 TCL 그룹의 대표로 취임하면서 현재까지 TCL 그룹을 이끌어오고 있다.

  TCL 그룹은 <도표 3>에서 볼 수 있는 바와 같이 크게 멀티미디어, 통신, 가전제품, 부품, 부동산/투자, 물류서비스의 6개 사업부문으로 이루어져 있다.

  TCL 제품은 중국뿐 아니라 아시아, 미주, 유럽 등 전세계 40여 개 국가와 지역에서 판매되고 있다. 또 중국과 미국, 프랑스, 싱가폴 등에는 R&D 센터를 갖추고 있으며, 폴란드, 멕시코, 태국, 베트남 등 20여 개 국가에 생산기지를 구축하고 있는 글로벌 가전업체이다.

  1999년부터 세계 가전제품시장을 적극적으로 공략하기 시작한 그룹은 2003년 11월 프랑스 가전업체 톰슨(Thomson)과 홍콩에 신규 합작법인을 설립하고 TV와 DVD를 생산하기 시작했으며, 2004년 6월에는 프랑스 통신 장비업체 알카텔(Alcatel)의 휴대폰 사업부문을 인수하면서 유럽 휴대폰시장에까지 진출했다. 따라서 TV의 경우 북미시장과 유럽에서는 톰슨 브랜드로, 중국에서는 TCL 브랜드로 판매되고 있으며, 휴대폰은 유럽에서는 알카텔이라는 브랜드로, 중국에서는 TCL 브랜드로 판매되고 있다.

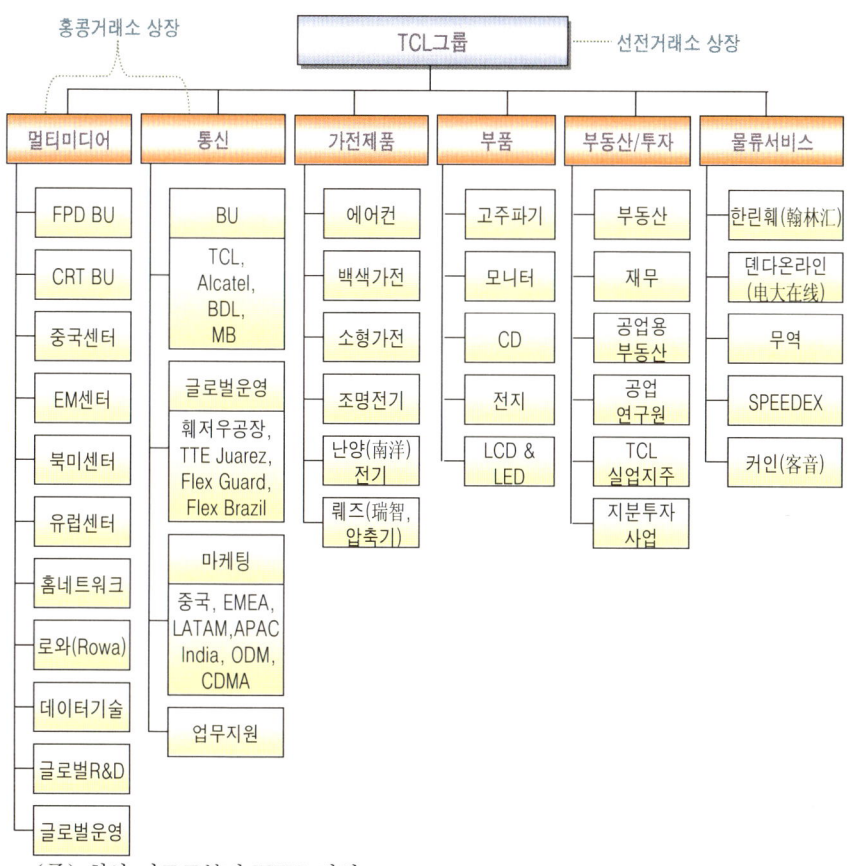

<도표 3> TCL 그룹 사업현황

(주) 회사 자료로부터 KSERI 작성

TCL 그룹의 주요 경영실적을 보면, 아래의 <도표 4>에서 볼 수 있는 것처럼 2005년 이후 매출액이 빠르게 감소하고 있다. 2007년 매출액은 390.7억 위안이었으며 영업이익과 당기순이익은 각각 1.9억 위안과 3.3억 위안을 기록했다. 2008년 3분기까지 매출액은 전년동기대비 2% 증가한 289.8억 위안이며 영업이익은 134% 증가한 4.9억 위안, 순이익은 147% 증가한 4.7억 위안으로 나타났다.

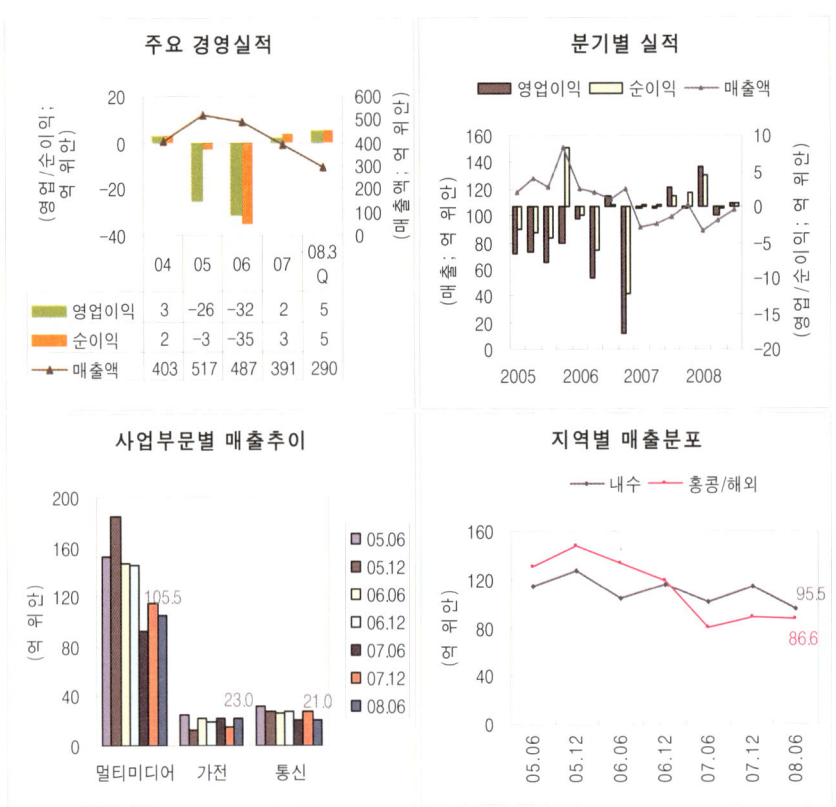

<도표 4> TCL 그룹의 주요 경영실적

㈜ 회사 자료로부터 KSERI 작성

하지만 도표에 나타난 바와 같이 2004년을 전후로 체결된 톰슨 및 알카텔과의 합작은 오히려 크나큰 영업손실로 이어졌다. 단기적인 매출증가 효과는 있었으나 사업성을 무시한 투자로 인해 거액의 영업손실과 당기순손실을 기록한 것이다. 결국 휴대폰 사업부문은 알카텔과의 합작 11개월만인 2005년 5월에 알카텔이 지분 매각을 결정함에 따라 TCL 그룹 단독으로 운영하고 있다.

해외투자사업 실패를 계기로 2007년부터 TCL 그룹은 모든 투자를 전면 중단하고 있는 것으로 알려지고 있다. 휴대폰 신기술 개발사업으로 할당된 1.8억 위안 중 이미 투자된 2,700만 위안을 제외한 1.5억 위안과 M&A 투자로 결정된 10억 위안 중 4억 위안을 제외한 6억 위안 등 7.5억 위안을 그룹 유동성자금으로 변경해 놓은 상태이다. 그런데 2008년 12월 초 TCL 그룹은 LCD TV 개발사업에 다시 투자하기로 한 것으로 알려지고 있다. 이를 위해 10개 기관투자자들로부터 13.9억 위안을 비공개주식 발행 형태로 자금을 모집한다고 한다.

사업부문별 매출 추이를 보면 멀티미디어사업이 2008년 6월 말 현재 105.5억 위안으로 그룹 전체의 36.4%를 차지하고 있다. 멀티미디어사업은 TV와 홈시어터, 디지털 관련제품들로 중국, 유럽, 북미, 신흥(중동, 아프리카)시장, 그리고 OEM으로 크게 구분되고 있다. TV 제품 판매는 2007년에 총 1,501만 대가 판매되었는데, 이중 내수시장이 절반에 가까운 714만 대, 신흥시장이 301만 대 판매된 것으로 나타났다. 향후 중동과 북아프리카, 남미 등 신흥시장을 집중 공략할 계획이라고 한다.

가전사업은 주로 내수시장 중심으로 2007년 에어컨 142만 대, 냉장고 63만 대, 세탁기 76만 대가 각각 판매되었으며, 부문 매출액은 38.2억 위안으로 전년대비 7.4%가 감소하였다. 2008년 6월 현재 매출은 23억 위안으로 전체의 8%를 차지하고 있다.

통신사업 중 휴대폰 판매량은 2007년 총 1,190만 대가 판매되었고, 이중 남미지역이 520만 대로 가장 큰 성장세를 보였다. 2008년 6월 현재 21억 위안으로 전체의 7%를 차지하고 있는 것으로 나타났다.

지역별 매출 분포를 보면, 내수시장과 수출 모두 감소세를 보이고 있으나 해외시장이 더욱 뚜렷한 감소세를 나타내고 있다. 농촌 가전제품 보조금 지원정책이 시행됨에 따라 수출급감에 따른 매출감소 및 영업손실을 내수시장에서 어느 정도 상쇄할 수 있을 것으로 보인다.

마지막으로 그룹의 주가추이를 보면, 2008년 12월 4일 1주당 2.96위안에 거래를 마감하여 그 전주말 대비 20% 가까이 상승하였다. 이는 가전제품 보조금 정책에 기인한 것이지만, 앞서 언급한 바와 같이 보조금 지급정책의 실효성은 미지수라고 할 수 있다.

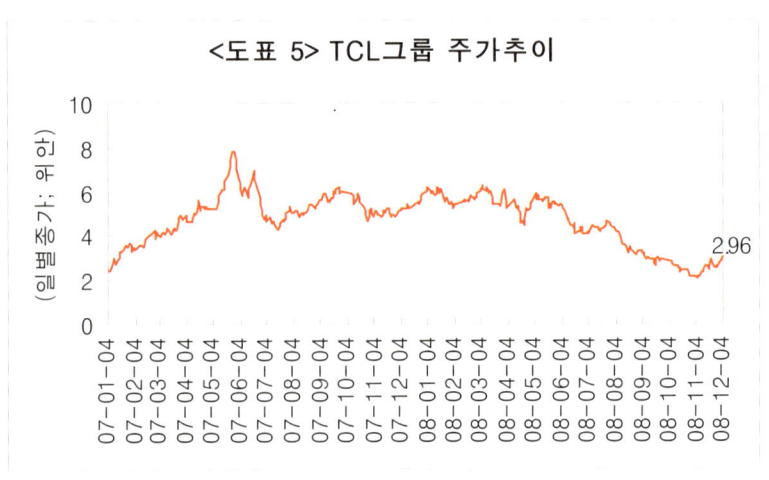

㈜ 선전거래소 자료로부터 KSERI 작성

(2008년 12월 8일)

중국 제조업체의 현실, 닝보버드

"중국은 우리의 적(敵)도 친구도 아닌 경쟁자이다"

이는 미국의 제44대 차기 대통령으로 당선된 오바마(Barack Obama) 당선자가 2007년 4월 사우스 캐롤라이나에서 진행된 민주당 대선후보 토론에서 중국관련 질문에 대해 한 답변이다. 오바마 당선자는 또 2007년 12월 아이오와주 디모인(Des Moines)에서 열린 토론에서는 아프리카 국가들을 방문했을 당시 아프리카 기업인들로부터 미국의 부재를 메울 수 있는 곳은 중국밖에 없다는 얘기를 들었다고 전하면서 미국의 차기 대통령은 앞으로의 10년, 20년, 50년 이후의 미래를 내다봐야 한다고 역설했다. 그런가 하면 2008년 10월 29일 전미섬유협회(NCTO)에 보낸 공개서한에서는 위안화 환율정책 개선을 촉구했다. 그는 이 서신에서 미국의 대규모 대중 무역적자가 발생하고 있는 주요 원인은 중국 정부의 위안화 환율개입 때문이라고 지적했다.

오바마 당선자는 중국산 제품의 안전성 문제에 대해서도 상당한 관심을 보이고 있는 것으로 알려지고 있다. 그는 선거 유세 중에 만약 자신이 대통령으로 당선된다면 모든 중국산 완구제품에 대해 수입을 중지할 것이라고 공공연히 밝혔었다. 현재 미국에서 판매되고 있는 완구제품의 90%가 중국에서 수입되고 있다. 또한 모든 중국산 수입제품에 대해서도 엄격한 안전검사기준을 적용할 것이라고 공언했다. 그는 일본 식품검사 시스템을 예로 들면서 자국 안전검사 기준에 부합되지 않는 식품에 대해서는 수입 자체가 금지되고 있는 것처럼 미국 역시 강력한 안전검사 시스템을 도입해야 한다고 주장했다.

중국 정부도 미 대선 당일인 2008년 11월 4일에 처음으로 공식 입장을 밝혔다. 중국 외교부 쟝위(姜瑜) 대변인은 오바마 당선자의 발언에 대해 내정간섭이라는 기존의 강한 어조에서 벗어나 우회적인 화법을 사용하였다. 위안화 환율이 미국의 대중 무역적자의 근본적인 원인이라고 할 수 없고, 글로벌 경제 속에서의 분업화가 빚어내고 있는 결과일 뿐이라고 주장했다. 오히려 미국이 중국에 가하고 있는 무역 및 투자 장벽을 없애는 것이 양국 교역관계를 개선시키는데 도움이 될 것이라고 주장했다. 동시에 누가 백악관의 주인이 되든지 중국 정부는 미국과 협력하여 건설적인 협력관계를 발전시켜 나가기를 희망한다고 덧붙였다.

하루 뒤인 5일에는 후진타오(胡錦濤) 중국 주석은 오바마 당선자에게 보낸 축전을 통해 양국은 인류복지 등 중대 문제에 대해 공동의 이익과 책임을 지고 있기에 건전하고 안정적인 관계를 유지해야 한다고 전했다. 원자바오(溫家宝) 총리 역시 아태지역과 세계 평화를 위해 양국은 새로운 발전관계를 모색해야 할 책임이 있다고 별도로 축전을 보냈다.

이처럼 오바마 대통령 당선자의 선거유세를 통해 드러난 발언들로부터 볼 때 미국은 중미간 무역 및 위안화 절상 문제와 중국산 제품안전성 문제 등을 거론할 가능성이 높을 것으로 보여진다. 그 경우 베이징올림픽 이후 부동산버블 붕괴와 주가급락 그리고 내수침체 등이 빠르게 진행되고 있는 중국 입장에서는 대미 수출규제 강화라는 또 다른 악재가 생긴다는 것을 의미한다.

내수침체와 수출부진에 따른 중국 제조업체들의 경영난은 실업자 급증이라는 사회혼란으로 이어지게 되는데, 2008년 11월 초 중국 언론에서는 인력감축을 단행하고 있는 기업리스트가 직장인들 이메일을 통해 급속도로 확산되고 있다고 보도하였다. 주로 베이징과 상하이, 선전 등 대도시 지역의 직장인 이메일을 통해 전달되고 있는데 기업명단이 상세하게 기재되어 있다고 한다.

언론보도에 의하면 22개 글로벌기업과 40개 중국 대형기업, 116개 중소기업 등 총 178개 기업명단이 포함되어 있는 것으로 알려지고 있다. 델(Dell), 야후, 이베이(eBay), 폭스바겐, 동방항공, 중원(Centaline, 홍콩계 중국 최대 부동산업체), 닝보버드(BIRD) 등 유명기업들이 대거 포함되어 있고, 이중 40 여 개 기업은 이미 감원을 한 것으로 확인되있다. 상당수의 해당기업들은 공식입장을 밝히고 있지 않으나 11월 초 인민은행이 시중은행의 대출한도 규제를 완전히 철폐한 것만 보아도 중국 기업들의 경영난이 심화되고 있음을 짐작할 수 있다.

이에 중국의 노동부인 인력자원사회보장부(人力资源和社会保障部) 인웨민(尹蔚民)부장은 선전시가 포함되어 있는 광동성 실업문제를 파악하기 위해 직접 현지를 방문하여 기업들의 도산실태를 확인하였다고 한다. 그 결과 광동성 소재 상당수 기업들이 이미 감원을 했거나 계획하고 있는 것으로 파악되었으며, 이중에는 전체 6천명의 직원 중 1천명을 대량 해고한 기업도 있었다고 한다.

문제는 광동성 지역의 감원이 광동성 지역경제에만 국한되는 것이 아니라 쓰촨(四川)성, 깐수(甘肅)성, 총칭(重庆) 등 여타 지역경제에까지 파급된다는 점이다. 과거 몇 년간 선전시 등 건설경기 붐으로 인해 상대적으로 인건비가 저렴한 농민들이 대거 대도시로 와서 일자리를 얻었다. 선전시에는 산동성 출신의 농민공[3]이 10여 만 명, 쓰촨성 농민공은 무려 130만 명이 일하고 있는 것으로 알려지고 있다. 그러나 최근 부동산버블 붕괴와 경기침체로 이들이 대량 해고됨에 따라 심각한 사회문제로 떠오르고 있는 것이다.

선전시뿐만 아니라 상하이와 베이징 지역경제 역시 빨간불이 켜졌다. 2008년 3분기 기준으로 중국 경제의 중심지인 상하이의 지역경제 성장률이 처음으로 전국 평균성장률 밑으로 떨어진 것이다. 매년 2~3% 이상 높은 성장률을 기록하던 상하이시가 2008년 3분기에는 전국 평균보다 0.1% 낮은 성장률을 기록한 것으로 나타났다.

1990년 이래 '푸동(浦东)' 개발을 중심으로 지역경제발전을 지속하던 상하이는 신시가지 개발투자가 전년에 비해 크게 감소하면서 지역경제가 침체되고 있다. 상하이 푸동 신도시개발팀 리이핑(李逸平)팀장에 의하면 2008년 상반기 중공업과 부동산투자가 전년동기에 비해 32.5%와 8.2%가 감소하였다고 한다.

이에 상하이시 시정부는 최근 지역경제활성화 3대 정책으로 부동산시

---

[3] '농민공(农民工)'이란 중국의 호구제도상 농촌호구를 가진 사람이 도시의 건설현장이나 공장 등에서 일하고 있는 사람들을 말한다. 열악한 업무환경과 저소득으로 인해 주로 비하하는 뜻으로 사용되고 있다. 2005년 말 기준으로 대략 1.5억 명의 농민공이 있는 것으로 알려져 있다. 중국의 호구제도 개혁이 지속적으로 논의되고 있는 것도 바로 이 때문이라고 할 수 있다.

장 안정화, 공공건설투자 확대, 2010년 세계박람회 성공개최로 정했다. 부동산시장 안정화를 위해 향후 5년간 30만 가구 경제형주택(임대주택)을 건설할 계획이며, 공공부문 투자확대는 푸동공항 베이통(北通)도로와 와이탄(外滩)도로 보수 등 총 10억 위안(약 1,939억 원)에 달하는 건설사업을 추진하기로 했다. 또 2010년 세계박람회 성공개최와 관련해서는 예산 286억 위안 중 180억 위안을 건설사업에 투자하기로 하였다.

베이징시의 경우는 더욱 심각하다. 올림픽 이후 고정자산투자가 빠르게 감소하면서 3분기 지역경제성장률이 5%로 나타났다. 이에 베이징시 시정부는 지하철 7호선과 14호선 건설계획을 세우고 330억 위안을 편성하였으며, 2015년까지 지하철 공사에 2천억 위안을 투자하기로 했다.

이처럼 중국경제는 빠르게 침체되는 모습을 보이고 있다. 이는 중국의 대표 제조업체인 닝보버드주식회사(BIRD, 宁波波导股份有限公司)의 최근 경영실적을 통해서도 이를 확인할 수 있다.

닝보버드는 1992년 10월에 설립된 회사로 중국의 대표적인 휴대폰 및 관련 부품 제조업체이다. 내수시장과 프랑스, 이탈리아 등 유럽시장에 널리 알려진 브랜드 업체이다.

프랑스 휴대폰 제조업체인 사젬(Sagem)과의 합자회사 설립을 계기로 본격적으로 유럽시장에 브랜드를 알리기 시작했다. 2002년 8월, 닝보버드는 사젬과의 합자형태로 닝보버드사젬전자회사(宁波波导萨基姆电子有限公司)를 설립하고 양사는 50%씩의 지분을 소유하였다. 닝보버드에서 판매되는 휴대폰의 대다수는 합자회사에서 생산한 제품들이었다. 하지만 몇 년 전부터 노키아, 삼성전자 등 글로벌 기업들의 공격적인 마케팅과 중국 국내업체들간의 출혈경쟁으로 심각한 경영난에 직면하자 닝보버드는 2008년 3월 합자회사에서 손을 떼기로 결정하고 50%의 지분을 1.6억 위안에 모두 매각한다고 발표하였다. 세부 매각조건은 주주총회에서 결정한다고 하였으나 아직까지 외부에 알려진 바는 없다.

닝보버드의 지배구조는 아래의 <도표 1>과 같이 형식적으로는 닝보전자정보그룹(宁波电子信息集团)과 버드과기그룹(波导科技集团)이 각각 21.7%와 21.2%의 지분을 소유하여 최대 주주로 나타나고 있다. 하지만 실질적인 주주는 저우치(周骐)와 쉬리화(徐立华)이다. 현재 저우치에 관해서는 개인투자자인 것 이외에는 특별히 알려진 바가 없다. 이렌과기그룹(易联科技)의 지분 80%를 소유한 것 이외에 선전거래소에 상장되어 있는 하이홍지주회사(海虹控股)의 주주인 것으로 알려지고 있다.

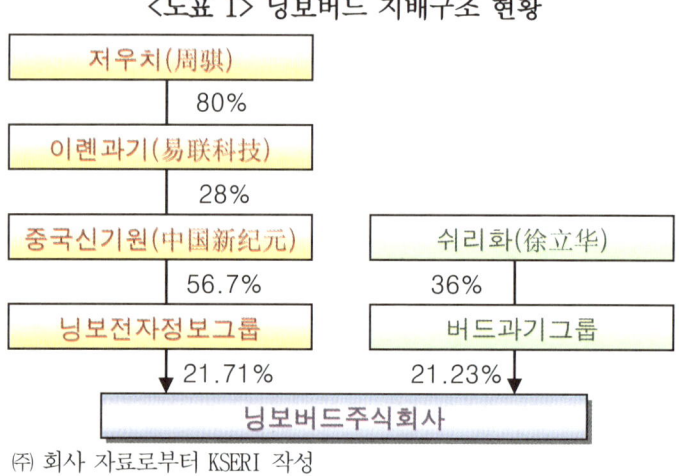

<도표 1> 닝보버드 지배구조 현황

㈜ 회사 자료로부터 KSERI 작성

쉬리화는 닝보버드의 설립자이자 CEO로 1963년생 저쟝성 출신이다. 1991년 시난쟈통(西南交通)대학 컴퓨터학과 학사학위와 경영관리 석사학위를 취득한 뒤 1992년 닝보버드주식회사를 설립하였다. 2000년 회사의 상하이 증시 상장과 2002년 프랑스 사쩸과의 합작 등으로 2004년까지 중국 민영기업 성공신화의 대표적인 인물로 꼽혔으나 최근에는 '최악의 CEO'로 선정될 정도로 평판이 나빠지고 있다. 휴대폰 사업의 지속적인 적자 속에서 의욕 적으로 진출했던 부동산사업과 자동차 제조업마저 실패했기 때문이다.

닝보버드주식회사의 최근 경영실적을 보면, 아래의 <도표 2>에 나타난 바와 같이 2005년부터 매출이 급감하고 있는 것으로 나타나고 있다.

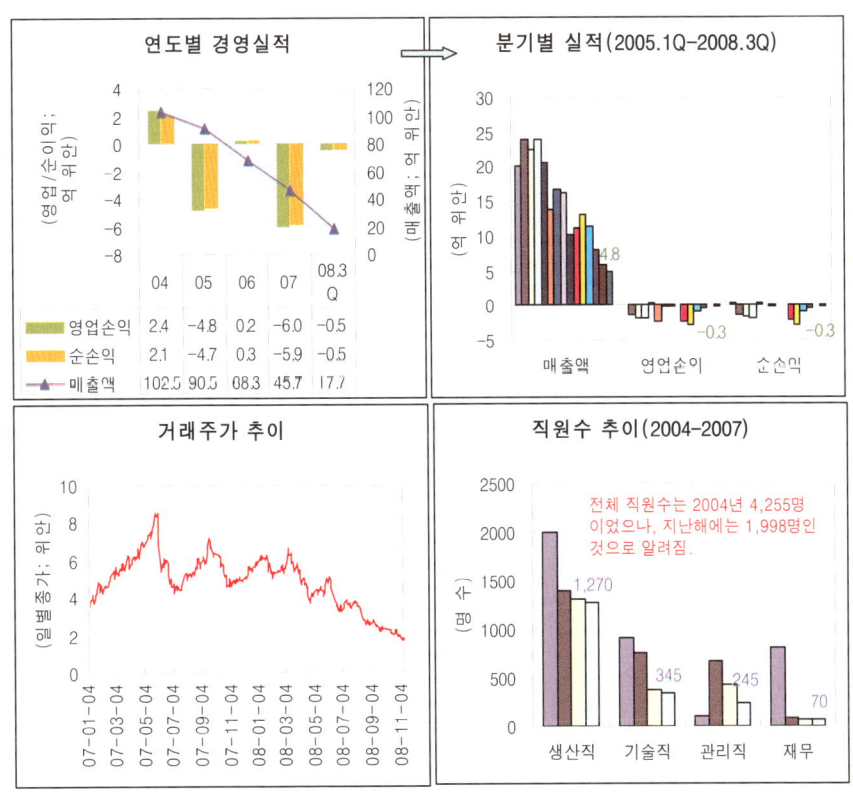

<도표 2> 닝보버드 주요 경영현황

㈜ 회사 및 상하이거래소 자료로부터 KSERI 작성

2007년 매출액은 전년대비 33% 감소한 45.7억 위안을 기록하였고, 영업손실 6억위안, 순손실 5.9억 위안으로 수익성도 급격히 악화되고 있다. 분기별 실적을 보면, 2008년 3분기 현재 매출액은 전년동기대비 46% 감소한 18.5억 위안을, 영업손실은 0.6억 위안, 순손실은 0.5억 위안을 각각 기록하고 있다. 그 결과 회사 주가도 2008년 11월 7일 1주당 1.78위안에 거래를 마감하여 2007년 이래 가장 낮은 수준을 보이고 있다.

  이처럼 경영난에 직면하자 닝보버드는 대대적인 인력감축을 단행하고 있다. 지난 2004년 4,255명에 달하던 직원이 2007년 말에는 1,998명으로 크게 줄었다. 2008년 역시 매출액이 전년에 비해 절반 가까이 줄어든 것을 감안하면 상당한 인력감축이 있을 것으로 보인다. 앞서 언급했던 감원기업 리스트에 닝보버드가 포함되어 있다는 점을 감안해보면 이메일의 내용들이 결코 인터넷상에 떠도는 소문이 아니라는 것을 뒷받침해 준다고 할 수 있다.

  이처럼 부동산버블 붕괴와 주가급락 그리고 경기침체가 가시화되면서 대기업들을 포함한 중국 기업들의 경영난이 심화되고 있다. 그 결과 선전시 등 대도시 지역을 중심으로 산둥, 저쟝, 깐쑤 등 낙후지역에서 올라온 농민공들을 포함하여 대규모 실업자들이 양산되고 있다. 이는 중국경제가 2008년 4분기뿐만 아니라 2009년에도 침체를 지속할 가능성이 높다는 것을 시사해주고 있다고 하겠다.

(2008년 11월 10일)

세계 최대의 중국어 사이트, 바이두닷컴

미국발 금융위기가 신흥경제국인 브라질, 러시아, 인도 등으로 확산되고 실물경제 불황도 본격화되기 시작하면서 세계 경제가 암흑의 터널로 진입하고 있다. 중국경제 역시 곳곳에서 문제가 터지기 시작하고 있다. 특히 미국발 서브프라임론 사태에 이어 중국 내외의 전문가들 사이에서는 중국발 부동산버블 붕괴 2탄에 대한 우려의 목소리도 나오기 시작하고 있다. 2008년 10월 셋째 주에 상하이지수가 3일 연속 하락하면서 2,000 포인트가 무너졌고 10월 16일에는 1,900선까지 떨어졌다.

중국 증시의 불안은 상장기업들의 3분기 실적보고를 통해서도 여실히 드러나고 있다. 10월 15일까지 3분기 실적보고를 한 23개 기업 가운데 9개 기업이 적자를 기록한 것으로 나타나고 있다. 또 전기에 비해 실적이 줄어든 기업도 14개에 달해 상당수 중국 기업들이 영업손실에 직면할 것으로 보인다. 특히 중국의 대표적 보험사인 핑안보험(平安)이 해외투자 손실을 보전하기 위해 보유하고 있던 상하이푸동발전은행(浦发银行)의 지분 2.79억 주를 전량 매도한 것으로 알려지면서 불안을 더욱 가중시키고 있다.

2002년부터 중국은 매년 500억 달러 이상의 외국인 직접투자 유입이 있었다. 특히 2006년에는 658억 달러, 2007년에는 748억 달러에 달했으며, 2008년 상반기에만 524억 달러로 폭증하고 있다. 외국인 직접투자 유입이 중국경제 성장의 동력 역할을 한 것은 사실이지만 그 중에는 상당액의 투기성 자금도 많이 포함되어 있다. 예컨대 2008년 상반기 외국인 직접투자 유입액 중 22.7%인 119억 달러가 부동산관련 투자였다. 뿐만 아니라 2008년 초부터 위안화 평가절상을 예상한 투기자금도 직접투자를 위장하여 대량으로 유입된 것으로 보고 있다. 그리고 이들 투기자금의 대부분이 부동산 시장으로 유입된 것으로 추정되고 있다.

중국의 부동산시장 버블 붕괴는 비단 베이징과 상하이와 같은 대도시에 국한된 현상은 아니다. 최근에는 따롄, 선양, 하얼빈과 같은 지방에까지 확산되고 있는 것으로 나타나고 있다. 이들 지방도시의 고급아파트 가운데에는 버블 절정기에 10억 원 이상 하는 곳도 적지 않았다. 대부분 투기자금들의 투자대상이 된 물건들로 지금은 상당수가 비어 있는 상태이다. 현지 은행은 고급아파트 구입자금이든 자동차 구입자금이든 소액의 계약금만으로 얼마든지 대출을 해주었다고 한다. 아파트 가격이 상승하면 담보여력이 높아지고 그로 인해 은행들은 다른 신규 아파트에 대한 추가 대출에 나서 여기저기서 아파트건설 붐이 일었던 것이다. 그런데 이런 버블 붐이 붕괴되고 있는 것이다. 이런 구조는 80년대 말 일본의 버블 및 최근 미국의 서브프라임론 버블과 거의 유사한 모습이라고 할 수 있다.

이러한 투기붐에 편승하여 중국인들도 퇴직금이든 예금이든 대출이든 가리지 않고 있는 돈 없는 돈을 다 긁어 모아 모조리 주식과 부동산 투기에 미친 듯이 나섰던 것이다. 이런 점에서 적지 않은 외국 전문가들이 중국의 부동산투기 버블도 붕괴를 피할 수 없다고 보고 있다. 설령 중국 정부가 버블 붕괴를 막기 위한 대책을 취한다고 해도 이미 돌아오지 않는 강을 건너버린 상태라고 보고 있는 것이다. 중국의 부동산 버블 붕괴가 본격화될 경우 그것이 세계경제에 미치게 될 충격은 미국발 금융위기 이상이 될 가능성도 배제할 수 없다고 주장하는 전문가도 있을 정도이다.

중국 국가발전개혁위원회는 글로벌 금융위기 확산으로 중국경제도 빠르게 감속하고 있다고 판단하고 일련의 대책들을 계속 발표하고 있다. 현재까지 알려진 바에 의하면, 중국 경제의 중심지역인 창장(长江)삼각주와 주장(珠江)삼각주 지역을 포함한 연안지역의 중소기업들을 구조조정하고 동시에 신용대출 지원을 확대할 방침이라고 한다.

또한 지역 정부들이 마련하고 있는 '부동산 활성화 대책'에 대해서도 중앙 정부가 적극 지원할 방침인 것으로 확인되고 있다. 국가발전개혁위원회 두잉(杜鷹) 부주임은 주택도시건설부(住宅和城乡建设部)가 전국 부동산시장 안정화를 위한 새로운 대책을 마련하고 있으며, 이는 향후 중국 거시경제정책에 큰 영향을 미칠 것이라고 말했다. 현재까지 약 17개 도시에서 부동산시장 활성화를 위해 감세정책 등을 실시하고 있는 것으로 중국 언론은 보도하고 있다.

이처럼 중국정부 차원의 경기부양책들이 발표되고 있는 가운데, 중국 기업들 역시 주주와 투자자들을 안심시키기 위한 특약처방 마련에 분주하다. 2008년 10월 셋째 주에 중국 최대 검색포털사이트인 바이두닷컴

(百度, Baidu)은 금융사이트인 허쉰(和讯, Hexun)과 전략적 협력관계를 체결하고 바이두허쉰 금융사이트(百度和讯全财经网)를 개설하였다.

중국 네티즌의 90% 이상이 방문하고 있는 바이두닷컴이 막강한 지지기반을 바탕으로 특화된 금융 컨텐츠를 제공한다는 사실에 이번 협력관계가 일약 월가와 세계 미디어업계의 주목을 받고 있다. 일각에서는 이번 협력방안에 대해 '컨텐츠+플랫폼'이 연결된 새로운 인터넷사업 모델을 중국에 처음으로 도입했다고 평가하고 있다. 그런가 하면 중국식 블룸버그(Bloomberg)나 톰슨파이낸셜(Thomson Financial)의 탄생을 알리는 신호탄이라고 설명하고 있기도 하다.

이번 전략적 협력관계의 구체적 조건에 대해서는 발표되지 않았지만 양사가 사업제휴를 결정하게 된 계기에 대해서는 다음과 같이 밝히고 있다.

우선 바이두닷컴은 자사의 강점과 취약점을 정확히 파악했기 때문이라고 설명한다. 허쉰과의 협력관계를 결정하기 1년 전부터 바이두닷컴은 금융 컨텐츠를 자체적으로 생산하고 제공하였다. 하지만 전문화된 금융 컨텐츠를 생산해내는 것은 결코 쉬운 일이 아니며 1~2년에 능력을 갖출 수도 없다는 사실을 깨달았다고 한다. 검색사이트로 출발한 바이두닷컴의 강점은 컨텐츠 생산과 편집이 아니라 컴퓨터 기술력에 있기 때문에 경쟁력을 극대화하기 위해서는 컨텐츠 생산 능력이 있는 전문기관과의 협력이 절실하다는 점을 깨달았다고 한다.

다음에 협력파트너 선정에 있어서 바이두닷컴은 세 가지 요소를 고려했다고 밝히고 있다. 첫째, 일정기간 동안 꾸준히 금융/경제 컨텐츠를 생산해내고 있는 업체, 둘째, 양사가 협력했을 때 시너지 효과를 극대화할 수 있는 기업문화, 셋째, 뉴스포털 사이트를 운영하고 있는 업체. 이를 기준으로 최종적으로 허쉰을 결정했다고 한다.

이에 비해 허쉰은 바이두닷컴의 정보 확산력을 고려했다고 한다. 인터넷의 최대 장점인 접근 용이성을 염두에 두고 가장 많은 네티즌이 방문하고 있는 바이두닷컴을 통해 좋은 정보를 빠르게 그리고 폭넓게 제공할 수 있는 시너지효과를 고려했다고 설명하고 있다.

그런데 이번 사업제휴 발표에서 허쉰의 2대 주주가 톰슨로이터그룹(Thomson Reuters Corp.)인 것으로 최종 확인됐다. 허쉰이 톰슨로이터그룹의 존재를 공식적으로 인정한 것은 이번이 처음이다. 2008년 초, 톰슨로이터의 투자가 언론에 노출되기는 했지만 크게 거론되지 않고 사라졌으나, 이번 바이두닷컴과의 사업제휴 과정에서 중국 언론을 통해 외부에 알려졌다. 현재 톰슨로이터그룹은 허쉰의 지분 40%를 소유하고 있는데 약 1천만 달러를 투자했다고 한다.

이로부터 볼 때 이번 양사 협력관계 성립에 있어서 톰슨로이터그룹의 동의가 없었다면 불가능했을 것이다. 어쩌면 톰슨로이터가 중국 최대 사이트인 바이두닷컴과의 협력을 가장 원했는지도 모른다. 이는 언어적 제한성과 중국 정부 정책의 특수성을 극복할 수 있을 뿐 아니라 빠르게 변화하는 중국 금융시장과 세계 최대 인터넷시장으로 급부상하고 있는 중국을 효과적으로 공략할 수 있는 최적의 조합일 수 있기 때문이다.

이제 세계 최대 인터넷시장인 중국의 인터넷 발전현황과 중국 최대의 검색사이트인 바이두닷컴의 최근 경영현황을 간단히 살펴보기로 하자.

<도표 1>에서 2008년 6월 말 기준으로 중국의 인터넷 이용자수는 2.5억 명으로 최대이며, 미국 2.2억 명, 일본 9,400만 명, 인도 6,000만 명, 독일 5,253만 명의 순으로 나타나고 있다. 한국은 3,482만 명으로 9위에

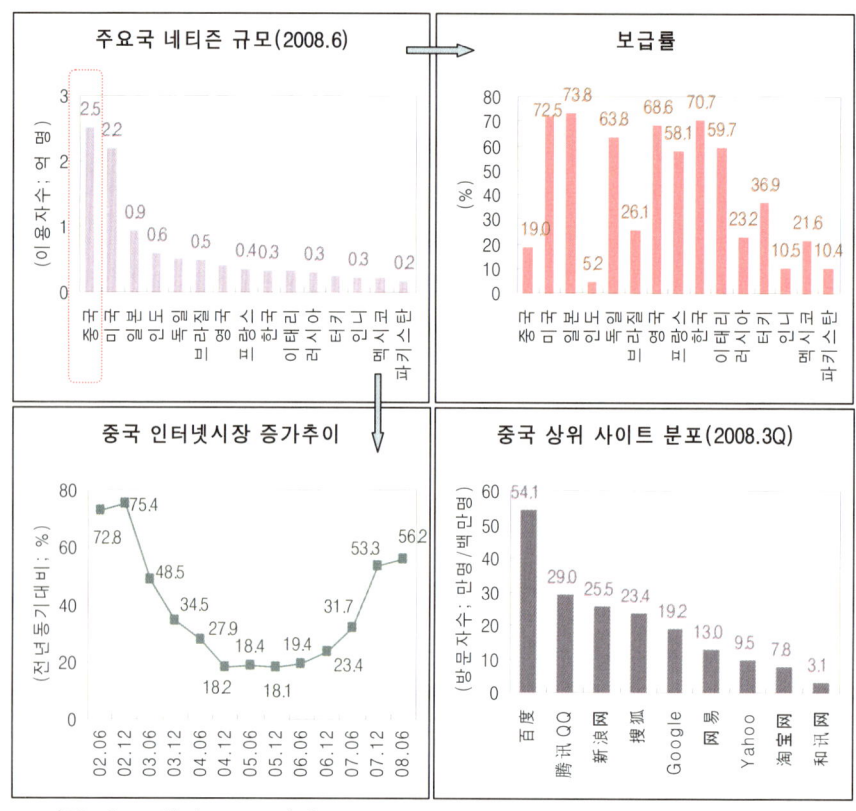

<도표 1> 중국 인터넷시장 현황

㈜ 각종 자료로부터 KSERI 작성

올라 있다.

반면 중국의 인터넷 보급률은 아직 20%에도 미치지 못하고 있다. 즉 5명 중 4명은 인터넷 정보의 혜택에서 소외되어 있다. 그러나 이는 동시에 향후 중국 인터넷 시장의 발전 가능성을 시사한다고 할 수 있다. 또 세계 4위의 인터넷 이용자를 보유하고 있는 인도는 보급률 면에서 5.2%에 불과하다. 중국의 인터넷 가입자수 추이는 2007년 말부터 다시 급증하는 모습을 보이고 있는데, 이는 정보 소외지역이었던 농촌지역의 인터넷망 구축작업이 이루어지고 있기 때문이다. 농촌지역 망구축 작업으로 50%를 상회하는 높은 증가세를 나타내고 있다.

한편, 최근 3개월(2008년6월~9월) 동안의 평균 1일 방문자수를 기준으로 중국의 주요 사이트별 순위를 보면 바이두닷컴이 백만 명당 54.1만 명으로 가장 많은 네티즌이 방문한 것으로 나타났고, 이어서 텅신(腾讯)QQ 29만 명, 시나닷컴(新浪) 25.5만 명, 소후닷컴(搜狐) 23.3만 명, 구글 19.2만 명, 야후 9.5만 명의 순으로 나타나고 있다. 또 이번 바이두닷컴과 협력체제를 구축한 허쉰은 3.1만 명이 방문한 것으로 나타났다.

바이두닷컴은 지난 2000년 1월 베이징 중관촌(中关村)에 설립된 세계 최대의 중국어 검색사이트로, 당시 미국의 실리콘밸리에서 돌아온 리옌홍(李彦宏)과 쉬용(徐勇)이 공동 설립하였다.

리옌홍 대표는 1991년 베이징대학 정보관리학과를 졸업하자마자 미국 뉴욕주립대에서 컴퓨터공학 석사학위를 받은 뒤 Infoseek 과 go.com 의 검색엔진을 개발한 것으로 알려지고 있다. 공동 창립자인 쉬용은 1982년 베이징대학에서 생물학 학사와 석사를, 이후 미국 택사스대학에서 박사학위를 취득한 직후 퀴아젠(Qiagen)에서 최고 영업사원으로 뽑힐 정도로 마케팅에서 능력을 인정 받았던 인물이다. 미국에서 활동하던 두 사람은 의기투합하여 1999년 말 중국으로 돌아와 바이두닷컴을 공동 창립하게 된 것이다.

바이두닷컴의 지배구조는 다음 쪽의 <도표 2>에 나타난 바와 같이 미국 벤처캐피탈인 '드레이퍼 피셔 저베슨(Draper Fisher Jurvetson)'이 25.8%의 지분으로 최대 주주에 올라 있고, 이어서 공동 설립자인 리옌홍이 22.9%를, 쉬용은 7%를 각각 소유하고 있다.

<도표 2> 바이두닷컴의 지배구조

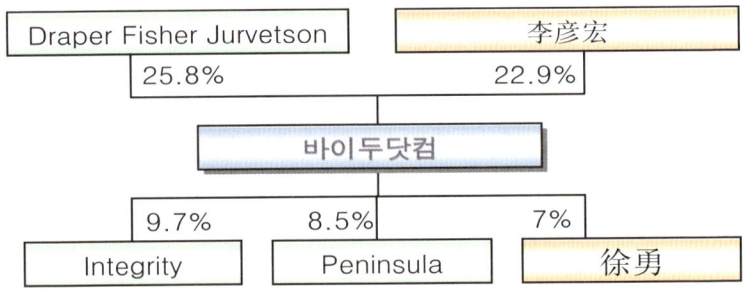

㈜ 각종 자료로부터 KSERI 작성

<도표 3> 바이두닷컴의 주요 경영현황

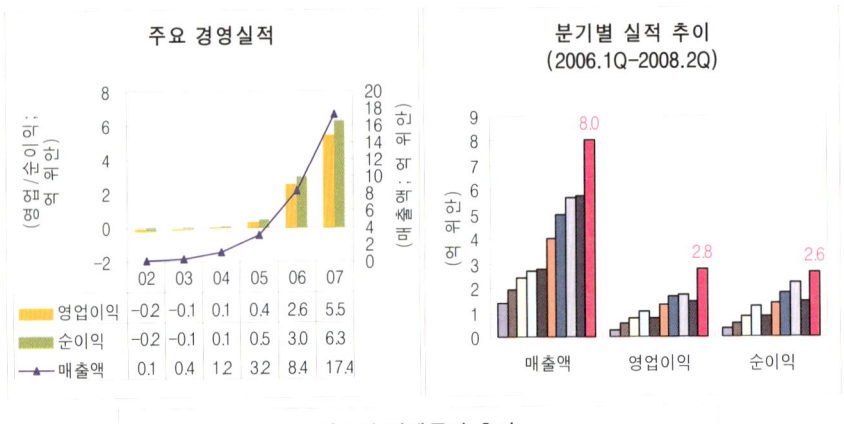

㈜ 회사 및 나스닥 자료로부터 KSERI 작성

앞의 <도표 3>에서 주요 실적을 살펴보면, 설립 5년째인 2004년부터 흑자로 전환하였고, 2005년 8월 미국 나스닥시장에 성공적으로 상장된 이후 국내외 주목을 받으며 가파른 매출 상승세를 지속하고 있다. 2007년 매출액은 전년대비 108% 증가한 17.4억 위안(약 3,336억원)을 기록하였으며, 영업이익은 112% 증가한 5.5억 위안, 순이익은 110% 증가한 6.3억 위안을 기록하였다. 2008년 상반기 매출액도 2분기 매출 급증에 힘입어 전년동기대비 103% 증가한 13.8억 위안을 기록하고 있고, 영업이익은 223% 증가한 4.2억 위안, 순이익은 193% 증가한 4.1억 위안을 기록하면서 급성장세를 지속하고 있는 것으로 나타나고 있다.

한편 이번 허쉰과의 협력 방안 발표로 바이두닷컴의 주가는 10월 13일과 14일에 급등하는 모습을 보였으나, 16일에는 전일 대비 0.9% 하락한 226.3달러로 거래를 마감하였다.

(2008년 10월 20일)

중국의 인터넷시장 동향과 소후닷컴

20세기를 산업자본의 시대라고 말한다면 21세기는 정보통신 혁명으로 바탕으로 한 지식정보화의 세기라고 말한다. 최근 광우병 위험 쇠고기 수입에 반대하는 시민들이 연일 거리로 나와 촛불집회를 시작한지 어느덧 두 달이 되어가고 있다. 직접 집회에 참여하는 시민들이 있는가 하면, 인터넷 생중계를 통해 집회 현장을 실시간으로 시청함과 동시에 인터넷 토론장 등에서 의견을 자유로이 주고 받는 형태로 참여를 하는 시민들도 많다. 현장 참여와 인터넷을 통한 실시간 참여가 상호작용하면서 거대한 국민적 여론을 형성하기에 이르렀다. 그리고 그로 인해 정부와 여당이 정권출범 100일만에 역대 최저 지지율을 기록하면서 혼란에 빠지는 모습을 보이고 있다. 이는 말 그대로 21세기가 인터넷 등 정보통신 혁명을 바탕으로 하는 지식정보화의 세기로 본격적으로 접어들고 있음을 보여주는 것이라고 하겠다.

중국 쓰촨성에서 발생한 대지진 소식을 바로 접할 수 있었던 것도 인터넷의 힘이다. 2008년 5월 12일 쓰촨성 원촨(汶川)현에서 리히터 규모 8.0의 강진이 발생한 시각은 정확히 오후 2시 28분이었으며, 관영통신인 신화사가 지진 소식을 최초로 타진한 시각이 오후 2시 46분으로 불과 20분도 채 못되어 전세계는 중국 대지진 소식을 확인하였다. 이처럼 중국 정부가 빠르게 대처를 한 것에 대해서는 이례적으로 평가하고 있는데, 그 이면에는 중국의 한 네티즌이 지진 현장을 동영상으로 담아 UCC로 올렸기 때문이라는 해석이 있다. 중국 정부로서도 인터넷의 정보 확산력을 의식하여 신속한 대처를 하지 않을 수 없었다고 한다.

이와 같이 인터넷을 기반으로 한 쌍방향 지식정보화의 흐름은 한 국가의 정치, 경제, 사회, 문화 등의 패러다임을 바꾸고 있으며, 국제역학 관계에 있어서도 새로운 변화의 동인으로 작용하고 있다. 이는 20세기형의 파워가 산업자본을 기반으로 한 정경관 유착의 제도화된 파워라고 한다면 21세기형의 파워는 인터넷을 기반으로 한 지식정보화의 파워라고 할 수 있다. 즉, 20세기형의 파워가 제도화된 유형의 파워라고 한다면, 21세기형의 파워는 비제도화된 무형의 파워라고 할 수 있다.

이에 이번 중화경제동향에서는 먼지 21세기형의 비세도화된 성보발신 파워의 기반이 되고 있는 세계 인터넷 시장의 발전 현황을 간단히 살펴보기로 한다. 동시에 중국의 인터넷시장 동향과 2008년 1분기 기준 중국 최대 포털사이트로 부상한 소후닷컴(搜狐, SOHU.COM)에 대해서도 살펴보기로 한다.

우선 세계 주요국별 인터넷 이용자수 추이를 살펴보면, 아래의 <도표 1>에 정리된 바와 같이 2007년 말 기준으로 중국이 전년대비 53.3% 급증한 2.1억 명으로 미국의 2.2억 명(+4.7%)에 이어 세계 2위를 차지했다.

그러나 2008년 2월 말에는 중국 인터넷 이용자수가 2.21억 명을 넘어서 미국을 제치고 세계 최대 인터넷 이용자 수를 기록하였다. 이어서 인도 2억 명, 일본 9,400만 명, 브라질 5천만 명의 순으로 나타나고 있다. 또 한국은 3,482만 명, 러시아는 3천만 명이 각각 인터넷을 이용하고 있는 것으로 나타났다. 특히 미국, 일본, 독일, 한국 등 주요 선진국의 인터넷 이용자수는 증가세가 크게 둔화되고 있는 반면, 중국과 인도, 브라질, 러시아 등 BRICs의 인터넷 이용자수는 경제성장과 인터넷 보급 확산에 따라 급증세를 나타내고 있다.

<도표 1> 중국 인터넷시장 현황

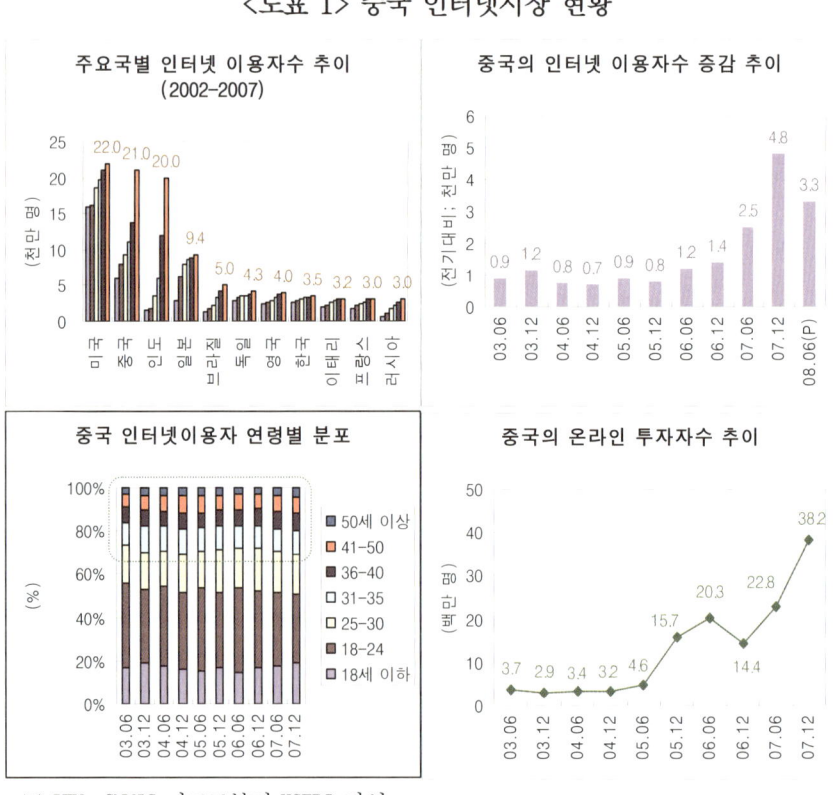

㈜ ITU, CNNIC 자료로부터 KSERI 작성

구체적으로 중국의 반기별 인터넷 이용자수 증감 추이를 보면, 2007년 하반기에만 한국 전체 인구에 육박하는 4,800만 명 가량이나 급증하였고, 2007년 한해 동안 총 7,300만 명이 증가한 것으로 나타났다. 2008년 상반기에도 대략 3,300만 명 정도가 증가할 것으로 보여 중국 전체적으로 2.4억 명을 넘어설 것으로 예상된다.

중국 인터넷이용자의 연령별 분포(2007년 말 기준)를 보면, 30세 이하가 70% 가까이 차지하고 있는 것으로 나타나고 있다. 이에 비해 30세 이상은 30%에 불과해 인터넷 이용에 있어서 세대 차이를 확연히 보여주고 있다. 다만 30세 이상 인터넷 이용자수가 다소 증가하는 모습을 보이고 있는데, 이는 중국 증시 활황에 기인한 것으로 보인다.

2007년 중국의 인터넷 이용자수가 급증하고 연령대가 높아진 주된 이유로는 중국 증시의 활황과 농촌지역의 인터넷 보급확산에 기인했던 것으로 보인다. 특히 상하이 종합주가지수가 6천 포인트를 돌파했던 2007년 하반기에는 신규 온라인투자자가 1,538만 명이나 급증하는 모습을 보였다. 이는 같은 기간 동안 전체 인터넷이용자수 증가의 32%에 해당하는 것으로, 인터넷 이용자수 급증이 온라인투자자 급증에 기인했음을 알 수 있다. 이로부터 향후 중국 인터넷 이용자수는 농촌지역과 증권 투자자들을 중심으로 계속 빠르게 증가할 것으로 예상된다.

이제 소후닷컴의 최근 경영현황에 대해 살펴보기로 하자.

소후닷컴의 CEO는 장차오양(张朝阳) 박사로, 소후닷컴의 창립자이기도 하다. 1964년 중국 산시(陕西)성 시아(西安)시에서 출생한 장차오양은 1986년 칭화대학교 물리학과를 졸업한 직후, 정부 장학금으로 미국 유학길에 올랐다. 1993년 MIT에서 박사 학위를 취득한 그는 MIT 아태지역 중국책임자를 거쳐 1995년 미국 ISI(Information Sciences Institute) 주중 수석대표를 역임하다가 1998년 2월에 소후닷컴을 창립하였다.

소후닷컴은 <도표 2>에 나타난 바와 같이 주간 평균 1~1.5억 히트 수를 기록하여 중국 전체 사이트 중 6번째 순위에 올라 있다. 가장 많은 방문횟수를 기록하고 있는 사이트는 바이두닷컴(百度, 검색)으로 주간 평균 최대 9.5억 히트수를 기록하고 있는 것으로 나타났으며, 이어서 QQ닷컴(腾讯, 포털)이 4.5억 히트, 시나닷컴(新浪, 포털) 3억 히트, 163닷컴(网易, 포털) 2.5억 히트의 순으로 나타나고 있다. 또, 전세계적으로 선풍적인 인기를 끌고 있는 유투브와 비슷한 요우쿠닷컴(优酷, 비디오동영상)이 소후닷컴과 비슷한 1~1.5억 히트수를 기록하고 있다.

소후닷컴의 주요 경영실적을 보면, 2007년 매출액은 1.89억 달러로 전년대비 40.8%나 급증하였으며, 영업이익과 당기순이익도 32.9%와 34.7%가 증가한 32.7억 위안과 34.9억 위안을 기록하였다. 그리고 2008년 1분기에도 매출액이 전년동기와 비교해 156%나 급증한 8,480만 달러로 나타나 현재까지 중국 최대 포털사이트에 올라 있던 시나닷컴의 1분기 매출액 7,130만 달러를 처음으로 앞지른 것으로 나타났다.

소후닷컴의 주요 매출 분포를 보면, 온라인광고 수입이 1.12억 달러로 회사 전체 매출액의 59.3%를 차지하고 있다. 이어서 온라인게임이 0.42억 달러로 매출액의 22.2%, 전년대비로는 395%에 달하는 가파른 성장세를 나타내고 있다. 온라인게임분야가 이처럼 급성장한 이유는 2007년 5월부터 서비스를 개시한 TLBB(天龙八部, 천룡팔부)가 크게 성공을 거두었기 때문이다. 8월에는 베트남에까지 라이센스 수출계약을 체결한 것으로 알려지고 있다. TLBB는 소후닷컴이 처음으로 자체 개발한 온라인게임 컨텐츠이다.

<도표 2> 소후닷컴 주요 경영현황

㈜ Nielsen 및 회사 자료로부터 KSERI 작성

　소후닷컴 인터넷사업의 주요 수입원은 온라인 광고시장이다. 2008년 1분기 동안 중국의 각종 온라인에 광고를 게재한 광고주는 총 3,528개사로 아시아 국가 중 가장 많은 것으로 나타나고 있다. 온라인 광고시장 규모는 2.75억 달러로 일본의 5.35억 달러에 이어 두 번째로 큰 시장규모를 보이고 있다. 중국 온라인광고시장의 업종별 시장규모를 보면 자동차 광고가 약 6,050만 달러로 전체 온라인광고의 22%를 차지하고 있다. 그리고 컴퓨터 5,225만 달러(19%), 엔터테인먼트 2,750만 달러(10%), 패션과 금융이 2,200만 달러(8%)의 순으로 나타나고 있다.

　설립된 지 만 10년이 지난 소후닷컴의 증시 상장은 전세계적으로 인터넷 열풍이 불었던 지난 2000년 7월 12일에 이루어졌다. 1998년 2월에 설립된 소후닷컴은 중국 인터넷시장의 성장 잠재력을 배경으로 2년 5개월만에 나스닥에 성공적으로 상장되었다.
　2008년 6월 11일 종가 기준으로 주당 78.11달러로 거래를 마감한 소후닷컴의 최근 주가는 중국 증시의 폭락에도 불구하고 상승세를 이어가고 있다. 1분기 실적 발표가 있었던 4월 29일을 전후로 20달러 가까이 급등하는 양상을 보이고 있을 뿐 아니라, 1년 전의 주가와 비교하면 3배 이상 상승한 것이다.

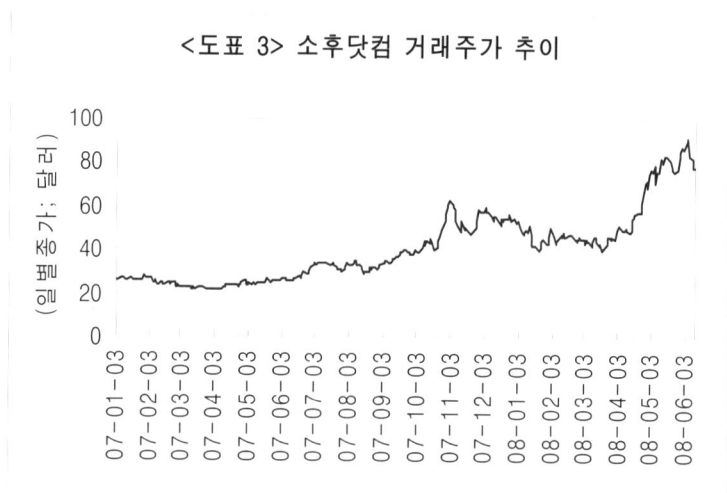

<도표 3> 소후닷컴 거래주가 추이

㈜ 나스닥 자료로부터 KSERI 작성

(2008년 6월 16일)

3강 체제로 개편되는 중국의 통신산업

2008년 국경절 연휴기간 동안에 중국 통신산업의 구조재편이 이루어졌다. 일요일인 9월 28일 차이나유니콤(中国联通)과 차이나텔레콤(中国电信)은 자사 홈페이지와 언론을 통해 차이나유니콤이 제공하던 CDMA 망과 가입자를 포함한 CDMA 관련자산 일체를 10월 1일부터 차이나텔레콤에 이양한다고 발표했다. 앞으로 2개월 이내 이전 작업을 마무리할 계획이라고 밝혔다.

차이나텔레콤은 차이나유니콤에 1,100억 위안(약 20조원)을 지불하고 차이나유니콤의 CDMA 가입자 4,317만 명(2008년 6월말 기준)과 CDMA 망 등을 넘겨 받은 것으로 알려지고 있다. 이로써 중국 통신산업의 역사이자 유선전화시장을 장악하고 있는 차이나텔레콤이 이동통신시장에 본격적으로 진출할 수 있는 교두보를 확보하게 되었다.

중국의 통신시장은 크게 유선전화의 차이나텔레콤과 이동전화의 차이나모바일(中国移动)로 양분되어 있었다고 할 수 있다. 그러나 이동통신 가입자수가 기하급수적으로 증가하고 있는데 반해 유선전화 가입자수는 지속적으로 감소해왔다. 이에 중국 정부는 심화되는 통신업체간의 불균형을 해소하기 위해 2008년 5월에 대대적인 구조재편 계획을 발표했다. 이 구조재편 계획은 8월부터 시행된 독점금지법 저촉 가능성을 감안한 것이었다고도 할 수 있다.

현재 중국 통신산업의 구조를 보면 차이나텔레콤과 차이나넷콤(中国网通), 차이나티에통(中国铁通)의 3개 회사가 유선전화와 통신인프라 구축사업을 맡고 있고, 차이나모바일과 차이나유니콤이 이동통신사업을, 그리고 위성사업 부문은 차이나셋콤(中国卫通)이 담당하고 있다. 이처럼 중국 통신산업이 6개 그룹(5+1형태) 체제로 구성되게 된 것은 지난 2001년 10월 중국 정부가 통신서비스 지역을 남과 북으로 분할하는 구조조정에 기인한 것이다.

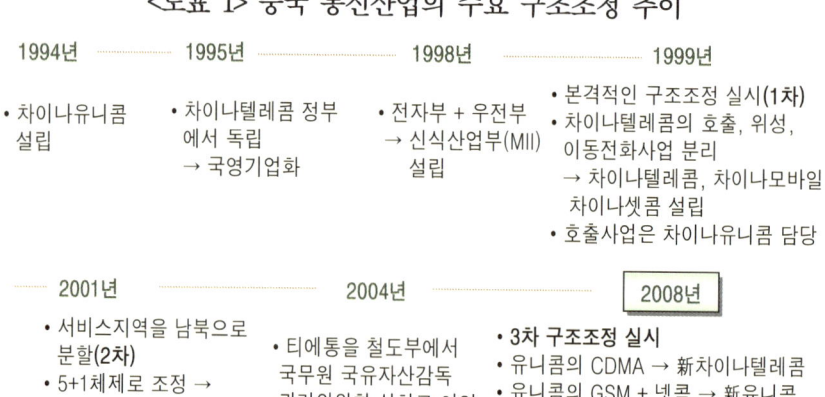

<도표 1> 중국 통신산업의 주요 구조조정 추이

앞의 <도표 1>에서 볼 수 있는 바와 같이 중국 통신산업의 구조조정은 1998년 신식산업부(MII)가 설립되면서부터 본격적으로 추진되고 있다. 신식산업부는 1998년 정부조직개편으로 기존의 전자부(电子部)와 우전부(邮电部)가 합쳐져 신설되었는데, 현재까지 중국 통신정책과 관련된 모든 업무를 총괄하고 있다.

1998년 이전에는 모든 통신사업이 정부산하기관으로 중앙정부에 의해 통제되는 구조였다. 1994년 7월 전자부와 철도부, 전력부, 광전부(广电部, 방송/영화관련 부처)가 연합하여 차이나유니콤이 설립되었으나 시장점유율이나 자산규모 면에서 중국의 통신시장을 책임지기에는 역부족이었다. 이에 이듬해인 1995년 '중국우전전신총국(中国邮电电信总局)'이 중국 정부기구에서 분리되면서 국영기업 형태의 차이나텔레콤으로 바뀌고 유선전화망 설치 등 중국의 주요 통신사업을 독점함에 따라 중국 통신산업은 차이나텔레콤이 장악하는 구조로 바뀌게 되었다.

하지만 덩치가 커지면서 세계 통신시장의 빠른 변화에 신속하게 대응하지 못하게 되자 신식사업부가 출범하면서 제일 먼저 차이나텔레콤에 대한 구조조정을 단행하게 된 것이다. 1999년의 1차 구조조정에서는 차이나텔레콤이 운영하던 유선전화사업을 제외한 이동전화와 호출, 위성사업 부문을 차이나텔레콤에서 분리하였다. 이동전화는 차이나모바일이, 호출사업은 차이나유니콤이, 위성사업은 차이나셋콤이 각각 운영하도록 체제를 변환한 것이다. 이때 차이나모바일과 차이나셋콤이 설립되었던 것이다.

2001년의 2차 구조조정은 차이나텔레콤의 서비스지역을 남북으로 분할하고, 이를 위해 차이나넷콤(中国网通)과 차이나티에통(中国铁通)이 추가로 설립되면서 중국 통신산업은 총 6개 그룹 체제로 바뀌었다. 차이나텔레콤은 남부와 서부 21개 성(省)을 담당하면서 네트워크자원의 70%를 소유하며, 북부지역의 10개 성에 해당하는 30% 자원은 차이나넷콤을 설립하여 담당하도록 했다. 또 차이나티에통은 철도부와 연계하여 주로 장거리전화, IP 전화, 인터넷 사업을 맡도록 했다.

2008년의 3차 구조조정은 2008년 1월에 확정되고 5월 24일에 발표되었는데, 주요 골자는 위성사업을 담당하는 차이나셋콤을 제외한 5개 통신회사를 3개 회사로 통합한다는 내용이었다. 이중 가장 주목을 끌었던 부분은 바로 차이나텔레콤의 이동통신사업 진출 허용이었다. 차이나유니콤의 CDMA 관련자산을 모두 차이나텔레콤이 인수하도록 한 것이다. 양사는 2008년 7월에 계약을 체결하고 10월 1일부터 본격적인 이전 작업에 착수하기 시작했다. 동시에 차이나유니콤은 기존의 GSM 서비스와 차이나넷콤(북부 10개 성 유선전화사업자)을 인수하여 新차이나유니콤으로 출범할 것으로 알려지고 있으며, 차이나티에통은 차이나모바일로 흡수되어 新차이나모바일이 탄생될 예정으로 있다.

이처럼 중국정부가 추진하고 있는 3차 구조조정이 순조롭게 완료된다면 중국 통신시장은 아래 <도표 2>와 같이 3강 체제로 새롭게 재편될 예정이다. 이하에서는 편의상 3강의 명칭을 차이나텔레콤, 차이나유니콤, 차이나모바일로 부르기로 한다.

우선 이동전화 가입자수(2008년 상반기 기준)를 보면, 차이나텔레콤은 차이나유니콤의 CDMA 가입자를 인계 받아 4,317만 명이 등록되고, 차이나유니콤은 GSM 가입자수 1.3억 명만 남게 되며, 차이나모바일은 기존 가입자수 그대로 4.2억 명이 된다. 2008년 6월 말 현재 중국 전체 이동전화 가입자수가 6억 명인 점을 감안하면, 차이나모바일이 70% 가까운 시장점유율을 차지하게 되며, 차이나유니콤은 21.6%, 차이나텔레콤은

8.4% 가량을 차지하게 되는 셈이 된다. 2008년 8월 말 현재 이동전화 가입자 수가 6.16억 명으로 나타나 월평균 8백만 명 가량이 신규로 가입하고 있는 것으로 추정된다.

유선전화 가입자 수는 차이나텔레콤이 2.2억 명, 차이나유니콤은 1.1억 명, 차이나모바일은 1,819만 명으로, 각각 63%, 31.6%, 5.4%의 시장점유율을 차지하게 된다. 중국의 유선전화시장은 빠른 속도로 줄고 있는데 월평균 1백만 명 가량이 해지하고 있는 것으로 나타나고 있다.

<도표 2> 중국 통신회사 개편 추이

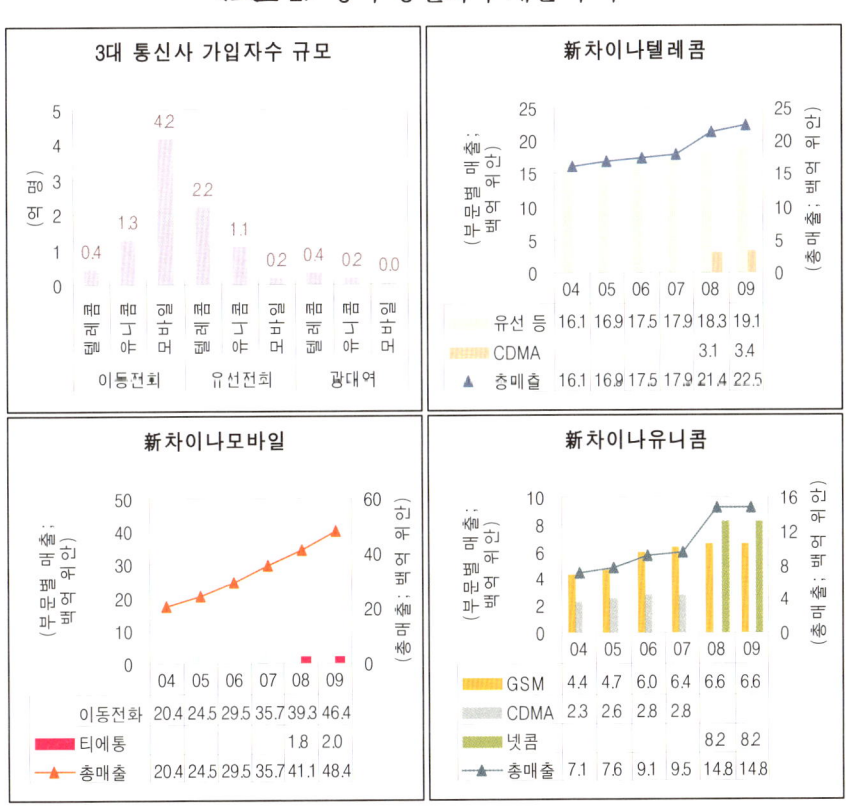

㈜ 각사 자료로부터 KSERI 작성. 2008년과 2009년은 전망치임.

구조개편 후 3개 통신사의 매출액 변화를 간단히 살펴보기로 하자. 우선 차이나텔레콤은 회사 전체 매출의 약 70%가 유선전화사업에서 발생하고 있는데 지난 2006년 이후 빠르게 감소하고 있다. 반면 인터넷사업 부문의 매출이 빠른 증가세를 보이면서 전체 매출에는 거의 변동이 없는 것으로 나타났다. 이번 구조조정을 통해 CDMA 사업을 인계할 경우 300억 위안 이상의 매출증가가 예상된다.

차이나유니콤은 GSM이 지난해 회사 전체 매출의 67%를 차지하고 있으며 CDMA는 29.5%를 차지하고 있다. 하지만 정부의 구조조정 방안에 따라 300억 위안 가량의 CDMA 부문은 차이나텔레콤에 넘겨주고 840억 위안의 차이나넷콤을 새로이 인수하게 되면 540억 위안 이상의 매출 증가가 예상된다. 2007년 차이나넷콤의 매출액은 840억 위안으로 기존 차이나유니콤의 매출규모와 비슷한 수준이다.

차이나모바일은 2004년 이후 연평균 20% 이상에 달하는 높은 매출 증가율을 나타내고 있다. 장거리전화와 인터넷을 주요 사업으로 하고 있는 차이나티에통을 인수하여 200억 위안 가량의 매출 증가가 있겠지만 기존 이동통신시장의 높은 점유율을 바탕으로 꾸준한 매출 증가세를 지속할 것으로 보인다.

이번 3차 구조개편 내용을 보면 모두 유선통신과 무선통신이 결합되는 모습을 보이고 있다. 이로부터 이번 3차 구조개편은 중국 정부가 FMC(유무선통합)서비스 도입을 염두에 둔 것이 아니었나 생각된다. FMC 서비스란 인터넷전화와 이동전화가 결합된 형태로 하나의 단말기로 사무실 전화와 이동전화를 모두 이용할 수 있는 것을 말한다.

하지만 한국의 경우를 참고해보면 중국의 FMC 서비스 사업은 상당한 시간이 걸리거나 활성화되기 전에 사장될 공산이 크다. 한국에서 2007년부터 도입된 이 서비스는 아직 자리를 잡지 못하고 있는 것으로 보인다. FMC가 이동전화와 함께 인터넷전화를 기반으로 하고 있기 때문에 인터넷전화의 보급을 전제로 하고 있다. 그러나 인터넷전화 보급의 기반인 무선랜(WiFi)을 아직 한국 기업들이 적극적으로 도입하고 있지 않다. 중국 역시 마찬가지 상황이라고 할 수 있다. 따라서 이번 3차 구조개편은 FMC의 가능성을 염두에 둔 장기적 포석이라고 할 수 있겠다.

<도표 3> 중국 통신사 주가 추이

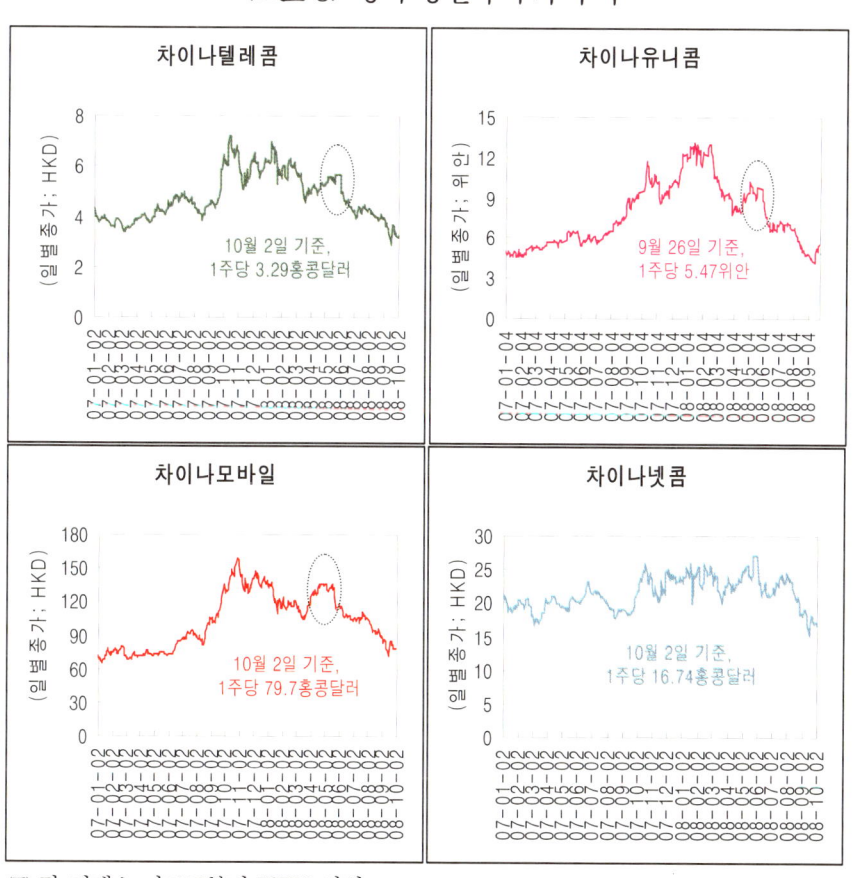

㈜ 각 거래소 자료로부터 KSERI 작성

마지막으로 이들 중국 통신업체들의 최근 주가를 살펴보기로 하자. 현재 6개 통신업체 중 차이나텔레콤, 차이나유니콤, 차이나모바일, 차이나넷콤 등 4개 회사가 국내외 증시에 상장되어 있다. 4개 통신업체 모두 뉴욕과 홍콩거래소에 상장되어 있고, 이중 차이나유니콤만이 국내(상하이) 증시에도 상장되어 있다.

　이들 회사의 주가는 앞의 <도표 3>에서 나타난 것처럼 3차 구조조정이 확정 발표된 2008년 5월말에 차이나텔레콤과 차이나유니콤, 그리고 차이나모바일 등 3개 회사의 주가가 잠시 오르는 모습을 보였다. 하지만 이후 글로벌 금융위기 확산과 경기침체 영향으로 주가는 하락세를 지속하고 있다.

　10월 2일 기준 차이나텔레콤은 전일대비 5.1% 상승한 3.3홍콩달러에 거래가 마감되었고, 차이나모바일은 3.6% 상승한 79.7홍콩달러에 마감되었다. 차이나유니콤은 10월초 국경절 연휴로 상하이증시가 휴장하였고, 차이나유니콤에 인수되는 차이나넷콤은 전일대비 2.6%가 하락한 16.7홍콩달러에 거래가 마감되었다.

(2008년 10월 6일)

중국 최대의 이동통신사업자, 차이나모바일

중국인들의 소비는 크게 3대 연휴(설날, 노동절, 국경절)를 중심으로 집중된다. 세계경제와 마찬가지로 중국경제도 둔화되고 인플레가 높아지고 있는 가운데서도 중국의 2008년 1분기 내수는 설날 연휴 소비증가에 힘입어 2조5,555억 위안으로 전년동기대비 20.6%에 달하는 높은 증가율을 기록하였다.

이어서 2분기 소비가 집중되는 '우이지에(五一节, 노동절)' 연휴도 5월 1일부터 3일까지 지속되었는데, 이 기간 동안 IT 제품(휴대폰, 컴퓨터 등)과 가전제품 등의 판매가 전년에 비해 좋았던 것으로 보도되고 있다. 특히, 2008년에는 연휴기간이 예년의 7일에 비해 3일로 축소되었음에도 불구하고 전체 소비는 전년을 상회할 것으로 보고 있다. 중국은행연합(中国银联股份有限公司, China Unionpay)이 발표한 최신 통계자료에 의하면 노동절 3일 연휴 동안 은행카드(신용카드 포함) 거래횟수는 전년동기대비 43.5% 증가한 5,861만 건에 달했으며, 거래액도 68.8%가 증가한

360억 위안(약 5조3,933억 원)에 달한 것으로 나타나고 있기 때문이다.

국내외 경제환경의 불확실성이 높아지고 있는 가운데에서도 중국의 내수 소비는 거의 위축되지 않고 성장을 지속하고 있다. 뿐만 아니라 소득수준 향상에 따라 소비지출 패턴도 변화하고 있다. 중국인들의 소비지출 중 식품비중(엥겔계수)이 낮아지고 있는 데 반해, 교통/통신 지출비중이 빠르게 높아지고 있는 것으로 나타나고 있다.

이에 이번 중화경제동향에서는 중국인들의 통신비 지출 증가와 관련하여 중국 통신시장 현황과 중국 이동통신시장의 70%에 달하는 시장점유율을 차지하고 있는 차이나모바일(中國移動有限公司, China Mobile Ltd.)의 최근 경영현황에 대해 살펴보기로 한다.

아래의 <도표 1>에서 주요 국가별 유선전화시장(2007년 기준) 규모를 살펴보면 중국이 3.65억 명으로 세계 최대로 나타나고 있다. 이어서 미국이 1.72억 명으로 나타나고 있으며, 독일은 5,375만 명, 일본은 4,581만 명, 러시아는 4,390만 명으로 나타나고 있다. 이 중 미국과 일본, 독일 등은 휴대폰 전화 보급확대의 영향으로 큰 폭의 감소세를 나타내고 있으며, 중국 역시 감소세로 반전되는 모습을 보이고 있다.

한국 역시 2,329만 명으로 감소세를 보이고 있으며, 영국과 프랑스도 감소세를 보이고 있다. 이에 비해 베트남은 가입자가 급증하고 있는 모습으로 2007년 말 현재 2,853만 명에 달하여 2004년에 비해 2.8배나 증가한 것으로 나타났다. 러시아도 베트남과 마찬가지로 유선 가입자가 증가하고 있는 모습을 나타내고 있다.

한편, 이 도표에서 주요 국가별 이동통신시장 규모(2007년 기준)를 보면 중국은 전년대비 18.7% 증가한 5.47억 명으로 나타나고 있으며, 미국은 9.6% 증가한 2.55억 명으로 나타나고 있다. 가입자 수 면에서는 중국이 미국의 2배를 넘고 있는 모습을 보이고 있다. 이어서 인도가 40.7% 증가한 2.34억 명, 러시아가 12.8% 증가한 1.7억 명, 그리고 브라질이 21.1% 증가한 1.21억 명으로 나타나 세계 5대 이동통신시장을 형성하고 있다. 전세계 이동통신시장에서 브릭스(BRICs) 국가가 차지하는 비중은 33%에 달하고 있는 것이다.

파키스탄은 전년대비 128.5%가 급증한 7,885.3만 명으로 세계 10대 이동통신국가에 처음으로 진입한 반면, 일본은 1.2% 감소한 1.01억 명으

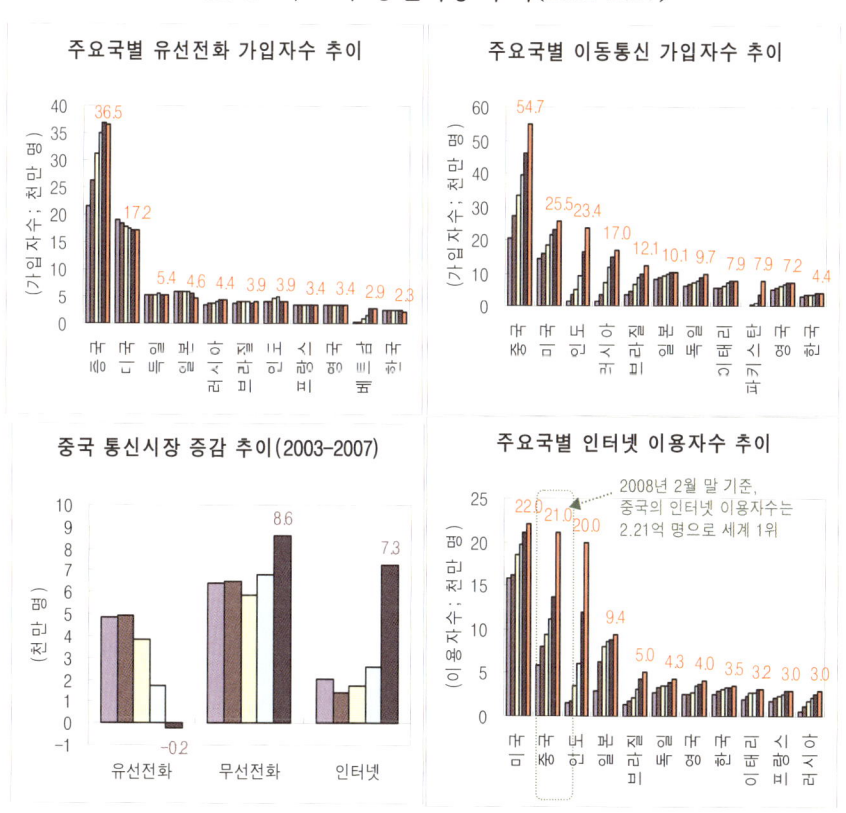

<도표 1> 주요국 통신시장 추이(2002~2007)

㈜ ITU 자료로부터 KSERI 작성

로 나타나고 있다. 한국은 전년에 비해 330만 명(8.2%) 증가한 4,350만 명으로 나타나고 있다.

또 주요국별 2007년 현재 인터넷시장 가입자 수를 보면 아직은 미국이 전년대비 4.7% 증가한 2.2억 명으로 세계 최대로 나타나고 있으나, 중국이 53.3% 증가한 2.1억 명으로 기록되어 있다. 하지만 2008년 2월에 중국의 인터넷 이용자수가 2.21억 명으로 집계되면서 미국을 제치고 세계 최대 인터넷 이용자수를 기록하였다.

인도 역시 중국과 마찬가지로 인터넷 이용자수가 급증하는 모습을 보이고 있는데, 2007년 이용자 수는 전년대비 66.7% 증가한 2억 명에 달하고 있으며, 브라질과 러시아도 높은 증가세를 지속하고 있는 가운데 각각 5천만 명과 3천만 명으로 나타나고 있다. 일본은 9,400만 명으로 나타났으며, 한국은 3,482만 명으로 나타났다.

이상으로부터 중국은 2000년 이후 지속되는 경제성장과 인구 대국에 걸맞게 국내 통신시장이 빠르게 성장하고 있는 것을 알 수 있다. 이미 유선뿐만 아니라 이동통신과 인터넷 모든 분야에서 세계 최대 규모의 통신시장으로 성장하고 있으며, 특히 이동통신과 인터넷시장은 매년 급성장을 지속하고 있다. 통신시장의 급성장은 비단 중국뿐만 아니라 인구대국과 높은 경제성장을 지속하고 있는 인도와 러시아, 브라질 등에서도 나타나고 있다.

이제 중국 최대 이동통신사업자인 차이나모바일의 경영현황에 대해 살펴보기로 보자.

1995년 '중국우전전신총국(中国邮电电信总局)'이 중국 정부에서 분리되면서 차이나텔레콤(中国电信, China Telecom)이 모든 통신사업을 총괄하게 되면서 상업적 기반의 통신산업이 시작되었다고 할 수 있다. 이어서 중국 정부는 1998년에 '우편/전기통신 분리운영, 정경분리, 전기통신 산업 구조조정'을 주요 골자로 하는 통신산업 구조조정을 실시하였다. 이 과정에서 통신사업을 독점하던 차이나텔레콤의 유선전화 및 통신인프라 구축사업 부문은 차이나텔레콤과 차이나넷콤(中国网通, China Netcom), 차이나티에통(中国铁通, China Tietong) 등 3개 회사로 분할되었다. 그리고 이동통신사업 부문은 차이나모바일과 차이나유니콤(中国联通, China Unicom)으로, 위성사업 부문은 차이나셋콤(中国卫通, China Satcom)으로 분할되었다. 즉 차이나텔레콤은 총 6개 그룹체제로 분할된 것이다.

  차이나모바일의 지배구조를 살펴보면 아래 <도표 2>에 정리된 바와 같이 차이나모바일홍콩(BVI)[4]가 74.33%의 지분을 소유함으로써 최대 주주로 등록되어 있으나, 실질적인 주주는 차이나모바일그룹이다.

  차이나모바일그룹(CMCC)은 2000년 6월 차이나텔레콤(홍콩)이 차이나모바일(홍콩)으로 사명이 변경되면서 정식 출범된 그룹으로 현재 중국 내 31개 성(省)에 이동통신 서비스를 제공하고 있다. 그리고 2006년 5월 29일에 차이나모바일(홍콩)이 다시 차이나모바일(China Mobile Ltd.)로 사명을 변경함으로써 중국 전 지역에 소재하고 있는 31개 자회사(100% 지분 보유)는 차이나모바일의 계열사가 되었다.

  앞서 설명한 바와 같이 중국 이동통신시장은 크게 차이나모바일과 차

---

[4] 중국 기업들의 지배구조를 보면, 그룹내 BVI란 회사를 설립하여 그룹산하 계열 주식회사에 직접 투자하고 있는 형태를 띠고 있는 그룹들이 종종 있다. BVI란 British Virgin Island의 약자로, 법인세 절세를 목적으로 설립된 회사들이다. 홍콩에서 BVI 회사를 설립할 경우, 법인계좌는 개설할 수 있으나 실질적인 업무(금융 제외)는 홍콩 이외의 지역에서 발생시킴으로써 홍콩 세무국의 모든 조세 의무를 피할 수 있게 된다.

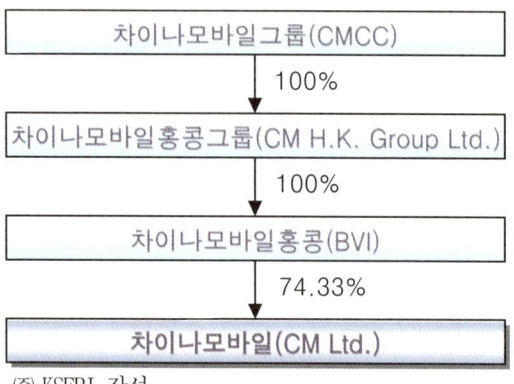

<도표 2> 차이나모바일 지배구조 현황

㈜ KSERI 작성

이나유니콤이 양분하고 있으나 최근 들어오면서 차이나모바일의 시장점유율이 확대되어 가고 있는 추세이다. 다음의 <도표 3>에서 이동통신사별 가입자수 추이를 보면 2007년 기준으로 차이나모바일이 3.69억 명으로 전체 중국 이동통신 가입자의 67.5%를 점유하고 있다. 이에 비해 차이나유니콤은 1.62억 명으로 전년에 비해 1.2% 감소한 29.7%의 시장점유율을 기록하고 있어 양사간의 격차는 더욱 벌어지고 있는 것으로 나타나고 있다.

이러한 추세는 2008년에도 계속되고 있는데, 차이나모바일의 1분기 가입자수는 전년동기대비 24%가 증가한 3.92억 명으로 전체 가입자의 68.2%에 달 하고 있다.

이어서 차이나모바일의 주요 경영실적(2007년 기준)을 보면 매출액은 전년대비 20.9% 증가한 3,569.59억 위안(약 53.48조 원, SK 텔레콤 매출액(2007년)의 약 4.8배)을 기록하고 있다. 영업이익과 당기순이익도 각각 35%와 31.9%가 증가한 1,240.68억 위안과 871.79억 위안으로 나타나고 있다.

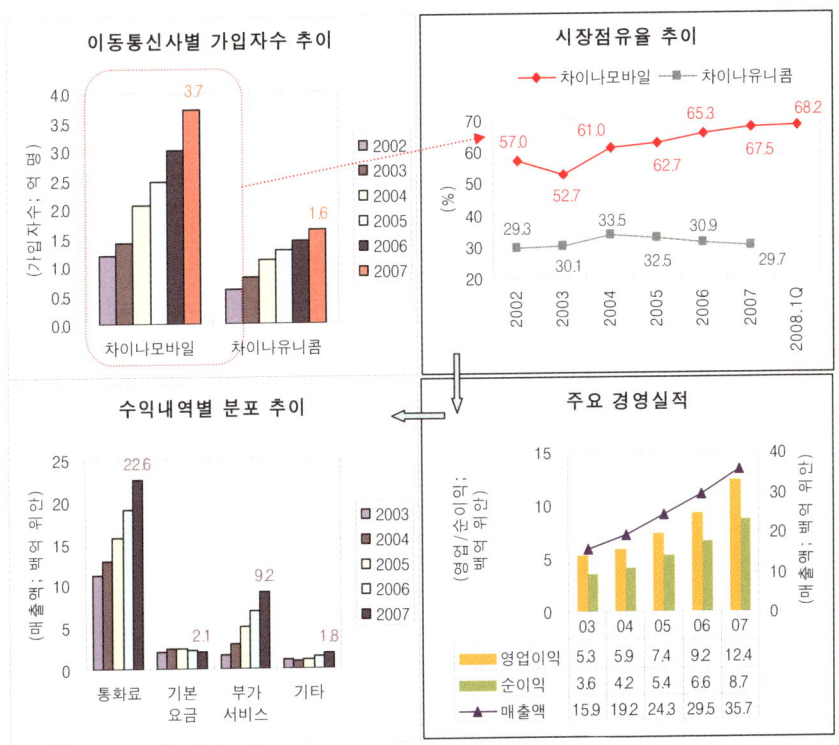

<도표 3> 차이나모바일 경영현황

㈜ 각사 자료로부터 KSERI 작성

　수익내역별 분포를 보면 통화료가 전체 매출액의 63.3%에 해당하는 2,264.9억 위안을 차지하고 있고, 이어서 부가서비스가 25.8%에 해당하는 916.1억 위안을 차지하고 있다. 또, 기본요금은 208.6억 위안으로 5.9%를 차지하고 있다. 특히, 기본요금 수익은 2005년 이후 감소세를 보이고 있는데, 이는 중국 이동통신사들이 현재 전인대에서 논의되고 있는 기본요금 철폐에 대비하여 그 충격을 줄이기 위해 매년 조금씩 인하해가고 있는 것으로 보인다.

　차이나모바일은 최근 중국 상무부와 MOU(양해각서)를 체결하고 농촌지역의 이동통신서비스망 구축 및 확장, 부가서비스, 농업 정보화 제품 판매 관련 지정업체로 선정됨에 따라 차이나모바일의 중국내 시장장악력은 더욱 확대될 것으로 예상된다. 농촌지역에까지 이동통신망이 구축되면 중국 이동통신시장도 그만큼 확대되기 때문이다. 다만, 차이나모바일의 시장점유율 확대는 마냥 좋은 것만은 아니다. 2008년 8월 1일부터 정식 시행되는 독점금지법의 문제가 있기 때문이다.[5] 중국의 독점금지법은 한 기업의 시장점유율이 50% 이상인 경우를 '지배적 지위' 기업으로 규정하고 있다. 시장점유율 70%에 육박하는 차이나모바일이 독점기업으로 지정되는 것은 피할 수 없을 것으로 보인다. 따라서 당장은 아니지만 지배적 지위를 벗어나기 위해 차이나모바일이나 중국정부 입장에서는 향후 사업분할 등 다소 변화를 꾀할 가능성이 높을 것으로 예상된다.

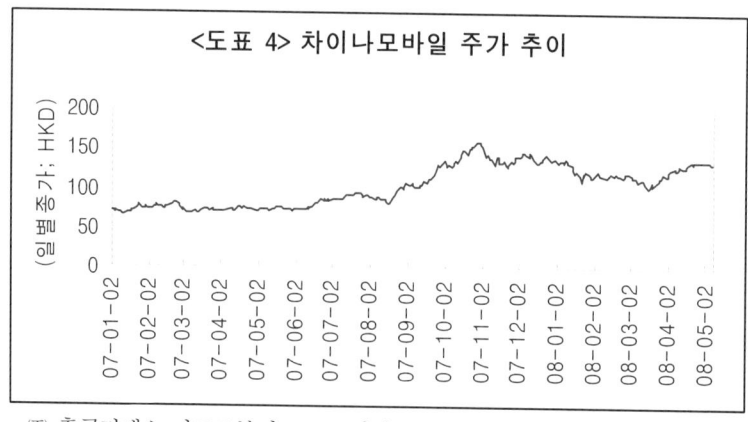

㈜ 홍콩거래소 자료로부터 KSERI 작성

차이나모바일의 최근 주가 추이는 앞의 <도표 4>와 같이 1주당 131.2

---

[5] 중국은 통신산업뿐 아니라 석유, 전력, 철도 등 사회인프라 관련 기업들 상당수가 독점적 위치에 있기 때문에, 중국 정부는 지난해 12월 전력, 석유, 가스, 석유화학, 통신, 석탄, 항공, 운송 등을 전략산업으로 지정해 놓고, 독점금지법 예외 조항으로 명시해 놓고 있다.

홍콩달러(2008년 5월 8일 종가 기준)에 거래되고 있으며, 1년 전에 비해 대략 2배 가량 상승한 것으로 나타나고 있다. 현재 홍콩과 뉴욕에 상장되어 있는 차이나모바일의 중국내 상장에 관해서는 아직까지 정해진 바가 없다.

(2008년 5월 13일)

쓰촨성 대표 가전기업, 창홍전자

중국 쓰촨(四川)성 대지진 참사가 발생한지 2주가 지나고 있다. 각국 구조대가 현지에 속속 도착하면서 피해 복구작업이 빠르게 진행되고 있으나, 사망자 수와 피해 규모는 계속 늘어나고 있다. 5월 22일 오후 5시까지 공식 집계된 사망자 수는 51,151명에 달하며, 실종자 수도 2.9만 명, 부상자 수는 28만 명을 넘어서고 있다. 그리고 이재민은 1천만 명에 달하는 것으로 알려지고 있다.

중국 원자바오(溫家宝) 총리는 21일 개최된 국무원 상무회의에서 중앙정부의 2008년 예산 1.3조 위안의 5%에 달하는 약 7백억 위안 가량을 지진피해 복구작업에 우선적으로 사용할 방침이라고 밝혔다. 또한 2008년에도 중앙정부 차원에서 지진복구관련 예산편성을 추가적으로 실시할 것이라고 발표하였다.

이처럼 대규모 인명피해와 재산피해가 발생하고 있으나 이번 대규모 지진이 중국 경제에 미치는 영향은 제한적일 것이라는 관측이 나오고 있다. 이에 이번 중화경제동향에서는 쓰촨성의 지역경제 및 산업구조를 살펴보고, 쓰촨성에 본사를 둔 중국의 대표적 가전업체인 창홍전자주식회사(四川长虹电器股份有限公司, CHANGHONG)에 대해 살펴보기로 한다.

2008년 4월 중국 국가통계국이 발표한 2007년 국내총생산(GDP) 수정치에 의하면 전년대비 11.9%의 성장률로 속보치보다 0.5% 더 높게 나타났다. 또 중국의 GDP는 약 3.38조 달러에 달함으로써 독일을 제치고 미국, 일본에 이어 세계 3위로 나타났다. 2008년 1분기 역시 10.6%에 달하는 성장률을 기록하였는데, 이는 최근의 높은 물가상승률과 연초의 폭설피해 등 여러 악재 속에서 기록한 수치라는 점을 감안하면 매우 높은 수치라고 할 수 있다. 중국 정부는 향후 경제성장에 대해서도 강한 자신감을 보이고 있다.

한편, <도표 1>에서 2007년 중국의 지역별 총생산(RGDP)을 보면 선전(深圳)시가 포함되어 있는 광동성이 3조674억 위안으로 가장 큰 것으로 나타나고 있으며, 이어서 산동성이 2조5,888억 위안, 장쑤(江苏)성 2조5,560억 위안, 저장(浙江)성 1조8,638억 위안, 허난(河南)성 1조5,058억 위안의 순으로 나타나고 있다. 이번에 지진 피해를 입은 쓰촨성은 1조505억 위안으로 9위에 해당하는 것으로 나타나고 있으나, 중국 전체 GDP에서 차지하는 비중은 3.8%에 불과한 것으로 나타나고 있다. 중국 정부나 경제계가 이번 지진이 중국경제에 미치는 여파가 생각만큼 크지 않을 것이라고 보는 이유도 바로 이 때문으로 보여진다.

이 도표에서 쓰촨성의 2006년 산업별 총생산을 보면 제조업이 3,144.7억 위안으로 지역 전체의 36.4%를 차지하고 있으며, 농림수산업이 1,595.5억 위안으로 18.5%를 차지하고 있어, 이들 두 업종이 쓰촨성

총생산의 55% 가량을 차지하고 있다. 쓰촨성은 제조업과 농업 중심의 지역경제라고 할 수 있다. 또 산업별 총생산 비중을 보면 농림수산업은 2004년의 21.3%에서 2006년에 18.5%로 매년 1%p 가까운 감소 추세를 보이고 있다. 이에 비해 제조업은 2004년의 33%에서 2006년 36.4%로 해마다 1.1%p 씩 증가하고 있다.

하지만 이번 지진피해가 중국경제 전체에 미치는 영향은 그리 크지 않

<도표 1> 쓰촨성의 지역총생산 및 산업구조

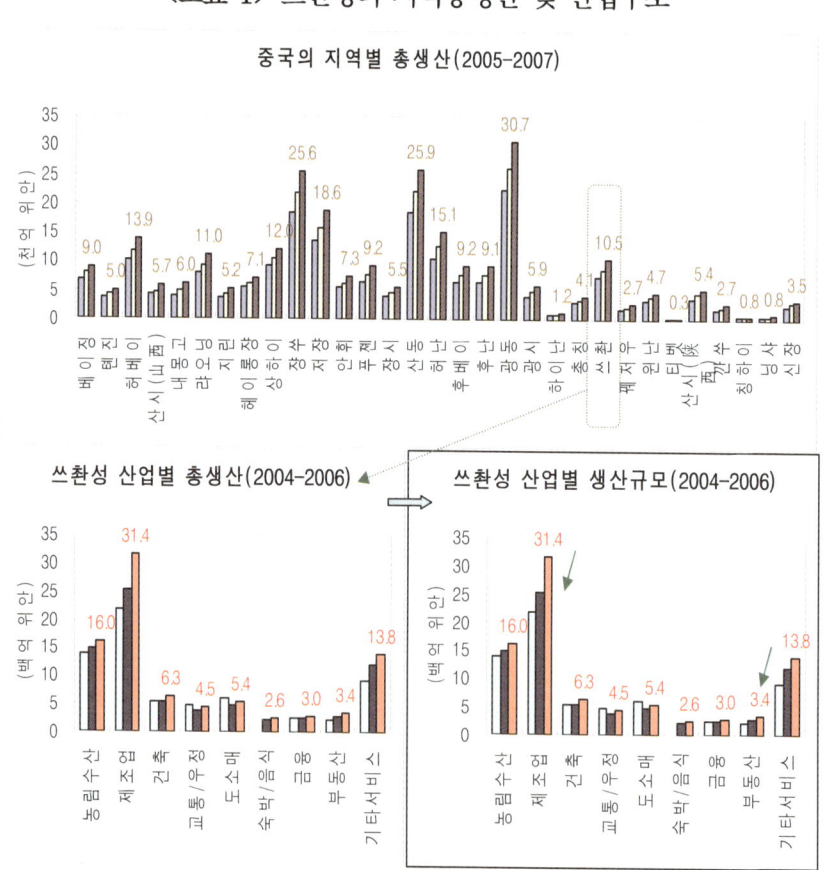

㈜ 중국 국가통계국 및 쓰촨성 통계국 자료로부터 KSERI 작성.

다고 하더라도 쓰촨성 지역경제 입장에서 보면 제조업이 지역총생산의 40% 가까운 비중을 차지하고 있다는 점에서 이번 지진피해가 지역경제에 미치는 타격은 매우 클 것으로 생각된다. 예컨대 이번 지진으로 쓰촨성의 대표적 가전업체인 창훙전자주식회사도 생산이 중단되었다.

이제 이번 지진으로 생산이 중단된 창훙전자주식회사에 대해 경영현황과 실적을 살펴보기로 하자.

TV, 냉장고, 에어컨 등 가전제품을 주로 생산하는 창훙전자는 최근 휴대폰과 정보통신 제품까지 생산범위를 넓히고 있다. 창훙전자의 지배구조를 살펴보면 다음의 <도표 2>와 같이 창훙전자그룹이 30.63%의 지분을 가지고 있으며, 창훙그룹은 몐양(綿阳)시 인민정부가 100% 지분을 보유하고 있는 지방공기업이다. 몐양시는 이번 쓰촨성 지진 피해지역 중 한 곳이다.[6]

창훙전자주식회사는 1988년에 그룹이 몐양시 인민정부의 중핵기업 지배구조개혁 시범기업으로 지정되고 인민은행 몐양시 지점의 승인으로

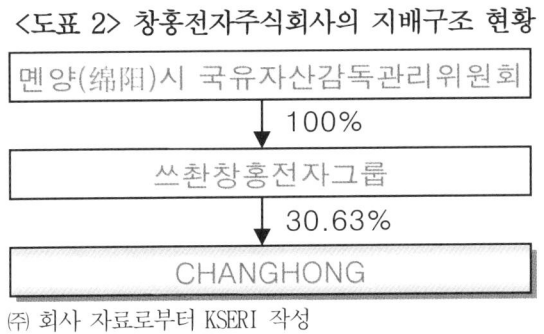

<도표 2> 창훙전자주식회사의 지배구조 현황

㈜ 회사 자료로부터 KSERI 작성

---

[6] 이번 쓰촨성 지진 피해도시는 청뚜(成都), 더양(德阳), 몐양(綿阳), 광웬(广元), 아바짱주창주자치구(阿坝藏族羌族自治州)로 파악되고 있다.

설립된 주식회사이다. 따라서 쓰촨성에는 창홍전자주식회사 산하 계열사만 31개가 분포되어 있을 정도로 쓰촨성 지역경제의 중핵 기업이라고 할 수 있다.

또, 아래 <도표 3>에서 매출액(2007년 9월) 기준 중국 10대 제조업체를 살펴보면 바오철강(宝钢集团, 철강)이 1,807억 위안으로 중국 최대 제조업체이며, FAW(中国第一汽车, 자동차)가 1,492억 위안으로 2위로 나타나고 있다. 이어서 상하이자동차(上海汽车, 자동차)가 1,436억 위안,

<도표 3> 창홍전자의 경영 현황

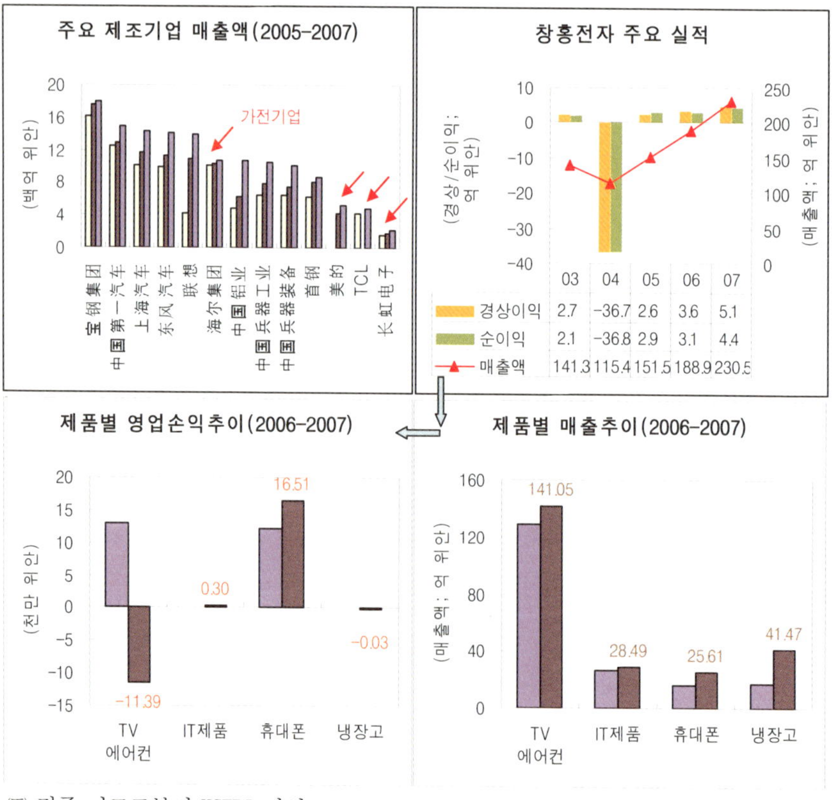

㈜ 각종 자료로부터 KSERI 작성

동펑자동차(东风汽车, 자동차) 1,417억 위안, 레노보(联想, 컴퓨터) 1,389억 위안으로 3위에서 5위를 기록하고 있다. 그 다음으로는 하이얼(海尔, 가전)이 1,075억 위안, Chalco(中国铝业, 알루미늄) 1,061억 위안, China North(中国兵器工业, 첨단무기장비) 1,060억 위안, China South(中国兵器装备, 자동차/오토바이 부품) 1,011억 위안, 쇼강(首钢, 철강) 875억 위안의 순으로 나타나고 있다.

가전업체 매출액 순위를 보면 하이얼이 전체 제조기업 가운데 6위로 가장 높은 것으로 나타나고 있으며, 이어서 Midea(美的, 27위)가 517억 위안, TCL(30위) 486억 위안의 순으로 나타나고 있다. 창홍전자는 215억 위안으로 전체 제조업체 가운데 91위를 차지하여 매출액 100대 기업에 포함된 기업이다.

이처럼 매출액 기준 중국 100대 제조기업에 속한 창홍전자의 2007년 매출액은 전년대비 22%가 증가한 230.5억 위안을 기록하였으며, 경상이익은 41.7% 증가한 5.1억 위안, 당기순이익은 41.9% 증가한 4.4억 위안을 각각 기록하였다. 한편, 2004년에는 대규모의 손실을 기록한 것으로 나타나고 있는데, 이는 회사의 투사손실 및 감가상각 충당금 처리에 따른 것으로 알려지고 있다.

주요 제품별 매출분포를 보면, TV/에어컨이 전체 매출액의 61.2%에 해당하는 141.05억 위안의 매출을 기록하고 있다. 특히 TV 부문의 매출은 108.3억 위안으로 창홍전자의 최대 주력제품이다. 이어서 냉장고가 41.47억 위안, IT 제품 28.49억 위안, 휴대폰 25.61억 위안의 매출을 각각 기록하고 있다.

제품별 영업손익을 보면 회사 최대 주력제품인 TV/에어컨 사업부문은 2007년 1.14억 위안의 적자를 보인 반면, 휴대폰 사업부문은 1.65억 위안의 이익을 기록하였다. TV/에어컨, 냉장고 등 가전제품에서 발생한 손실을 IT 제품과 휴대폰 사업부문의 이익으로 메우고 있다고 할 수 있다.

마지막으로 창홍전자의 최근 주가거래추이를 살펴보자. 창홍전자는 1994년 3월에 상하이거래소에 정식 상장되었는데, 1990년 말에 상하이거래소와 선전거래소가 설립된 것을 감안하면 중국의 중심 기업의 하나였음을 짐작할 수 있다. <도표 4>에서 보면 5월 22일 현재 주가는 6.36위안에 거래되고 있다. 이는 지진이 발생한 5월 12일 대비 5.4%가 떨어졌고, 1년 전과 비교하면 무려 64% 가까이 하락한 수준이다.

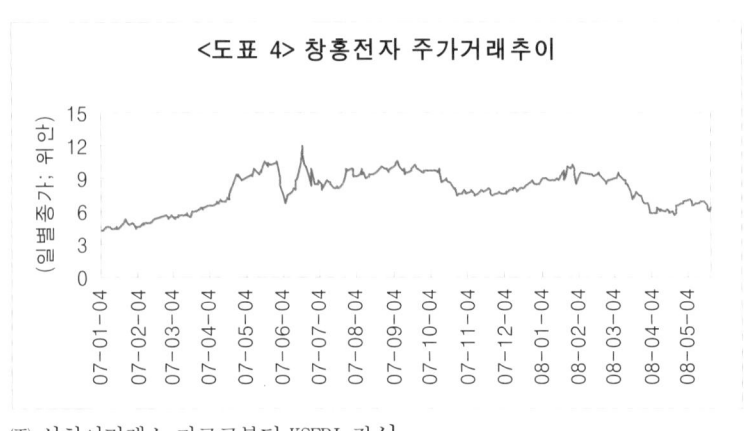

<도표 4> 창홍전자 주가거래추이

㈜ 상하이거래소 자료로부터 KSERI 작성

(2008년 5월 26일)

|제3부|

금융 · 부동산

선전시를 통해 살펴본
중국의 부동산시장 버블 붕괴

　미국 서브프라임론 사태를 계기로 세계 주요국 주택시장의 버블 붕괴가 가시화되고 있는 가운데, 중국 역시 주택시장의 버블 붕괴에 대한 우려의 목소리가 높아지고 있다.

　중국은 2000년 이후 고도 경제성장과 급격한 도시화, 외국인투자 급증, 그리고 베이징올림픽 개최 준비로 인해 건설시장이 전례 없는 활황을 지속해왔다. 하지만 2007년 미국 서브프라임론 사태가 불거지면서 글로벌 금융기관들의 대출기피 등 신용경색 현상이 전세계로 확산되었고, 국제 유가와 원자재, 곡물가격이 급등세를 지속했다. 그로 인해 글로벌 인플레이션과 경기침체가 가시화되고 있는 가운데 중국도 경제성장이 둔화되고 있으며, 주식시장과 부동산시장도 크게 위축되고 있다.

　특히 2007년 하반기 이후 물가상승률이 8%대로 치솟으면서 중국 정부가 인플레이션과 투기를 억제할 목적으로 금리인상을 통한 강력한 긴축정책을 지속해오고 있다. 그로 인해 주택 거래량도 눈에 띄게 줄어들기 시작한 것이다. 중국 부동산시장은 이미 국내외 세력의 온갖 투기로 인해 오를 대로 오른 상태로 상하이와 선전시 등 일부 도시지역에서는 버블이 붕괴되는 징후를 보여왔다. 그런가 하면 100년을 기다렸다는 베이징 올림픽 개최를 전후로 상하이와 선전 증시가 연일 하락세를 지속하면서 2,400포인트까지 위협을 받기에 이르렀다. 특히 부동산 관련 주들의 하락세가 두드러지고 있다. 내외 전문가들로부터 중국내 부동산버블 붕괴에 대한 우려의 목소리도 높아지고 있다.

중국 씽크탱크 기관이라 칭해지고 있는 사회과학원(社会科学院)의 금융연구센터는 최근 중국의 주택시장이 버블이라는 논란에 대해 중국 정부가 경계하기 시작했다고 밝혔다. 모건스탠리의 아태경제연구원인 시에꿔중(谢国忠)은 세계경제가 수개월 내에 사상 최대의 부동산버블 붕괴에 직면해 있는 가운데 중국 역시 절대 예외가 아니라고 중국 부동산시장의 버블 붕괴를 강력히 경고하고 있다. 이에 대해 중국 건설부 정책연구센터 천화이(陈淮) 센터장은 중국 부동산버블 붕괴론은 있을 수 없는 일이며, 중국 부동산과 금융위기는 정부가 통제할 수 있는 범위에 있다고 반박하고 나섰다.

이처럼 중국 부동산시장 버블 붕괴 논란이 가열되고 있는 가운데 최근 중국 정부가 공식적으로 버블을 인정하는 발언을 함으로써 중국 부동산버블 붕괴가 가시화되는 방향으로 흘러가고 있다. 국무원발전연구센터는 중국 부동산시장에 버블이 없다고 말할 수는 없다고 밝혔으며, 국가통계국도 2008년 8월 정부 홈페이지를 통해 '향후 집값이 떨어지는 것은 필연적(国家统计局认为房价下调是必然)'이라는 글을 게재함으로써 주택가격 버블 붕괴를 에둘러 인정하고 있다.

국가통계국이 발표한 글의 주요 내용은 다음과 같다.

"중국의 주택수급 추이를 보면 지속적인 집값 상승으로 이어지지는 않을 것이다. 거래량이 현저히 떨어지고 있다는 사실은 현재의 집값이 합리적이지 않다는 것을 의미한다. 따라서 집값은 자연히 떨어질 수 밖에 없다. 일반 국민의 임금상승 속도를 뛰어넘는 집값 상승은 버블로서 시간상의 문제일 뿐 가격하락은 필연적이다. 또한 정부의 긴축정책으로 인해 자금난에 빠져있는 건설업체와 주택 구입자의 상황을 감안하더라도 현재의 버블 상태가 지속될 수는 없다."

현재 중국은 전국 70개 주요 도시들의 신규주택 분양가와 기존주택 거래가를 종합한 주택거래가격 상승률을 매월 발표하고 있다. <도표 1>에 정리된 것처럼 7월 전국 주택거래가 상승률은 전년동월대비 7%가 상승한 것으로 나타났다. 2008년 1월의 11.3%에 비해서는 크게 둔화된 모습이지만 아직도 여전히 높은 수준을 유지하고 있는 것처럼 보인다. 중국 부동산시장의 흐름을 대변하는 선전(深圳)시의 주택거래가격 상승률을 보면 2007년 8월 19.5%를 정점으로 2008년 초부터 크게 둔화되더니 6월에는 0.3%로 정체를 보이기 시작한 것으로 나타나고 있다. 이 통계자료로만 보면 중국의 주택가격 상승률은 여전히 높은 수준을 나타내고 있어 중국 부동산버블 붕괴 주장을 의심케 한다.

그러나 이 통계는 실제 거래가격을 왜곡하고 있다고 할 수 있다. 왜냐하면 신규 분양주택의 미분양이 극심한 상태임에도 불구하고 고분양 가격을 신규주택가격으로 인정하여 주택가격 통계에 반영하기 때문이다. 지역에 따라 편차는 있지만 실제로 기존주택의 거래는 크게 줄었을 뿐만 아니라 가격도 하락하고 있다고 보아야 한다. 신규주택 분양가격을 주택통계에 곧바로 반영하는 것은 잘못된 것이다. 신규주택 분양가격을 주택

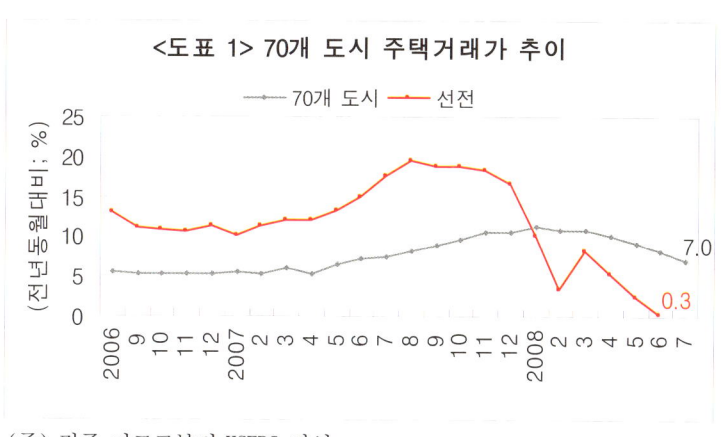

(주) 각종 자료로부터 KSERI 작성

가격에 반영하게 되면 분양이 되든 안 되든 상관없이 주택가격이 계속 상승하는 것처럼 나타나게 된다. 이런 오류는 한국의 주택가격 통계도 마찬가지라고 할 수 있다.

중국 언론을 통해 보도되고 있는 바에 의하면 실질적으로는 가격하락과 미분양사태가 겹치면서 분양가 이하로 떨어지는 (-)프리미엄 분양권이 속출하고 있다. 중소 건설업체들은 급증하는 미분양 해소를 위해 고급 가전제품이나 인테리어를 무상으로 제공하는가 하면 심지어는 현금을 되돌려주는 편법 수단을 총동원하여 미분양 해소에 전력을 기울이고 있는 것으로 알려지고 있다.

아래의 <도표 2>에서 선전시의 주택거래 추이를 구체적으로 살펴보면 주택거래량은 2006년 하반기부터, 주택가격은 2008년부터 뚜렷하게 하락하고 있는 것으로 나타났다. 이 도표에서 선전시의 주택거래량은 2007년부터 급감하기 시작하여 2008년 초에 최저 수준까지 떨어졌다가 일시적으로 다소 증가하는 모습을 보였다. 그러나 2008년 6월부터 거래량이 다시 감소하는 모습을 보이고 있다.

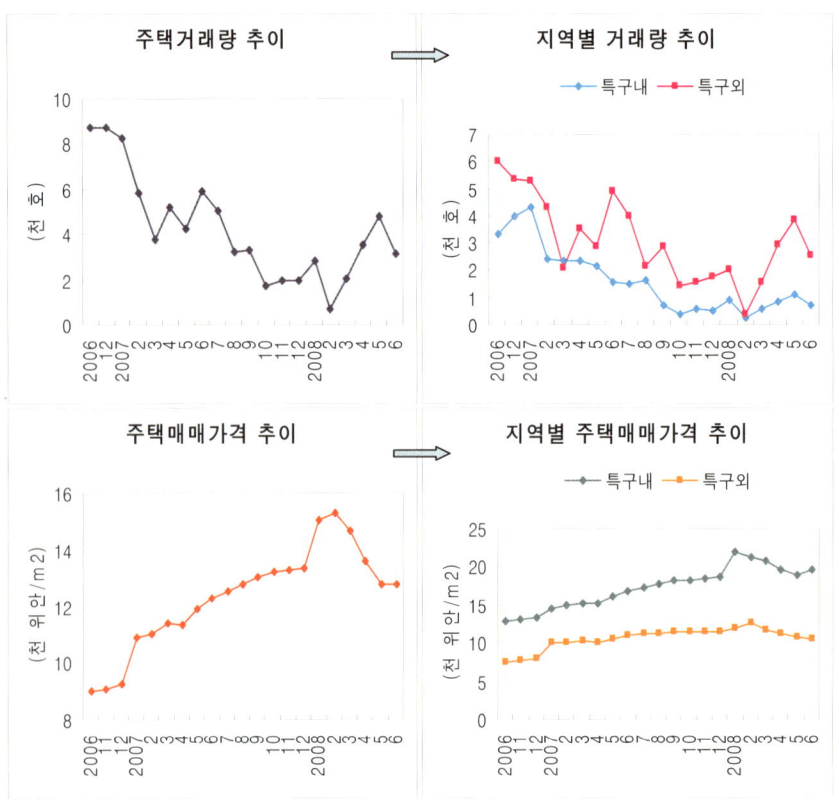

<도표 2> 선전시 주택시장 동향

㈜ 각종 자료로부터 KSERI 작성

　연도별 거래량을 보면 2006년에 월평균 6,249호 가량이 거래되었으나 2007년에는 4,217호로 줄어 1/3 가량 감소하였으며, 2008년(6월 말 기준)은 월평균 2,840호로 전년에 비해 다시 1/3 가량 감소하고 있다. 지역별로는, 특구내 지역(루어후(罗湖)구, 푸텐(福田)구, 난산(南山)구, 옌텐(盐田)구)이 2007년 하반기부터 거래가 거의 끊기다시피 한 상태이다. 2008년 6월까지 거래량은 연환산 8,894호에 그쳐 2006년의 36,873호, 2007년의 20,479호와 비교해 급감한 것이다. 특구외 지역(바오안(宝安)

구, 롱강(龙岗)구 역시 거래량이 감소하고 있지만, 특구내 지역보다는 덜한 모습이지만 2008년 6월까지 거래량은 연환산 27,126호로 2006년의 48,896호, 2007년의 36,862호와 비교해 지속적인 감소세를 나타내고 있다. 이로부터 선전시는 특구내를 중심으로 고가주택 분양과 부동산투기가 발생하여 점차 특구외로 확산되고 있음을 시사하는 것이라고 할 수 있다. 그에 따라 부동산 버블붕괴도 특구내에서 먼저 발생하고 있는 것으로 보인다.

다음으로 선전시의 주택거래가격 추이를 보면 2008년 3월부터 급락세를 보이고 있다. 1m^2당 거래가격은 2006년 말 9,230위안에서 2007년 말에는 13,370위안, 그리고 2008년 2월에는 15,321위안까지 치솟았다. 그러나 2008년 6월 말 현재는 12,789위안까지 17% 이상 떨어진 것으로 나타나고 있다. 특구내 지역의 평균 거래가격은 6월 현재 1m^2당 19,672위안, 특구외 지역은 10,592위안으로 나타나고 있으며 특구내 지역과 특구외 지역의 가격차이는 갈수록 벌어지고 있다.

이상으로부터 최근의 선전시 주택시장 동향을 통해 중국 주요도시의 부동산버블 붕괴가 진행되고 있음을 짐작할 수 있다. 특히 2008년 하반기 이후 중국 증시가 폭락세를 지속하고 있는 것도 사실은 중국 부동산시장의 버블 붕괴와 그에 따른 금융위기 위험을 반영하고 있기 때문이라고도 할 수 있다. 최근 중국 정부가 긴축통화정책을 다소 완화할 방침이라고 발표하였으나 중국은 여전히 7%에 달하는 높은 물가상승률에 직면하고 있다.

향후 금융정책 방향성에 관해 중국 중앙은행인 인민은행도 8월 15일 매분기마다 발표하는 '화폐정책집행보고'를 통해 2008년 2분기까지 강조해온 '긴축적인 금융정책의 견지'라는 표현을 삭제한 것으로 나타났다. 이는 베이징올림픽 이후 경제 및 물가 상황에 따라 현행의 긴축정책을 기동적으로 재조정할 여지를 남긴 것으로 보인다. 그러나 긴축정책을 다소 완화한다고 하더라도 중국 부동산시장의 버블붕괴를 막기는 어려운 상황이라고 할 수 있다.

  선전시 주택시장 동향에서도 확인할 수 있듯이 거래량이 감소하기 시작한지 1년~1년 반 만에 가격하락이 본격화되고 있다. 이로부터 베이징은 올림픽 이후, 상하이는 2009년부터 가격하락이 본격화될 가능성이 높다.[7] 중국 부동산시장의 버블붕괴 현상은 선전시를 필두로 베이징올림픽이 끝나면 빠른 속도로 베이징과 상하이 그리고 광저우 등 여타 주요 도시에서도 가시화될 것으로 보인다.

(2008년 8월 18일)

---

[7] 김광수경제연구소, 「위기의 한국경제」 휴먼앤북스, 2008, 200~205쪽 참조. 베이징은 2007년부터, 상하이는 2008년 초부터 거래량이 급감하고 있다. 단, 베이징은 올림픽 개최라는 변수가 작용하고 있는 것으로 보인다.

미국발 금융위기와 중국 금융시장 동향

　미국발 금융악재가 중국의 금융시장을 뒤흔들고 있는 가운데 중국 정부가 증시 부양책을 발표하면서 시장안정을 위해 안간힘을 쏟고 있다. 2008년 9월 셋째 주 상해 종합주가지수는 한때 1,800포인트까지 급락했다가 중국정부의 증시부양대책 발표로 주말에 2,076포인트로 마감했다.
　미국 리먼브라더스의 파산과 메릴린치의 매각, AIG의 파산 위기 등이 연이어 터지면서 중국 금융시장도 요동치고 있다. 미국 리먼브라더스 파산 등 미국 금융시장 위기에 크게 영향을 받아 급락세를 기록했다. 상해 종합주가지수는 9월 18일 1,800포인트 선을 위협했다.
　이번에 파산한 리먼브라더스에 대해서는 중국 금융기관들이 최소 4억 달러 이상의 채권을 보유하고 있는 것으로 드러났다. 지금까지 알려진 바로는 중국 최대 은행인 공상은행이 1.5억 달러로 가장 많이 보유하고 있는 것으로 나타났고, 중국은행은 당초 알려진 5천만 달러보다 많은 7,562만 달러를 보유한 것으로 밝혀졌다. 또 초상은행은 7천만 달러, 홍업(兴业)은행은 3,360만 달러의 채권을 보유하고 있는 것으로 드러났다. 4대 은행 중 하나인 건설은행과 교통은행은 구체적인 보유액을 밝히고 있지 않으나 대략 5천만 달러 이상씩의 채권을 보유하고 있는 것으로 추정된다.

중국 증시 급락과 관련하여 중앙은행인 인민은행은 9월 16일부터 시중은행의 위안화 대출금리를 0.27%p 인하하고, 9월 25일부터는 중소은행의 위안화 지준율을 최대 1%까지 하향 조정할 것이라고 전격 발표했다. 긴축정책을 지속해온 중국 정부가 2002년 2월 이후 6년 만에 처음으로 대출금리를 인하하게 된 배경은 중국 경제의 안정적인 발전을 위해서라고 설명하고 있다. 예금금리는 현 수준을 유지한 상태에서 대출금리를 인하함으로써 경기를 활성화시키겠다는 것이다.

중국사회과학원의 리양(李揚) 금융연구소 소장은 국영 TV 와의 인터뷰에서 중국인민은행이 16일 금리인하를 한 것에 대해 중국경제가 감속을 계속할 경우 2차, 3차 금리인하도 있을 수 있다고 말했다. 중국 거시정책 운영면에서 지속적인 안정성장의 중요성이 높아지고 있다고 지적하면서 정책기조가 인플레 억제에서 성장유지로 바뀌고 있음을 강조했다. 리양 소장은 인민은행 금융정책위원(금융통화위원)을 역임한 바 있으며 지금도 금융정책 결정에 영향력을 지니고 있다.

인민은행의 금리인하와 더불어 중국정부도 주식시장 부양을 위해 국유투자공사에게 주가가 폭락하고 있는 대형 상업은행의 주식을 매입하도록 지시하였다. 이에 따라 중국 국유투자공사인 훼진공사(中央匯金公司)는 미국 리만브라더스 파산으로 주가가 급락하고 있는 중국은행과 중국건설은행 등의 주식을 매입하겠다고 밝혔다. 국유기업을 감독하는 국유자산감독관리위원회도 금융기관 이외의 국유기업에도 산하 상장계열사의 주식을 매입하도록 할 것이라고 발표했다.

주식 매매시에 부과되는 인지세의 일부 감면도 발표했다. 인지세 감면은 주식 매입시에 인지세를 면제해준다는 것으로 9월 19일 거래분부터 적용하기로 했다. 매각시에는 종전처럼 0.1%의 인지세를 부과한다. 이로써 개인투자자들의 주식 매입을 촉진하겠다는 것이다.

부동산버블 붕괴로 미국 금융시장이 혼란에 빠짐에 따라 중국도 미국처럼 중국판 서브프라임론 사태가 발생하는 것이 아닌가 하는 우려가 높아지고 있다. 이에 대해 간단히 살펴보기로 하자.

최근 중국 은행들의 지준율은 아래 <도표 1>에 나타난 것처럼 17%가 적용되고 있다. 중국정부는 2007년부터 15차례에 걸쳐 위안화 예금의 지준율을 계속 인상해왔다. 하지만 이번 미국발 금융위기로 인해 중국 정부가 4대 국영은행(공상, 농업, 중국, 건설은행)과 교통은행, 우체국저축은행을 제외한 모든 시중은행에 대해 2008년 9월 25일부터 1%p 인하된 16%를 적용하기로 결정하였고, 쓰촨성 온촨(汶川) 지진 지역 소재 은행들에 대해서는 2%p 인하된 15%를 적용한다고 발표하였다.

또, 시중은행 금리는 2007년에만 6차례에 걸쳐 인상되었는데, 2007년 12월 21일 이후 대출금리(1년 만기)는 7.47%, 예금금리(1년 만기)는 4.14%였다. 그러나 2008년 9월 16일부터 대출금리가 6년 6개월 만에 처음으로 0.27%p 인하되어 7.2%로 하향 조정되었다. 이는 앞서 언급한 바와 같이 중국정부의 거시경제정책 기조가 인플레이션 억제를 위한 긴축정책에서 경기부양책으로 선회하는 것을 의미한다.

중국정부의 거시정책 기조 변화는 이미 베이징올림픽 특수가 불발로 끝나고 중국 부동산시장 거품 붕괴가 가시화되기 시작하면서 예견된 것이었다고 할 수 있다. 인민은행은 이미 8월부터 통화정책보고서에서

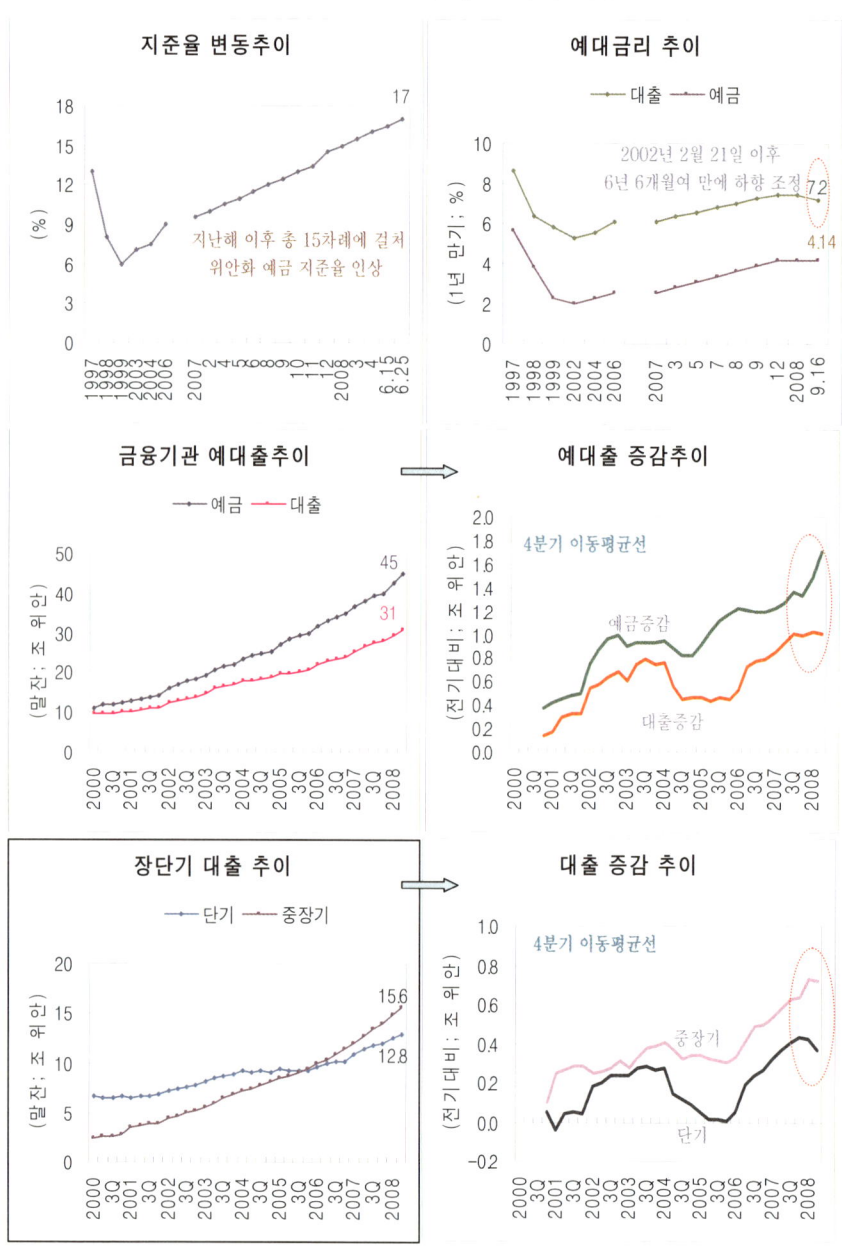

<도표 1> 중국 금융기관 예대 현황

(주) 인민은행 자료로부터 KSERI 작성

'긴축금융정책의 견지'라는 표현을 삭제했다. 이는 베이징올림픽 이후 세계경제뿐만 아니라 중국경제도 수출과 경제성장이 둔화되고 부동산 버블 붕괴 조짐과 주가 급락 등 불확실성이 크게 증가하고 있는 사실을 반영하고 있는 것이라고 할 수 있다.

중국 최고 경제정책기구인 국가발전개혁위원회(NDRC) 역시 2008년 하 반기부터 중국경제의 성장 둔화를 기정사실화하고 있다. 미국을 비롯한 세계 경제의 불확실성 증가로 중국의 수출, 투자, 소비도 차례로 위축될 것으로 전망하면서, 향후 2년에서 길게는 5년까지 저속 성장할 가능성이 높을 것으로 우려를 표명하고 있다. 이러한 우려를 반영하여 경기 부양책들이 앞으로도 계속 발표될 것으로 보인다. 문제는 중국 부동산 시장의 동향이라고 할 수 있다.

이를 위해 중국 예금은행들의 예금/대출 추이를 살펴볼 필요가 있다 앞서의 <도표 1>에서 2008년 2분기 예금잔고는 45조 위안, 대출잔고는 30.1조 위안으로 나타나고 있다. 또 전기대비 대출 증감(4분기 이동평균) 추이를 보면, 2000년 이후 2003년까지 대출이 빠르게 증가하다가 2004년부터 2005년까지 주춤하는 모습을 보였다.[8] 그러나 2006년부터 부

---

[8] 2003년 이후 2006년 상반기까지 대출이 주춤했던 이유로는 중국 정부의 연이은 부동산투기 억제대책 발표에 기인한다. 이 기간 동안 발표된 부동산투기 억제대책을 보면, 《부동산신용대출업무 관리강화와 관련한 통지》(인민은행, 2003.4.1), 《상업은행 부동산대출 리스크관리 가이드라인》(중국은행감독관리위원회, 2004. 9.2), 《상업은행 주택대출정책과 초과예금준비율조정과 관련한 통지》(인민은행, 2005.3.16), 《주택공급구조조정을 통한 주택가격안정화와 관련한 통지 》(건설부 등 9개 부처, 2006.5.29) 등으로, 매년 한 차례씩 부동산투기 억제대책이 발표되었다. 이후 《상업목적의 부동산신용대출 관리강화》(인민은행, 중국은행감독관리위원회, 2007.9.7)를 발표하였으나, 2007년 하반기부터 부동산 시장이 빠르게 조정국면을 맞이하고 있어 중국 정부는 이를 관망할 것으로 보인다.

동산 투기버블과 주가 급등으로 다시 급증하기 시작함에 따라 2007년 하반기부터 중국 정부의 강력한 긴축정책이 시작되었고 그로 인해 대출증가도 정체를 보이고 있는 것으로 나타나고 있다. 이에 비해 예금증가는 2004년 하반기부터 예금금리 인상으로 계속 빠르게 증가하고 있는 것으로 나타나고 있다. 다만 2008년에는 예금증가가 급증하는 모습을 보이고 있는데 이는 부동산 및 주가 하락 및 금융시장 불안으로 시중 유동성 투기자금이 은행예금으로 다시 유입되고 있기 때문으로 보인다.

기간별 대출 추이를 보면, 2006년부터 중장기 대출이 단기대출을 앞지르기 시작하고 있다. 2008년 2분기 기준 단기대출은 12.9조 위안, 중장기대출은 15.6조 위안을 기록하고 있는데, 2000년에 비해 단기대출은 1.9배 증가하는데 그친 반면, 중장기대출은 6.3배에 달하고 있다. 이는 중국 은행들이 주로 부동산과 관련된 중장기 대출을 중심으로 급성장해 왔음을 시사하는 것으로 이들 은행들의 수익 대부분이 부동산대출 관련 수익이라고 할 수 있다. 이런 점에서 중국내 부동산시장의 버블 붕괴 조짐은 이들 은행들에게도 치명적인 타격을 줄 가능성이 높다고 할 수 있다.

이미 본 중화경제동향에서도 여러 차례 설명한 바와 같이 최근 중국 부동산시장 특히 주택시장은 버블 붕괴 조짐이 곳곳에서 감지되고 있다. 중국의 부동산시장 버블이 붕괴되기 시작하면 중국 은행들의 대출자산도 부실화될 가능성이 높아진다. 베이징, 상하이, 선전의 3대 도시 주택 거래량이 2007년부터 지속적인 감소추세를 보이고 있을 뿐 아니라, 선전은 이미 주택가격 하락세가 뚜렷해지고 있다.

부동산시장 침체로 미분양과 공실률이 크게 증가하면서 부동산 개발업체들의 자금난도 심각해지고 있다. 건설은행을 비롯하여 상하이푸동발전은행(浦发银行)과 화샤은행(华夏银行), 그리고 흥업은행(兴业银行) 등 중국 시중은행들의 부동산대출 비중을 살펴보면 '중국판 서브프라임론 사태'에 대한 우려의 목소리가 나오는 것도 결코 무리는 아니라고 할 수 있다.

아래 <도표 2>에서 중국 주요 은행들의 전년도 순이익 현황을 보면, 공상은행이 전년대비 68% 증가한 819.9억 위안으로 최대 수익을 올렸고, 건설 은행은 49% 증가한 619.4억 위안, 중국은행은 33% 증가한 559.1억 위안을 각각 기록하였으며, 흥업은행은 가장 높은 126%가 증가한 85.9 억

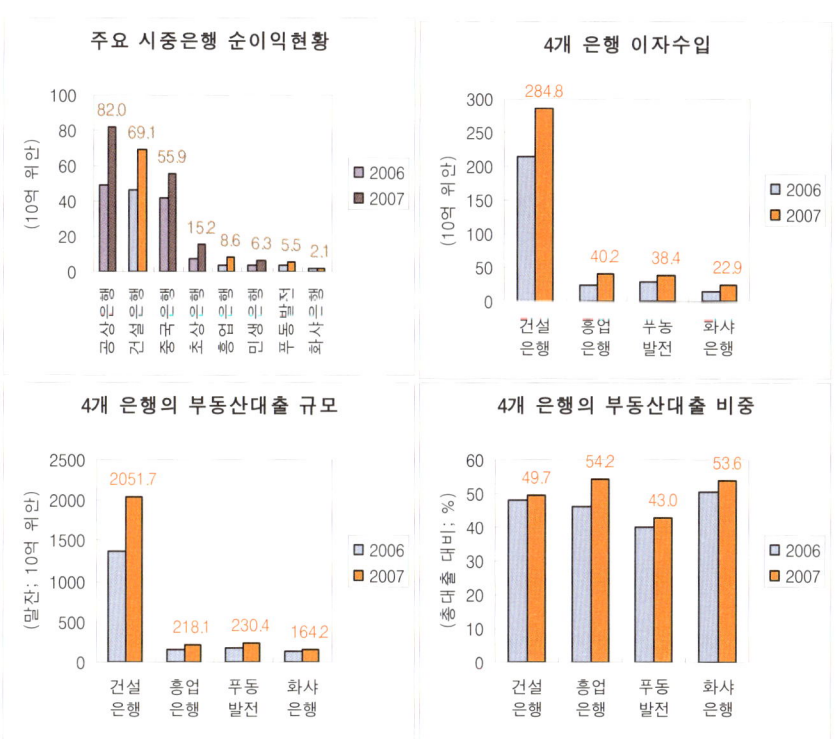

<도표 2> 중국 주요은행 부동산 관련 대출규모 추이(2006~2007)

㈜ 각 은행 자료로부터 KSERI 작성

위안을 기록하였다.

  이 중 부동산대출 비중이 높은 4개 은행의 부동산 관련 대출규모(2007년 말 잔고기준)를 보면, 건설은행은 2조517억 위안으로 부동산대출 비중이 49.7%에 달하며, 흥업은행은 2,180.6억 위안으로 54.2%, 상하이푸동발전은행은 2,303.7억 위안에 43%, 화샤은행은 1,641.9억 위안에 53.6%로 나타나고 있다. 이들 4개 은행의 부동산관련 대출규모는 총 2.7조 위안으로 중국 은행 전체의 중장기 대출 대비 약 20%에 달하는 것으로 추정된다. 하지만 은행별 대출분류 기준이 다르고 드러나지 않는 부동산 대출까지를 감안하면 이보다 훨씬 높을 것으로 보인다.

  이처럼 중국 부동산 버블붕괴 조짐이 높아지고 은행들의 부동산대출에 대한 부실 우려가 높아지자 최근 골드만삭스는 중국내 65개 부동산개발업체들의 은행대출 기록을 분석한 자료를 내놓았다. 이 자료에 의하면, 중국 부동산시장의 가장 심각한 문제점으로 중국 은행들의 무분별한 대출영업과 개발업체들의 대출금 남용을 꼽고 있다. 즉 중국 은행들의 부동산대출과 관련하여 도덕적 해이가 심각한 수준에 달해 있다는 것이다.

  <도표 2>에서 건설은행 등 4개 은행의 부동산관련 대출 비중이 평균 50%에 달하고 있는 것으로 나타나고 있지만 골드만삭스의 보고서 내용을 감안하면 실제로는 7~80%에 육박할 가능성도 배제할 수 없다고 할 수 있다.

  결론을 말하자. 4천억 달러에 달하는 외환보유고를 페니매이와 프레디맥에 투자했던 중국 정부는 이번 미국 금융위기로 인해 자금운용 방안을 심각하게 재검토하고 있다. 중국 은행들도 리먼브라더스 파산과 관련해

4억 달러 이상의 손실을 감수해야 할 위기에 놓이면서 중국 금융시장도 큰 혼란을 겪고 있다. 뿐만 아니라 은행권의 부동산대출 부실 위험이 높아지기 시작하면서 푸동발전은행, 흥업은행, 화샤은행 등 부동산대출 비중이 상대적으로 높은 은행들은 향후 중국내 부동산시장의 버블 붕괴 여하에 따라 위험에 직면할 가능성이 높아지고 있다.

중국 정부의 대출금리와 지준율 인하라는 경기 부양책에 이어 9월 18일에는 거래세 면제와 중국투자공사의 상장 3개 국영은행(공상, 중국, 건설)의 주식을 매입하겠다는 발표가 이어지면서 상하이 종합주가지수는 10% 가까이 폭등하였다.

하지만 2008년 1~8월 무역수지 흑자가 전년동기대비 6.2% 감소하였고, 올림픽 이후 건설투자 부진과 소비심리도 위축되기 시작하고 있다. 이런 가운데 중국 정부의 일련의 경기부양책이 예상되고 있으나 어느 정도 효과를 보일지는 아직 미지수라고 하겠다.

(2008년 9월 22일)

국제 금융위기에 대처하는 중국의 은행업

　미국발 신용공황이 유럽으로 빠르게 확산되면서 전세계 증시가 폭락을 거듭하는 등 세계경제는 한치 앞을 내다보기 어려운 상황이 계속되고 있다. 국경절로 한 주 동안 휴장을 했던 중국 상하이증시 역시 연휴 이후 개장하자마자 5.2% 급락을 시작으로 5일 연속 하락세를 거듭하면서 힘들게 회복했던 2,000포인트가 또다시 위협 받고 있다. 미국과 유럽 등 주요국 중앙은행들의 금리인하 국제공조에 중국 인민은행도 동참하면서 금리인하를 단행했지만 주가 하락세를 막기에는 역부족이었다.

　이번에 인민은행이 발표한 금리인하 내용을 살펴보면, 2008년 10월 9일부터 시중은행의 예금 및 대출 금리를 동시에 0.27%포인트 인하하고, 10월 15일부터는 모든 예금은행들의 위안화 예금 지준율을 0.5%포인트씩 인하하는 것으로 되어 있다.

　인민은행은 9월에 은행들의 위안화 대출금리와 중소은행의 위안화 지준율을 동시에 인하한다는 발표를 했다. 그리고 한 달도 채 되지 않은 시점에서 다시 금리인하를 단행한 것이다. 국제공조의 일환이라고도 볼 수 있지만 중국 역시 경기감속이 빠르게 진행되고 있다는 것을 시사하는 것으로도 볼 수 있다. 이로써 중국 정부의 정책기조가 긴축정책에서 경기부양책으로 빠르게 전환되고 있는 것으로 보인다.

이번 금리인하 조치는 모든 시중은행과 전 금융상품을 대상으로 하고 있을 뿐만 아니라 예금에 대해서도 적용하고 있다는 점이 9월의 금리인하 조치와 큰 차이라고 할 수 있다. 부동산 버블 붕괴로 인한 경기침체 및 주가하락을 막기 위한 목적 외에도 예금금리 인하를 통해 가계 소비를 촉진하려는 의도로 보여진다.

<도표 1> 중국의 최근 금리인하 주요 내용

	9월	10월
대출금리	√16일부터 기간별 차등 인하 - 6개월 미만; 0.36% 인하 - 6개월~3년; 0.27% 인하 - 3년~5년; 0.18% 인하 - 5년 초과; 0.09% 인하	√9일부터 일제히 0.27% 인하 √개인주택공적금 대출금리 역시 0.27% 인하 적용
예금금리	변동없음	9일부터 일제히 0.27% 인하
지준율	√25일부터 규모별 차등 인하 - 대상; 중소은행 1% 인하 지진피해소재 2% 인하 - 제외; 4대은행+교통/우체국	√15일부터 모든 예금은행 0.5% 인하

㈜ 인민은행 자료로부터 KSERI 작성

위 <도표 1>에서 보면 2008년 9월에는 기간별로 차등 적용하여 5년 이상의 장기대출 금리에 대해 0.09%p 인하하는데 그친 반면, 10월에는 모든 기간의 대출에 대해 일제히 0.27%p 인하를 하였는데, 5년 이하 대출은 종전의 4.59%에서 4.32%로, 5년 이상은 5.13%에서 4.86%로 각각 인하 조정되었다. 개인 주택공적금 대출금리도 인하했다. 예금금리도 0.27%p가 인하되었다. 시중 예금은행에 대한 지준율은 중소은행을 중심으로 인하한 9월과는 달리 이번에는 4대 국영은행과 교통은행, 우체국저축은행을 모두 포함하여 일제히 0.5%p씩 인하를 했다.

참고로 주택공적금(住房公積金)이란 일종의 중국식 주택보장기금이라고 할 수 있다. 중국의 국가기관과 모든 기업(외국인투자기업 포함)에 종사하는 근로자는 급여의 8%를, 그리고 회사도 똑같이 8%를 적립하도록 한 제도이다. 90년대 후반 계획경제 시절의 주택분배제도(住房分配制度, 국가가 개인에게 주택을 제공)가 사라지면서 대두되기 시작한 주택문제를 해결하기 위해 중국 정부가 마련한 제도이다. 개인들은 이를 담보로 은행에서 주택자금대출을 받을 수 있다.

하지만 금리인하에도 불구하고 상하이 증시는 오히려 급락하면서 10월 10일에는 전일대비 3.57%가 하락한 2,000포인트로 마감하였다. 이에 시장에서는 인민은행이 중국 정부의 경기부양책과 국제금융시장의 추이를 고려하여 추가 금리인하를 할 가능성이 높다고 보고 있다.

이에 향후 중국의 금리정책 방향과 관련하여 중국 건설은행의 꿔수칭(郭樹淸) 총재가 중국의 금융시보(金融时报)와 가진 단독 인터뷰 내용을 간단히 소개해보기로 한다.[9]

꿔수칭 총재는 1956년 내몽고 출신으로, 중국 사회과학원에서 석박사 학위를 취득한 직후인 1988년부터 1998년까지 중국 최고권력기관인 국무원에서 근무하였고, 2001년부터 2003년까지는 인민은행 부총재와 국가

---

[9] 건설은행과 관련된 내용은 김광수경제연구소, 「중국의 기업을 해부한다」 휴먼앤북스, 2008, 164~170쪽 참조

외환관리국 국장을 역임하였다. 2005년 3월부터는 건설은행의 CEO로 취임해 홍콩증시 상장과 국내주식(상하이) 상장을 성공적으로 추진하였고, 중국 정부의 금융정책 결정과 관련해 중요한 역할을 담당하고 있는 것으로 알려지고 있는 인물이다.

4대 국영은행 중 하나인 건설은행의 최대 주주가 중국 정부계 공식 투자기관인 훼진공사(汇金公司)인 것을 감안하면 꿔수칭 총재의 인터뷰 내용은 중국 정부의 향후 금융정책 방향과 금융혼란에 대처하는 중국 은행들의 움직임을 이해하는 데 도움이 될 것이다. 다만 홍보를 위한 부분도 있다는 점을 감안할 필요는 있다.

먼저 미국발 서브프라임론 사태가 건설은행을 비롯한 중국 은행업 전체에 미치는 영향에 대해 설명해 주십시오. 또 중국의 금리인하가 연속적으로 이루어지고 있고 기업들의 원가도 빠르게 상승하고 있는 점을 감안하면 시중은행들의 이윤은 감소하고 위험은 그만큼 높아진다고 보여지는데, 이에 대한 건설은행의 대책은 무엇인가요?

지금 지적하신 두 가지 요인이 건설은행의 이윤에 미치는 영향은 지극히 제한적이라고 할 수 있습니다. 2008년 상반기 실적발표를 통해서도 드러났듯이 순이익이 587억 위안으로 전년동기와 비교해 71.3%나 증가하였습니다. 물론 최근의 글로벌 금융위기로 인한 영향이 하반기에는 좀 더 가시화되겠지만 은행 전체의 이윤구조에는 큰 영향을 주지 않을 거라고 생각합니다.

우선 금리인하 영향에 관해서는 인민은행이 금리인하를 할 때마다 은행의 이자수입이 영향을 받는 것은 당연하죠. 하지만 대부분이 고정금리이거나 혹은 일정 기간이 지나야 반영이 되기 때문에 2008년 하반기에는 당장에 큰 영향이 없을 겁니다. 물론 은행마다 자산구조와 투자 포트폴리오가 다르겠지만, 미국과 유럽지역의 은행들과 비교하면 중국 은행들의 재무건전성은 오히려 큰 문제가 없다고 할 수 있습니다.

미국발 서브프라임론 사태가 아직까지 중국 금융권에 직접적인 영향을 주고 있지는 않지만, 미국의 내수 침체를 고려하면 중국의 수출이 어느 정도 영향을 받을 것입니다. 하지만 개인적인 생각으로는 미국의 실물경제가 그렇게 악화되고 있다고 보지 않습니다. 2008년 미국의 대외수출 추이를 보면 아직까지 증가세를 보이고 있고, 제조업의 경우는 오히려 소폭 증가한 것으로 나타나고 있습니다. 물론 중국 은행들이 서브프라임론 사태로 인해 영향을 받는다는 것은 부인할 수 없는 사실입니다.

많은 전문가들은 최근의 글로벌 금융위기가 앞으로 1년 혹은 1년 반 동안 지속될 것으로 전망하고 있습니다. 어려운 금융환경 속에서 건설은행은 어떠한 대책을 준비하고 계신가요?

건설은행의 거의 모든 수익은 국내영업에서 발생합니다. 전체 수익의 98%가 국내영업에서 발생하고 있습니다. 때문에 향후 건설은행의 발전은 중국경제 성장추이에 달려 있다고 보는 것이 타당할 것입니다. 만약 앞으로 1년 혹은 1년 반 동안 중국경제의 성장기조가 크게 흔들리지 않는다면 건설은행은 지금의 성장속도를 유지할 수 있습니다.

실제 중국은 내수 위주의 경제성장을 지속하고 있습니다. 예를 들어 철광석은 전세계 소비량의 50%를 차지하고 있고, 비철금속은 25~35%를 차지하고 있을 정도로 내수시장 규모가 상당하다고 할 수 있습니다. 또 식료품, 과일, 채소 등 생필품 시장규모 역시 세계 최대를 기록하고 있고, 의류는 중국내 생산량의 75%를 내수에서 소비할 정도로 내수시장에 대한 의존도가 높습니다. 주택시장은 매년 평균 12~13% 정도의 성장률을 보이고 있고, 자동차는 최근 5년 동안 30% 이상 판매가 증가한 것으로 확인되고 있습니다. 20년 전만 해도 고속도로가 없던 중국이 이제는 5만여 km 에 달하는 고속도로를 보유할 정도로 빠르게 성장하고 있는 것이 현재의 중국인 것입니다.

장기적인 관점에서 본다면 중국은 경기 과열이 오히려 걱정이라고 할 수 있습니다. 즉 중국경제에 있어서 가장 큰 문제점은 인플레이션과 자산버블, 그리고 고속성장이라고 요약할 수 있습니다.

물론 중국 역시 국제경제 및 글로벌 금융시장과 뗄 수 없는 밀접한 관계가 형성되어 있기 때문에 국제금융 환경의 변화를 무시할 수는 없을 겁니다. 예를 들어 건설은행의 리만브라더스 채권 보유액이 1.9억 달러에 달하는 것만 보아도 세계 금융시장의 혼란에 일정부분 노출되어 있다는 사실은 부인할 수 없습니다.

중국 은행 중에서 건설은행이 리만브라더스 채권을 가장 많이 보유하고 있는 것으로 알려져 투자자들이 이를 주시하고 있습니다. 중국 은행들이 해외 증권투자를 하면서 발생하는 손실에 대해서는 어떤 의견을 가지고 계신가요?

이는 상대적이라고 생각합니다. 금융시장의 발전 잠재력은 무한하고, 성장 속도 역시 빠릅니다. 한 가지 사건이나 일로 인해 전체를 망칠 수는 없습니다. 달러화 자산이든 유로화 자산이든 모두 리스크를 안고 있기 때문에 종합적이고 객관적으로 문제를 바라볼 필요가 있다고 봅니다.

국내투자든 해외투자든 '모든 달걀을 한 바구니에 담지 말라'는 이론을 항상 염두에 두어야 한다고 생각합니다. 그리고 국제여건이 제아무리 좋고 훌륭한 재테크 상품이 출시된다 해도 스스로 통제할 수 없으면 무용지물 아니겠습니까.

최근 건설은행이 AIG 라는 하나의 바구니에 모든 달걀을 담으려고 한다는 소식이 전해지고 있는데, 이에 대해서 말씀해 주십시오.

노코멘트입니다. 이는 기업의 기밀입니다. AIG 와 관련된 정보는 은행 내부의 기밀사안이기 때문에 외부에 공개할 수 없습니다. 이는 건설은행에서 현재 몇 명의 예금주를 보유하고 있는지를 외부에 공개하는 것과 마찬가지라고 생각합니다. 이는 은행의 투명성이나 정보공개에 관한 사안이 아니라고 밝혀두고 싶습니다.

예를 들어 리만브라더스 채권에 대한 평가가 사람마다 다를 수 있다고 보는데, 누군가는 30%의 이익을 챙길 수 있다고 보는 반면, 누군가는 아무것도 얻지 못할 것이라고 생각할 수 있습니다. 이에 따라 팔 것인지 아니면 계속 보유할 것인지 결정하는 것 아니겠습니까.

현재 미국의 월가에는 싼 물건(便宜貨)들이 널려 있다고 하는데 이에 대해서는 어떻게 보십니까? 건설은행을 비롯한 중국 은행들의 해외투자에 영향을 줄 수 있다고 보시나요?

가장 중요한 것은 무엇이 필요한 것인가에 대해 먼저 생각해야 할 것입니다. 그 다음에 전략적 인수 방법이나 시너지 효과 등을 생각할 수 있겠죠. 이는 값이 싸든 비싸든 상관없습니다. 중요한 것은 기존의 업무와 연계해서 과연 새로운 성장 동력을 창출해낼 수 있을 것인가가 핵심이라고 할 수 있습니다.

동시에 건설은행이나 중국 은행들이 가진 능력 또한 고려해야 될 사안이라고 봅니다. 어떻게 보면 이 부분이 더 중요할 수 있습니다. 새로운 기업을 인수하여 얼마나 효율적이고 건전하게 잘 관리할 수 있을지를 따져본 다음에 그 다음 단계를 고려해야 한다고 봅니다. 건설은행은 오히려 중국의 기업고객이나 개인고객이 많이 진출하고 있는 신흥시장을 눈여겨보고 있습니다. 물론 구미시장을 완전히 배제한다고 말할 수는 없습니다.

월가에 현재 싼 물건이 많이 있다고 했는데 과연 싸다는 의미가 무엇입니까? 첫째, 품질을 모르는 상태에서 값이 싸게 나왔다는 것은 위험한 발상입니다. 만약 품질이 생각보다 안 좋다면 좀더 흥정해서 알맞은 가격으로 조정해야 하지 않을까요. 둘째, 시너지효과 역시 중요합니다. 과연 내가 가지고 있는 능력과 잘 어우러질 수 있는가, 어떠한 성장 잠재력을 창출해낼 수 있는가를 따져봐야만 제품의 가격을 평가할 수 있는 것 아니겠습니까.

건설은행은 소매금융, 소비금융, 투자업무에 집중하고 있습니다. 중국 금융시장은 아직 선진화된 시스템을 갖추고 있지 않아서 소비금융서비스와 재테크 투자분야가 많이 부족하기 때문에 만약 선진 은행들의 경험과 노하우를 취득할 수만 있다면 월가 은행들과의 합병도 괜찮을 듯 합니다.

하지만 중요한 것은 신중한 선택입니다. 중국 은행들이 국제 금융시장에 진출해서 과연 선진 은행들을 잘 관리하고 컨트롤할 수 있는가를 검토하는 것이 최우선 과제라고 생각합니다.

지금 이 시점에서의 합병은 신중하게 선택해야 한다고 말씀하셨는데,

그럼 건설은행의 해외진출이 다소 늦어질 수 있다는 것을 의미합니까? 현재 보유하고 있는 외화자산을 중국 기업들의 해외진출에 적극 지원을 하겠다는 것으로 이해해도 될까요?

꼭 그렇지만은 않습니다. 위험이 확산될 때는 늦춰야 하고, 수익과 기회가 보일 때는 빠르게 진출해야 하는 것은 진리죠. 그러기 위해서는 언제나 균형을 유지하고 객관적으로 지켜보고 있어야 합니다.

건설은행의 발전전략은 언제든지 수정 가능하고 끊임없이 조정됩니다. 위기는 기회라는 말이 있듯이 만약 리스크가 통제 가능하고, 건설은행에 효율성과 경쟁력이 증대될 수 있는 선택이라면 해외진출은 언제든지 가능합니다.

현재 건설은행은 여타 은행과 비교해 상대적으로 외화자산 보유액이 작다고 할 수 있습니다. 하지만 중국 기업들의 해외진출을 적극 지원하는 것은 건설은행의 임무이자 기업과 국가가 모두 원하는 것이기도 합니다.

이는 단순한 자금 지원만을 의미하는 것이 아니고 기업들이 성공적으로 해외에 진출할 수 있도록 정확한 정보를 제공해야 할 의무까지 포함하고 있습니다. 예를 들어 중국은 세계 원재료시장에서 최대 거래국가이므로 국제시장의 흐름을 정확히 파악하고 있어야 한다는 것을 의미하죠. 때문에 최근 국제금융 환경의 변화는 중국뿐 아니라 중국 은행들에게도 크나큰 도전입니다.

또한 중국 정부의 큰 근심 중의 하나는 둔화되고 있는 수출입니다. 수출가격은 하락하거나 정체되고 있는 반면, 수입가격은 빠르게 상승하면서 무역조건이 크게 악화되고 있습니다. 2008년 상반기를 기준으로 보면, 수출가격은 9.8% 상승한 데 반해, 수입가격은 19%나 상승했습니다. 2008

년 전체로 대략 1천억 달러 이상의 손실이 발생할 것으로 예상되고 있습니다. 이를 위안화로 환산하면 약 7천억 위안으로 GDP의 3%에 해당하는 규모입니다.

물론 이는 중국만의 문제가 아니고 올해 세계 각국이 직면하고 있는 공동 문제인 만큼 상호 이해하고 협력해야 할 부분이기도 합니다. 타인에게 해를 끼치면 결국 자신도 손해를 보게 되어 있다는 것을 항상 염두에 두어야 하는 시점입니다.

(2008년 10월 13일)

경기부양대책과 부동산대책

2008년 10월 중국 통계국은 2008년 3분기 중국 경제성장률이 9%를 기록했다고 발표했다. 이로써 중국경제는 2007년 하반기부터 4분기 연속으로 감속을 나타내고 있는데 특히 2008년 2분기의 10.2%에서 9%로 급감하는 모습을 나타내고 있다. 이로써 2003년 이후 두 자릿수 성장을 지속하던 중국경제는 글로벌 금융위기와 경기침체 영향으로 2008년 한 자릿수 성장률로 떨어질 것이 확실시 되고 있다.

중소기업들의 연이은 도산과 상장기업들의 실적 악화도 점차 가시화되고 있다. 뿐만 아니라 선전, 상하이, 베이징 등 주요 대도시를 중심으로 나타나던 주택 거래량 감소가 광저우(广州), 항저우(杭州), 선양(沈阳), 샤먼(厦门), 푸저우(福州), 시안(西安) 등 지방도시로까지 빠르게 확산되고 있어, 중국 부동산시장의 버블 붕괴가 급속히 진행되고 있다는 점이다. 그로 인해 중국 상하이증시는 최근 중국정부의 증시부양 대책으로 일시적으로 2,200포인트까지 상승했으나 2008년 10월 넷째 주에는 연속적으로 하락세를 기록하면서 1,800포인트 선마저 위협 받고 있다.

3분기 주요 경제지표 발표를 바탕으로 중국 정부는 전인대 상무위원회 제5차 회의(10월 23일~10월 28일) 시작에 앞서 국무원 상무회의를 먼저 소집하여 4분기의 주요 경제정책 방향과 경기진작 방안에 대해 논의하였다. 국무원 상무회의는 2008년 4분기 주요 경제정책 방향에 관해 국내적으로 쓰촨성 지진피해지역 복구를 조속히 추진함으로써 지역경제를 안정화시키고 대외적으로는 글로벌 금융위기로 인한 영향을 최소화할 수 있는 대책 마련에 역점을 두었다.

원자바오(溫家宝)총리 주재로 진행된 이번 국무원 상무회의에서는 내수경기 활성화 방안이 집중 논의되었는데, <도표 1>에 나타난 바와 같이 농촌경기 부양과 중소기업 대출완화, 부동산대책 등 크게 10가지 대책이 발표되었다.

이중 맨 마지막의 사회보장 및 부동산대책 내용을 구체적으로 살펴보자. 먼저 사회보장대책의 경우, 중국 지방정부는 저소득 가정의 고등학생들에게 임시 급식보조금을 지급하고, 쓰촨성 온촨(汶川) 지진피해 지역의 중고등학생들에게 특별보조금을 지급하기로 했다. 이를 위해 중국 재정부는 223억 위안(약 4.6조원)의 예산을 긴급 편성하였다.

부동산시장 활성화를 위해서는 보장성 주택(임대주택) 건설을 확대 추진하고 주택거래세를 인하함으로써 국민들의 주택구입을 촉진하기로 했다. 각 지방정부들이 부동산시장 활성화를 위해 실시하고 있는 각종 부동산관련 세제 감세에 대해 중앙정부가 적극 지원해 주겠다는 것이다. 주택도시건설부(住宅和城乡建設部) 치우바오싱(仇保兴) 부부장은 10월 18일 선전에서 열린 '중국시장(市長)포럼'에 참석해서 전국 부동산시장 동향과 각 지방정부의 정책들을 면밀히 검토하고 있다고 말했다. 그

<도표 1> 중국정부의 경기부양 대책

농촌경기 부양	- 식량 최저 수매가격을 조정하고, 농업 보조금 확대 방안을 마련한다.
중소기업 대출 완화	- 자금난이 심각해지고 있는 중소기업들에 대한 대출을 용이하게 하고, 중소기업들의 기술혁신을 지원할 수 있는 재정지원을 확대한다.
수출환급	- 방직, 의류와 같은 노동집약형에서부터 고부가가치 산업에 이르기까지 수출환급 범위를 확대하고, 우수기업 제품의 수출 및 내수 필수품 수입에 대해서는 정부가 적극 지원하여 대외교역 수지 균형을 촉진한다.
지진피해 복구	- 쓰촨성의 지진피해 지역의 복구작업을 신속히 추진하고, 합리적인 투자 수준을 유지한다.
물가 억제	- 국내물가 상승에 대한 지속적인 관리와 가격관리를 강화하고, 국제에너지 가격의 국내물가 영향에 대해 주시한다.
에너지 절약	- 에너지절약 업무를 체계적으로 추진한다.
세수정책	- 세수관리를 규범화하여 민생관련 지출을 적절히 활용하고, 연말에 세수지출이 몰리는 것을 지양함으로써 불필요한 낭비를 줄인다.
금융정책	- 금융감독관리를 강화하고, 금융 리스크를 사전 예방한다.
제품안전 관리	- 《유제품품질안전감독관리조례》에 의거하여 체계적인 업무방안을 마련하고, 국가 중점산업과 제품에 대한 안전관리를 강화한다.
사회보장 및 부동산대책	- 저소득계층과 특수계층의 기본생활을 보장할 수 있는 정책 마련과 함께 주택거래세를 인하한다.

(주) 중국정부 발표 자료로부터 KSERI 작성

<도표 2> 지방정부 부동산시장 활성화 대책

	대 책
상하이	- 최초 주택구매자(1가구 2인 대출 신청) 공적금 대출 최고 20만 위안
항저우 (杭州)	- 공적금 대출 최대 60만 위안, 대상연령 남 65세, 여 60세로 상향 조정 - 상품주택 취득세, 인지세 재정지원 - 주택취득시 각종 등기 관련비용 잠정 면제
선양 (沈阳)	- "보통주택" 취득세 1% 적용 - 주택공적금 대출상환 기간 30년, 중고주택 대출상환 기간 20년 - "상품주택" 대출금 최초 상환액 20%
시안 (西安)	- 주택 구매자에게 실거래가의 1.5%, 1%, 0.5% 차등 재정지원 - 건설사의 사회기초시설 투자액 감면혜택
충칭 (重庆)	- 90㎡ 이하 보통주택 취득세 면제 - 중고주택 거래종합세 1.1%
샤먼 (厦门)	- 90㎡ 이하 경제형주택 대출금리 인하 - 공적금 대출 최초 상환액 20%, 상환기간 20년
허난 (河南)	- 공적금 대출 최초 상환액 20%, 상환기간 30년 - 최초 주택 구매자 대출금리 우대 적용 - 도시내 주택 구매자 공적금대출 중복신청 가능
창샤 (长沙)	- "경제형주택" 구매자 자금지원 - 중고주택 거래세 1.1% - 각종 부동산 관련세 감면 혹은 기간 연장 - 공적금 대출 최초 상환액 20%, 상환기간 30년
스자장 (石家庄)	- "보통주택" 취득세 1.5% 적용 - 주택공적금 대출 상한 40만 위안
창저우 (常州)	- 2차 공적금 대출 최고액 제한 폐지 - 공적금 대출 중복신청 가능 - 상업용 대출자금 주택공적금으로의 전환 가능
훼안(淮安)	- 상업용 대출자금 주택공적금으로의 전환 가능
푸저우 (福州)	- 부동산 취득세 50% 감면 - 주택 취득 허가증 발부 절차 간소화 - 공적금 대출 규정 조정
청뚜 (成都)	- 취득세 감면 및 재정지원 - 공적금 대출 최고액 30만 위안, 최초 상환액 20%, 상환기간 30년 - 공적금 대출 중복신청 가능

㈜ 각종 자료로부터 KSERI 작성60

리고 적절한 시기가 되면 중앙정부 차원의 지원대책을 발표하겠다고 말했다.

참고로, 9월 19일 이후 10월 17일까지 확인된 각 지방정부들의 부동산 대책을 살펴보면 위의 <도표 2>에 나타난 바와 같이 크게 부동산관련 세금 감면과 대출조건 완화로 요약할 수 있다.

상하이시는 무주택 가구의 부부와 1인 자녀가 모두 직장인일 경우 최고 60만 위안까지 은행에서 주택공적금 대출을 받을 수 있도록 대출조건을 완화하였다. 항저우시는 공적금 대출 최고액을 기존의 50만 위안에서 60만 위안으로, 대상 연령을 남자 65세, 여자 60세로 상향 조정하였으며, 주택취득관련 세금을 재정 지원하거나 잠정 면제하기로 했다. 이 두 지역은 중국경제의 중심지역인 창쟝(长江) 삼각주 부동산시장의 흐름을 대표하는 도시들인데 올 초부터 주택 거래량이 가파른 감소세를 지속하고 있다. 상하이시는 2008년 상반기 주택거래량이 전년동월대비 45% 감소했으며, 항저우시는 2008년 1~9월 거래량이 전년동월대비 46%가 감소한 것으로 나타났다.

또 중국 동북3성의 중심 도시라 할 수 있는 선양(沈阳)시는 주택 취득세를 중국 전체에서 가장 낮은 1%로 낮추었고, 주택공적금 대출상환 기간과 최초 상환액 비율은 여타 도시와 동일한 수준으로 했다. 현재 중국에서 적용되고 있는 주택거래관련 세제 현황을 정리하면 아래의 <도표 3>에 나타난 바와 같다.

중국 중앙정부는 각 지방정부들의 특수 사정을 감안한 부동산시장 활성화 방안의 실효성을 검토한 후 10월 22일 저녁에 재정부와 인민은행이 부동산 대책을 발표하였다. 중국 정부가 발표한 부동산대책 내용을 살펴보면 지방정부들이 개별적으로 시행하고 있던 각종 대책들을 통합 조정하고 인민은행은 부동산 대출금리를 1.12%p 낮추었다.

<도표 3> 중국의 주택거래세 내용

매도인	- 영업세 5.5% (부동산 소유증 5년 이상이면 면제) - 인지세 0.05% - 토지거래세 3위안/m² - 개인소득세 1% (부동산 소유증 5년 이상이면 면제)
매수인	- 부동산취득세 1.5% (144m2 이상은 3%) - 인지세 0.05% - 토지거래세 3위안/m² - 등기비용 50위안

(주) 각종 자료로부터 KSERI 작성

<도표 4>는 중국 재정부가 이번에 발표한 '2008년 4분기 민생보장업무 가이드라인' 중에서 부동산관련 대책만을 정리한 것이다. 이 내용에 따르면, 11월 1일부터 무주택자가 처음으로 90m² 이하 보통주택을 구입할 경우 주택취득세를 종진의 1.5%에서 1%로 하향 수정하는 것으로 되어 있다.[10] 그리고 실거래가의 0.05%가 적용되던 인지세와 3위안/m²이 부과되던 토지세는 일시적으로 감면된다.

만약 무주택자가 90m² 이하의 보통주택을 1백만 위안(약 2.5억 원)에

---

[10] 중국의 주택 명칭을 살펴보면, '상품주택(商品房)', '보통주택(普通住房)', '비보통주택(非普通住房)', '경제형주택(经济适用房)' 등이 거론되고 있는데, 상품주택은 주택을 상품처럼 거래한다고 하여 붙여진 것으로 거래되고 있는 주택을 통칭한다. 보통주택과 비보통주택은 면적을 기준으로 분류되고 있는데, 144m² 이하를 보통주택, 144m² 이상을 비보통주택(호화주택)으로 부른다. 경제형주택은 저소득 층을 위해 건설되고 있는 일종의 사회보장성 주택을 말한다.

구입한다고 가정할 경우, 11월 1일 이전에 구입한 사람은 주택거래세로 15,770위안 (=100만 위안 X 1.5% + 100만 위안 X 0.05% + 270위안)을 납부해야 했지만, 11월 1일 이후에 구입한 사람은 인지세와 토지세가 면제되므로 취득세 10,000위안(=100만 위안 X 1%)만을 납부하면 되기 때문에 대략 5,770위안(약 120만 원)의 세금 감면 효과를 볼 수 있게 된다.

<도표 4> 전국 부동산대책 주요내용(재정부, 인민은행)

대 책		내 용	비 고
감세	취득세	90㎡ 이하 보통주택 구입시 1%	
	인지세	매도인, 매수인 모두 감면	
	토지세	감면	
최초상환액		대출 총액의 20%	기존 90㎡ 이상 30%
우대금리		5.23%	기존 6.35%
기 타		추가감면조치는 지방정부 재량	

㈜ 각종 자료로부터 KSERI 작성

또 인민은행은 10월 27일부터 대출금 최초 상환액과 금리를 모두 인하한다고 발표하였다. 우선 대출원금 최초 상환액의 경우, 지금까지 90㎡ 이하 주택에는 20%, 90㎡ 이상에는 30%, 1인 2주택 구입자에게는 40%를 각각 차등 적용하였다. 그러나 이번에는 모든 주택 구입자에게 20%를 동일하게 적용하기로 하였는데, 이는 앞서의 <도표 2>에서 각 지방정부들의 부동산대책을 반영한 것으로 보인다.

주택대출금리도 기존의 6.35%에서 5.23%로 하향 조정하기로 결정하였다. <도표 2>의 상하이와 항저우시를 예로 들어 대출금리 인하 효과를 추정해보자. 무주택자가 최초로 주택을 구입할 경우 최대 60만 위안까지 대출이 가능하다. 총 대출금 60만 위안을 20년 상환기간으로 설정하고 원리금 균등분할 상환을 한다고 가정하면, 금리인하 전에는 월평균 납입금(원금+이자)이 4,421위안이고, 이자 총액은 원금의 77%에 해당하는 460,947위안이 된다. 그런데 금리인하 후에는 월평균 납입금은 4,036위안, 이자 총액은 원금의 61%에 해당하는 368,727위안으로 줄어들게 된다. 즉 금리인하로 매월 385위안씩 이자부담이 줄어들게 된다.

하지만 이번 주택거래세 인하와 관련해 중국 부동산시장은 회의적인 반응을 보이고 있다. 우선 중국부동산주택연구회 꾸원창(顧云昌) 부회장은 거래세 인하는 분명 좋은 소식이지만 이것만으로는 부족하며 좀더 강력한 대책이 필요하다고 말하고 있다. 또 일각에서는 이번에 발표된 대책이 집값 하락조정이 진행되고 있는 부동산시장을 오히려 혼란스럽게 만들 수 있다고 주장하고 있다. 중국의 주택가격은 건설회사들이 미분양 주택에 대해 최대 30% 이상 마이너스 프리미엄 분양을 할 정도로 급락세를 보였다. 하지만 이번 발표가 나오자 일부 건설사들은 마이너스 프리미엄 분양을 중단하고 있는 것으로 보도되고 있다.

현재 중국 부동산시장의 펀더멘털 문제는 중국 국민들의 소득수준으로는 도저히 감당할 수 없을 정도로 주택가격이 터무니 없이 높게 치솟은 데 기인한다. 그로 인해 투기적 거품수요 외에는 실거래 수요가 사라져버린 것이다. 투기적 거품수요로 버텨오던 것도 글로벌 금융위기와 경기침체 영향으로 터져버리게 되자 거래가 거의 실종되고 있는 것이다. 중국 정부가 세금 감면과 함께 대출금리를 낮추어 주택거래를 활성화하겠다고 하지만 중국 서민들의 소득수준에 맞는 근본적인 가격조정이 없이는 효과를 기대하기 어려울 것으로 보인다.

중국내 평균소득이 가장 높은 베이징시의 경우에도 2007년 가구당 평균소득이 약 4.7만 위안에 불과하다. 현재 베이징시의 76m^2의 주택가격이 대략 80만 위안이며 109m²가 110만 위안 정도인 점을 고려하면 맞벌이 부부가 신규주택을 분양 받기 위해서 최소 20년 이상 일체의 지출 없이 전액 저축만을 해야 구입이 가능하다는 계산이 나온다. 베이징시의 가계가 대출 상한액인 60만 위안(20년 상환기간)을 은행으로부터 대출 받을 경우 이들 가계의 월평균 납입금(원금+이자)은 4,036위안으로 연간 48,432위안을 상환해야 한다. 주택구입 원리금 상환만으로도 베이징시 일반가정의 평균소득 4.7만 위안을 훌쩍 뛰어넘고 있는 것이다.

한편 중국인들은 이번에 중국정부가 발표한 부동산대책에 대해 어떻게 보고 있을까? 시나닷컴이 10월 16일까지 지방정부들이 발표한 부동산대책에 대해 투표를 실시한 결과, 지방정부들의 부동산대책이 필요하다는 데에는 기본적으로 동의하지만(투표 참여자의 64.4%), 이번 대책의 실효성에 대해서는 실패할 것이라고 보는 응답자(84.7%)가 압도적이었다. 또한 당분간 주택 구입계획이 없다고 응답한 사람도 전체 투표자의 78%에 달하는 것으로 나타났다.

중앙정부의 부동산대책 역시 지방정부들의 부동산대책과 별반 차이가 없다는 점을 고려하면 이번 대책에 대한 중국 국민들의 평가 역시 부정적이라고 할 수 있을 것이다. 국민의 경제적 여건을 고려하지 않고 현재의 상황을 벗어나기 위한 미봉책은 정부정책에 대한 불신만을 키울 수 있다는 점을 깨달아야 할 것이다. 중국 부동산 시장의 버블 붕괴는 이미 빠른 속도로 진행되고 있다.

(2008년 10월 27일)

농업은행(中国农业银行)의 민영화

2008년 10월 22일 중국 정부의 부동산대책 발표에 이어 중국 인민은행은 29일 금리인하를 발표하였다. 이는 10월 8일의 금리인하에 이은 것으로, 중국 금융권은 한 달 동안에 인민은행이 두 번이나 금리를 인하한 것에 대해 상당히 이례적인 것으로 받아들이고 있다.

10월 30일부터 위안화 예대금리(1년 만기 기준)를 0.27%씩 하향 조정했다. 그러나 주택대출 금리와 예금지준율에 대해서는 조정하지 않았다. 이는 부동산대책에 이어 주택대출 금리를 추가로 인하할 경우 시중은행의 반발이 만만치 않을 것이라는 점을 고려한 조치로 보인다. 사실 중국 재정부와 인민은행이 발표한 부동산시장 활성화 대책이 시작부터 삐걱거리고 있다. 각 지방정부들은 재정부의 부동산대책에 맞춰 감면조치를 비롯한 세부사항을 잇따라 발표하고 있는데 반해, 시중은행들은 10월 27일부터 시행된 주택대출금리 및 최초 상환액 비율 하향 조정과 관련해 아무런 반응을 보이지 않고 있는 것이다.

현재까지 농업은행만이 관련조치를 발표했을 뿐, 여타 국영은행을 비롯한 모든 시중은행들이 시간 끌기에 나서고 있다는 인상을 주고 있다. 사실 농업은행의 발표도 순조롭게 이루어진 것은 아니다. 시행 첫날인 10월 27일 오전 중국 은행들 가운데 처음으로 농업은행이 주택대출 관련 조치를 홈페이지에 게재하였으나 몇 시간도 안돼 바로 삭제하였고, 하루 뒤인 28일 오후에는 전날 게재내용과 똑 같은 내용을 다시 게재하면서 정식 시행에 들어간다고 발표하였다.

농업은행이 최초 게재 몇 시간 만에 홈페이지에서 삭제할 때는 세부내용에 대한 검토가 부족했다는 이유를 내세워 언제 다시 결정될지 알 수 없다고 밝혔었다. 그러나 하루도 되지 않아 동일 내용을 재차 발표하면서 담당자의 실수였다는 궁색한 변명을 한 것으로 미루어 보아 중국 정부의 입김이 작용했던 것으로 추측된다. 농업은행이 발표한 세부내용은 인민은행 지침과 동일한 최초 상환액 비율 20%와 기존 금리보다 30% 인하한 최저 우대금리를 적용한다는 것이다. 다만, 비보통주택($144m^2$ 이상) 구입자는 최초 상환액을 25%로, 본인 주거목적이 아닌 임대용도는 보통주택이라 할지라도 30%를 적용한다고 하고 있다.

사실 농업은행은 2008년 하반기 주주개혁을 앞두고 있다. 얼마 전에 끝난 국무원 상무회의에서 논의된 4분기 및 2009년도 주요 정책방향에서 농업은행의 주주개혁이 최종 결정됨에 따라, 현재 주주개혁 일정과 상장 추진계획을 논의하고 있는 것으로 알려지고 있다. 이에 농업은행 입장에서는 중앙정부의 눈치를 살피지 않을 수 없었을 것이다.

그러나 4대 국영은행 중 농업은행을 제외한 공상은행, 중국은행, 건설은행과 교통은행 등 대형 시중은행들은 이번 부동산대책에 관해 검토 중이라고만 밝히고 있을 뿐 구체적 일정에 관해서는 모르쇠로 일관하고 있다. 현재까지 알려진 주요은행들의 움직임을 보면 이번 중국정부가 발표한 부동산대책이 순조롭게 진행될 것으로 보이지는 않는다. 본점 차원에서 아직 결정을 내리지 못한 탓에 각 지방 지점들은 본점의 눈치를, 지역 은행들은 주요 은행들의 눈치를 살피고 있는 입장이다. 그런가 하면 건설은행은 최초 주택구매자인지의 여부, 신용등급과 그 동안의 상환기록 등을 고려해 기존 대출자들에 대한 분류작업을 해야 하기 때문에 빨라야 2009년 1월에나 시행이 가능할지 모르겠다는 입장을 밝히고 있다.

한편, 이번 농업은행의 주주개혁은 중국의 4대 국영은행(공상, 농업, 건설, 중국) 중 마지막으로 추진된다는 점에서도 세간의 주목을 받을 만하다. 중국 정부가 추진하는 농업은행의 주주개혁 절차와 경영실적에 대해 살펴보기로 하자.

농업은행은 여타 국영은행과 마찬가지로 1951년 8월 정무원(政務院, 現 국무원)이 중국농업합작은행(中國農業合作銀行)의 설립을 승인함으로써 지금 농업은행의 시초가 되었다. 당시의 주요 업무는 국가를 대신하여 농업부문에 대한 재정지원과 농민들에 대한 신용대출이었다.

제1회 전인대 출범과 함께 1954년 정무원이 국무원으로 변경되면서 중국농업합작은행은 1955년 3월에 현재의 중국농업은행(中國農業銀行)으로 새롭게 출범하였다. 새로 출범한 농업은행은 기존 업무 외에 중앙은행인 인민은행을 대신하여 농민들로부터 예금 수신을 비롯한 여타 금융업무로 영역을 넓히게 되었다. 이후 1957년과 1965년 두 차례에 걸쳐 농업은행은 인민은행과 합병되었다가 1978년 12월 최종적으로 분리 독립되었다.

1979년부터 중국의 개혁개방정책이 본격적으로 추진됨에 따라 산업화와 도시화가 빠르게 진행된 반면 농촌지역은 상대적으로 낙후되어 갔다. 이에 농업은행은 농촌을 살리기 위해 막대한 자금을 쏟아 부으며 현재까지 중국 농촌금융 업무의 중추적 역할을 담당해 왔다고 할 수 있다. 농업은행의 주주개혁은 여타 국영은행과는 달리 농촌개혁이라는 거대한 과제와 맞물려 있기 때문에 쉽게 결정되지 못했던 것이다. 현재까지 중국의 농촌인구는 대략 8억 명으로 중국 전체인구의 60%가량을 차지하고 있다.

이번 농업은행의 주주개혁에 있어서도 회진(匯金)공사가 농업은행의 엄청난 부실채권을 매입할 것으로 알려지고 있다. 그 동안 회진공사는 <도표 1>과 같이 국영은행의 주주개혁 과정에서 드러나는 막대한 부실채권을 매입함으로써 자본건전성 확보를 지원해왔다. 회진공사는 국유은행 개혁을 목적으로 지난 2003년 12월 16일에 설립된 국가금융자산위원회로 일종의 공적 구조조정기관이라 할 수 있다. 개혁개방 이전 국유기업을 중심으로 돌아가던 중국 경제는 재정자금 지원이나 대출상환 면제가 모두 국영은행을 통해 이루어졌기 때문에 정부 재정적자로 분류되어야 할 채무가 국영은행의 부실로 처리되었다. 그 결과 중국 은행들의 비효

<도표 1> 중국 4대 은행 주주개혁 현황

	공적자금 투입액 (억 달러)	상장시기		조달규모 (억 달러)
		A주식	H주식	
공상은행	150	2006.10	2006.10	190
건설은행	225	2007.9	2005.10	80
중국은행	225	2006.7	2006.7	138
농업은행	200	2009년 하반기 예정		?

㈜ KSERI 작성

율과 부실채권(NPL) 비율이 높아질 수밖에 없었고, 주주개혁을 통한 상업은행으로 민영화하는 과정에서 회진공사를 통해 과거의 정부 재정적자를 인수해주고 있는 것이라고 할 수 있다.

회진공사는 설립과 동시에 2003년 12월 중국은행과 건설은행의 부실채권을 매입하기 위해 225억 달러씩 총 450억 달러의 자금을 투입하여 두 은행의 자본건전성을 높이고 주식회사로 전환시키면서 최대주주로 참여하였다. 현재 중국은행의 67.5%, 건설은행의 61.5%의 지분을 회진공사가 보유하고 있다. 또 중국 최대 은행인 공상은행에 대해서는 2005년 4월에 150억 달러를 투입하였고, 2005년 10월에 공상은행을 홍콩과 상하이증시에 차례로 상장시켰다. 공상은행의 최대주주는 재정부와 회진공사로 각각 35.3%의 지분을 소유하고 있다.

4대 국영은행 중 맨 마지막으로 주주개혁을 실시하게 되는 농업은행의 민영화 근거는 이번 상무회의에서 통과한 《농업은행주주개혁실시총체방안(农业银行股份制改革实施总体方案)》이다. 농업은행은 2006년 11월에 구조개혁안을 국무원에 제출한 적이 있었으나 여러 가지 사정으로 인해 받아들여지지 않았다. 그러다가 2007년 1월에 개최된 제3차 전국금융업무회의에서 '삼농(三农)해결, 체제개혁, 상업화, 상장추진'의 4가지 기본원칙에 대한 합의가 이루어짐에 따라 농업은행의 주주개혁이 최종 결정되게 된 것이다.

'삼농'이란 농업문제, 농촌문제, 농민문제를 일컫는 말로, 중국 정부가 농촌문제를 종합적 차원에서 해결하겠다는 의지를 표현한 단어이다. 농업문제는 농산물 유통구조와 소작농 문제에 대해, 농촌문제는 호적제도에 대해, 농민문제는 교육과 문화혜택 소외에 대해 각각의 대책 마련을 강조한 것이라고 할 수 있다. 농업은행은 이 과정에서 소요되는 비용을 중국 정부를 대신하여 농업과 농촌에 대해 자금지원하고 농민에게 신용대출을 해온 것이다.

이런 점을 감안하면 비록 농업은행이 주주개혁을 통해 현재까지의 부실채권을 정리한다 하더라도 농업은행의 태생적 특수성으로 인해 다른 국영은행과는 달리 수익 악화가 우려된다고 할 수 있다. 중국 정부와 농업은행 역시 이를 고민하고 있는 듯하다. 최근 농업은행의 내부조직 변화를 보면, '농업신용대출부'를 '삼농금융사업부'로 변경하고, 부서 산하에 '삼농정책기획팀', '삼농공공사업팀', '삼농개인업무팀'을 두어 삼농 관련업무를 2008년 10월부터 본격적으로 가동하고 있다. 즉 상장까지 대략 1년의 준비기간 동안에 삼농 관련사업의 사업성을 평가한 뒤 주식회사에 편입시킬 지의 여부를 결정하려고 하는 것으로 보인다.

중국 정부는 농업은행의 주주개혁과 관련해 회진공사가 약 200억 달러의 자금을 투입하고 농업은행의 지분 50%를 소유하는 데에 합의한 것으로 알려지고 있다. 이에 따라 농업은행은 2009년 초까지 부실채권을 정리하고 구조조정을 통해 주식회사를 설립한 다음, 상하이와 홍콩거래소 동시 상장을 추진할 것으로 보인다. 다만, 최근의 국제금융 환경과 중국 증시 상황을 고려하면 상장시기는 다소 늦춰질 수도 있을 것으로 보인다.

현재 4대 국영은행의 자산규모를 보면, 아래의 <도표 2>에 정리된 바와 같이 2007년 말 기준 공상은행이 8.7조 위안으로 중국 최대 상업은행에 올라 있으며, 건설은행 6.6조 위안, 농업은행 6.1조 위안, 그리고 중국은행 6조 위안의 순으로 나타나고 있다. 은행의 건전성 지표인 부실채권비율을 보면, 공상은행이 2.7%, 건설은행 2.6%, 농업은행 23.5%, 중국은행 3.1%로 나타나고 있다.

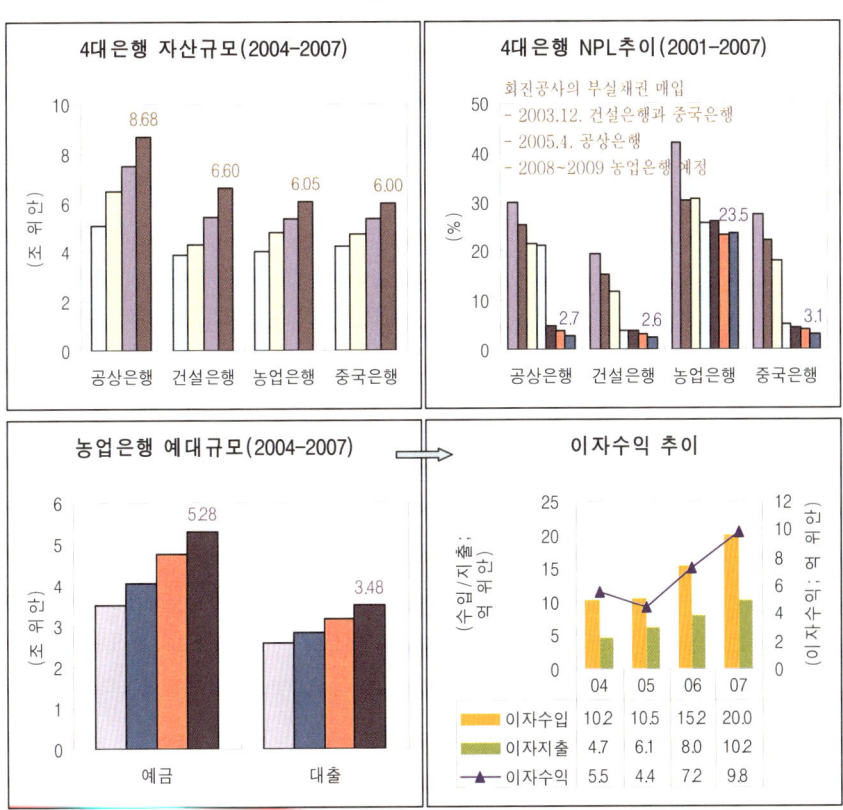

<도표 2> 농업은행 주요 경영현황

㈜ 중국은행업감독관리위원회 및 각 은행 자료로부터 KSERI 작성

 이미 공적 자금 지원을 받은 3개 은행의 부실채권비율은 크게 감소하였다. 예컨대 공상은행의 경우는 2005년 4월에 회진공사로부터 150억 달러의 공적자금 투자지원을 받으면서 부실채권비율이 전년의 21.3%에서 4.7%로 감소하였고, 건설은행과 중국은행도 2003년 12월에 225억 달러씩 투자 받은 후 11.9%와 18.1%에서 각각 3.9%와 5.1%로 크게 감소하였다. 농업은행도 이번에 200억 달러의 공적자금 투자를 받게 되면 부실채권 비율이 2007년의 23.5%에서 4.1% 수준으로 감소할 것으로 보인다.

한편 농업은행의 최근 주요 경영실적을 보면, 예금은 2007년 기준으로 전년대비 11%가 증가한 5.3조 위안, 대출은 10.5% 증가한 3.5조 위안으로 나타났다. 또 이자수입은 31.6%가 증가한 2,000억 위안인 반면, 이자지출은 27.5% 증가한 1,000억 위안으로 순이자수익은 36.1% 증가한 980.5억 위안으로 나타났다.

농업은행의 주주개혁이 결정됨에 따라 중국 정부의 4대 국영은행 민영화 작업은 마무리 단계로 접어들고 있다. 농업은행의 주주개혁을 이미 결정한 이상 주식회사 설립과 증시 상장은 계획대로 진행될 것이다. 최근의 국제금융환경과 중국증시상황이 혼란스러운 만큼 시기의 차이만 있을 것으로 보인다. 하지만 농업은행의 주주개혁은 농촌개혁이라는 복잡한 문제와 맞물려 있어서 여타 국영은행의 민영화와는 다른 양상을 보일 것으로 예상된다.

(2008년 11월 3일)

대규모 자금조달에 나선
상하이푸동발전은행

    2008년 2월 국제유가가 100달러 대에 진입하면서 원자재 가격급등과 인플레 가속화 우려를 한층 가중시켰다. 중국 역시 인플레가 급등하는 모습을 보이면서 주식시장도 약세를 보이고 있다.

    이처럼 인플레를 우려하여 중국 정부가 2008년 긴축정책을 추진할 것임을 밝혔음에도 불구하고 2008년 1월 시중 금융기관들의 대출액은 오히려 월별 사상 최고치를 기록하였다. 소비자물가지수(CPI)도 전년동월 대비 7.1% 상승하여 11년 만에 최고치를 기록하였다. 인민은행의 추가 금리인상에 대한 우려와 폭설 피해에 따른 일시적 물가급등, 국제유가 급등과 폭설로 인한 중국내 원유공급 부족 등 내외 악재가 겹치면서 중국 증시가 약세를 면치 못하고 있는 것으로 보인다. 중국 사자성어에 "禍不單行(禍不單行, 불행은 항상 겹쳐서 온다)"이라는 표현이 있는데, 최근의 중국 경제상황을 잘 대변해주는 말이 아닌가 생각한다.

    하지만 최근의 중국 증시 하락에 가장 큰 영향을 준 것은 상하이푸동발전은행의 추가자금조달계획 발표였다. 상하이푸동발전은행이 최대 10억 주, 400억 위안(약 56억 달러)에 달하는 대규모 신주발행을 내부적으로 검토되고 있다는 소문이 퍼지면서, 2월 20일 상하이종합주가지수는 전일대비 2% 이상 하락하는 모습을 보였다.

2008년 1월 핑안(平安)보험그룹의 1,600억 위안 상당의 초대형 자금조달계획 발표에 이어[11] 상하이푸동발전은행의 대규모 자금조달계획이 증시에 알려지면서 대형 금융주와 상하이거래소의 자금수급 불균형에 대한 우려가 확산되면서 주가가 하락한 것으로 보인다. 이에 이번 중화경제동향에서는 최근의 상하이거래소 주가 추이 및 상하이푸동발전은행(浦发银行, SPD Bank)의 경영현황에 대해 살펴보기로 한다.

다음 쪽의 <도표 1>은 상하이거래소의 최근 동향을 나타내고 있다. 이 도표에서 2007년 상하이거래소는 2,715포인트로 장을 시작하여 사상 최고를 기록한 10월 16일의 6,092포인트까지 불과 10개월 만에 124.3%나 급등하는 수직 상승을 보였다. 그 후 미국발 서브프라임론 사태의 여파, 국제유가 급등, 국내물가상승 등의 영향으로 하락세로 반전되는 모습을 보이고 있다. 그렇지만 2007년 중국 상하이종합주가지수는 93.7%라는 거의 배에 가까운 상승률을 보였다.

하지만 2007년 하반기부터 하락세로 돌아선 상하이종합주가지수는 2008년 들어서도 급등락을 반복하면서 2월 22일에는 4,370 포인트까지 하락하여 연초대비 17% 가량 빠진 것으로 나타나고 있다. 가속도를 더하고 있는 중국의 인플레이션과 인민은행의 금리인상 가능성 등 긴축정책과 유가급등 영향 등을 감안하면 중국 증시는 당분간 하향세를 지속할 가능성이 높은 것으로 보인다.

2008년 2월 21일 현재, 상하이거래소에 상장되어 있는 회사는 총 861개사이며, 이 중 제조업이 전체 상장사의 52.1%에 해당하는 449개사로

---

[11] 핑안보험그룹의 자금조달계획 및 경영현황은 김광수경제연구소, 「중국의 기업을 해부한다」 휴먼앤북스, 2008, 10~17쪽 참조

<도표 1> 상하이거래소 최근 동향

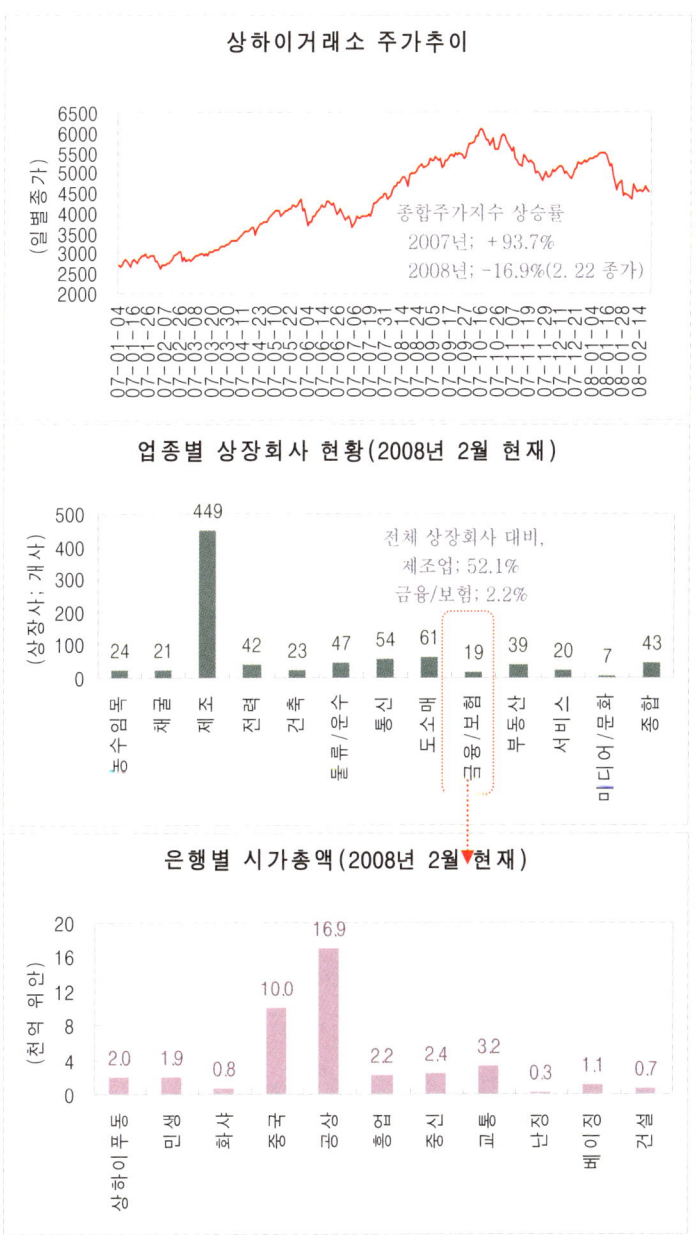

(주) 상하이거래소 자료로부터 KSERI 작성. 2월 21일 기준임.

절반 가량을 차지하고 있다. 또 제조업 중 기계설비가 123개사, 석유/화학 78개사, 철강/비철금속 73개사, 바이오/제약 55개사, 방직 37개사가 각각 상장되어 있는 것으로 나타났다.

금융/보험 업종은 19개사가 상장되어 있는데, 그 중 은행이 11개사로 전체의 1.3%에 불과한 것으로 나타나고 있다. 그런데 11개 은행의 시가총액은 4조1,590억 위안으로 상하이거래소의 전체 시가총액 23조7,171억 위안의 17.5%에 해당하여, 은행주의 비중이 매우 높은 것으로 나타났다. 이로부터 상하이증시는 은행주들의 주가 움직임에 크게 좌우되고 있음을 알 수 있다.

좀더 구체적으로 은행별 시가총액을 살펴보면, 공상은행이 1조6,940억 위안으로 가장 많고, 이어서 중국은행이 1조47억 위안, 교통은행이 3,218억 위안의 순으로 나타나고 있다. 상하이푸동발전은행은 2,002억 위안, 건설은행은 729억 위안으로 나타났다.[12] 비록 이번 상하이푸동발전은행의 신주발행 규모가 평안보험그룹의 1/4 수준에 지나지 않지만, 대형 금융주들의 연이은 추가자금조달계획은 A 주식(국내주식) 시장의 수급에 상당한 영향을 미치지 않을 수 없다고 할 수 있다.

이제 상하이푸동발전은행의 경영현황에 대해 살펴보기로 하자. 상하이푸동발전은행은 1992년 8월 28일 인민은행의 승인을 거쳐 1993년 1월 9일부터 정식 영업을 시작했다. 중국의 금융허브인 상하이를 중심으로 중국 전역에 397개의 영업지점을 개설해 놓고 있으며, 홍콩특구 지역에는

---

[12] 건설은행의 시가총액이 상대적으로 낮게 나타나고 있는 이유는 건설은행의 주식 모두가 유통주 형태로 국내주식(A주식)과 홍콩(H주식)에 나뉘어 상장되어 있고, 상하이거래소에 상장된 A주식수가 90억 주에 지나지 않아 낮게 평가된 것이다.

사무소를 개설하고 있다.

상하이푸동발전은행의 지배구조는 아래의 <도표 2>에 정리된 바와 같이, 상하이국제그룹(上海国际集团)이 22.573%를 소유하여 최대주주로 나타나고 있고, 다시 상하이국제그룹은 상하이재정국과 상하이국유자산관리회사(上海国有资产经营有限公司)가 100%의 지분을 보유하고 있다. 이로부터 상하이푸동발전은행은 상하이시가 실질적인 주인인 시립 상업은행이라고 할 수 있다.

<도표 2> 상하이푸동발전은행(SPD Bank)의 지배구조

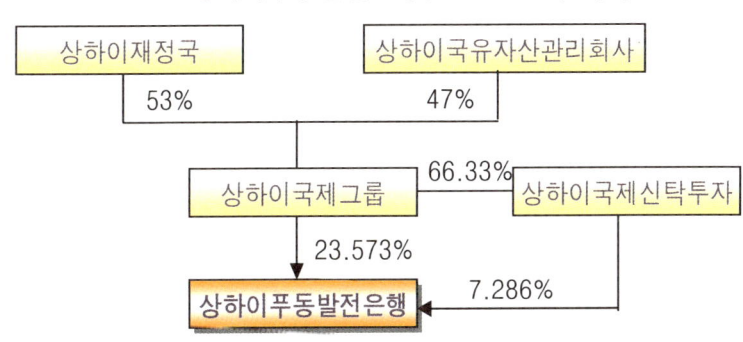

㈜ 회사 자료로부터 KSERI 작성

상하이푸동발전은행의 주요 경영실적을 살펴보자. 아래의 <도표 3>에서 볼 수 있는 바와 같이 2007년 3분기 누계기준으로 이자수입은 전년동기대비 31.4%가 증가한 271.86억 위안으로 나타나고 있다. 또 이자지출은 전년동기대비 25.3% 증가한 100.04억 위안을 기록하고 있다. 이로부터 순이자수익은 전년동기대비 35.3% 증가한 171.82억 위안으로 추산되고 있다.

상하이푸동발전은행의 이자수입은 매년 빠르게 급증하고 있으며 그에 따라 순이자수익도 빠르게 증가하고 있는데, 그 원인을 살펴보기 위해 상하이푸동발전은행의 주요 대출 현황을 살펴보기로 하자. 상하이푸동발전은행의 대출 현황을 보면 2006년 기준으로 제조업이 1,239억 위안으로 전체 대출의 26.9%를 차지하고 있으며, 이어서 개인대출이 919.2억 위안(13.4%), 도소매 538.2억 위안(11.7%), 부동산 495.2억 위안(10.7%)의 순으로 나타나고 있다. 특히, 2006년 부동산 대출은 전년에 비해 크게 증가한 것으로 나타나고 있다. 이처럼 상하이푸동발전은행은 제조,

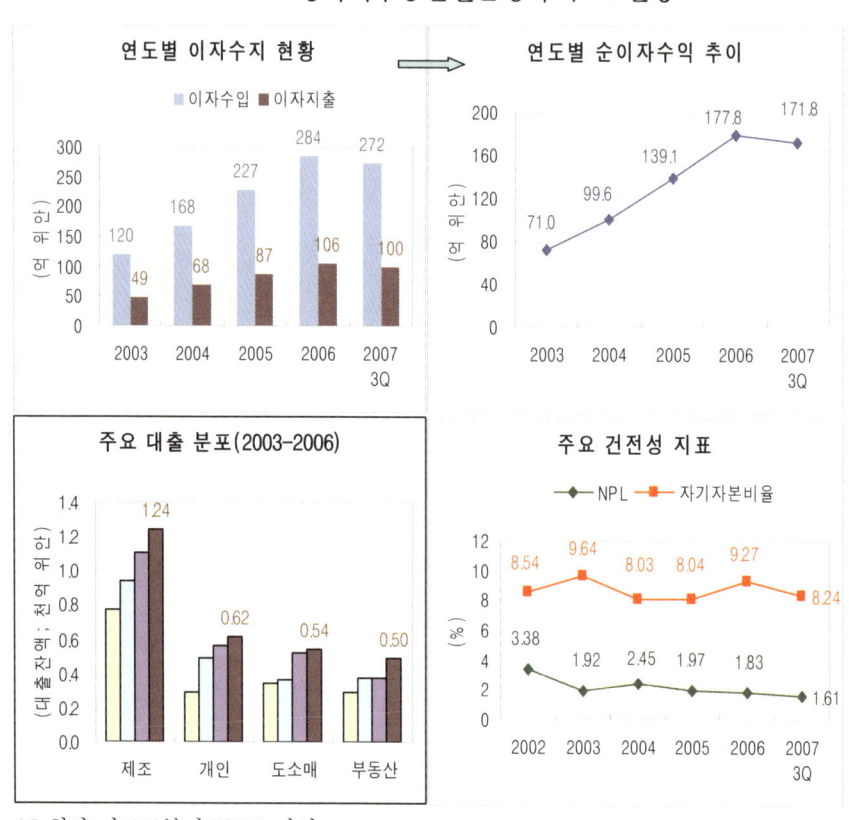

<도표 3> 상하이푸동발전은행의 주요 현황

㈜ 회사 자료로부터 KSERI 작성

개인, 도소매, 부동산 등 전 분야에 걸쳐 대출이 빠르게 늘어나고 있는 것으로 나타나고 있다. 대출급증에 따른 빠른 성장세가 최근 상하이푸동발전은행의 추가자금조달계획의 배경이 되고 있는 것이 아닌가 생각된다. 또, 상하이푸동발전은행의 건전성을 살펴보면 부실채권비율(NPL)은 2007년 3분기 현재 1.61%로 2004년 이후 꾸준한 감소세를 보이고 있다. 자기자본비율도 BIS 기준인 8%대를 유지하고 있다.

1993년부터 정식 영업을 시작한 상하이푸동발전은행은 1999년 11월 10일 상하이거래소에 상장하였다. 중국내 다른 금융기관에 비해 비교적 일찍 상장한 상하이푸동발전은행은 아래의 <도표 4>에 나타난 바와 같이 대규모 신주발행계획이 알려지면서 연속 3일 동안 20% 가까이 급락한 채 장을 마감하였다.

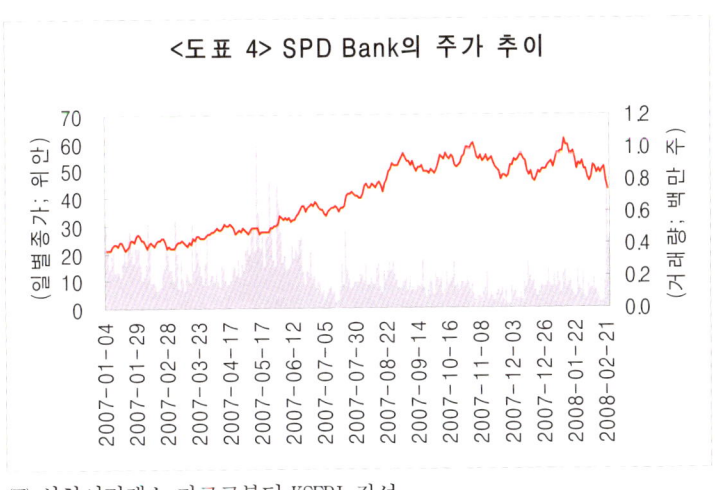

㈜ 상하이거래소 자료로부터 KSERI 작성

(2008년 2월 26일)

중국의 카드산업 발전 현황

　중국의 3대 연휴 중 하나인 '춘지에(春节, 설날)'가 시작된다. 중국 국무원이 2008년 설 연휴기간을 2월 6일에서 12일까지로 발표함에 따라 최장 11일~12일 동안의 연휴를 보낼 것으로 보인다. '우이지에(五一节, 노동절)', '꿔칭지에(国庆节, 국경절)'와 함께 3대 연휴로 알려지고 있는 춘지에는 가장 긴 연휴기간과 고향을 방문하는 대규모 인파, 그리고 내수 소비의 급등으로 가장 활기찬 모습을 보여 왔다.

　하지만 2008년에는 사정이 다른 것 같다. 설 명절을 지척에 앞두고 중국은 결코 즐거워 보이지 않는다. 최근 들어 지구촌 곳곳에서 빈번하게 발생하고 있는 기상이변에 의한 피해가 중국에서도 급증하고 있기 때문이다. 20여일 가까이 지속되고 있는 폭설은 운송체제 마비와 전력수급 불균형을 야기하고 있으며, 이는 다시 제조업체 생산라인 가동 중단과 생필품 공급부족 문제로 번지면서 물가상승 압력이 급격히 높아지고 있다. 새해 연초부터 중국 경제발전의 걸림돌로 작용하고 있는 것이다.

특히 설 연휴를 맞이하여 대규모 인구이동을 앞두고 있는 상황이라 중국 정부는 더욱 당황하고 있다. 후진타오 국가주석은 중앙정치국 회의를 소집하고 전력공급과 교통 정상화를 중점으로 한 최우선 과제를 각 지역의 긴급재난팀에 전달한 데 이어, 원자바오 총리도 기차역에 발이 묶여 있는 중국인들을 직접 찾아 다니면서 민심 달래기에 총력을 기울이고 있다.

1954년 이후 54년 만에 발생한 중국 최대 기상이변과 함께 중국 당국은 급락을 거듭하고 있는 중국 증시로 인해 더욱 불안해하고 있다. 상하이증시는 2008년 들어 계속 하락하였으며, 특히 1월 22일에는 7.22%, 1월 28일에는 7.19%나 급락하여 상하이종합주가지수는 6개월 만에 4,500선 아래로 떨어졌다. 2007년 후반의 최고치인 6,000 선에 비해 무려 1,500 포인트나 떨어진 셈이다.

이처럼 여러 악재가 겹치면서 최근 중국 경제가 불안한 모습을 보이고 있다. 그래서 이번 중화경제동향에서는 중국 최대명절임에도 불구하고 내수시장이 과거 어느 때보다도 위축되어 있는 중국 소비시장의 최근 추이와 점차 비중이 증가하고 있는 은행카드(신용카드 포함) 사용현황을 정리해보고자 한다.

<도표 1>은 중국의 실질 GDP 성장률 및 국내 소비시장 추이를 나타내고 있다. 2007년 중국의 실질 GDP 는 24조6,619억 위안으로 전년대비 11.4% 성장한 것으로 집계되어 지난 1997년 이후 가장 높은 성장률을 기록하였다. 2001년 이후 중국의 경제성장률은 지속적인 성장추세를 나타내고 있는데, 특히 최근 5년 동안의 경제성장률은 연평균 10.1%에 달하는 높은 수치를 보이고 있다. 하지만 2008년 중국의 경제성장률은 서브프라임론 사태로 인한 세계경제의 감속 및 높은 원자재 가격 등의 외부

적 요인과 높은 임금상승과 인플레 압력 등 내부적 요인으로 둔화될 가능성이 높은 것으로 예상된다. 중국정부는 2008년 여름 베이징올림픽 개최에 따른 특수효과를 감안하더라도 7~8%대의 성장률을 기록할 것으로 보수적으로 전망하고 있다.

2007년 중국의 국내소비 규모를 보면 총 8조9,210억 위안으로 전년대비 16.8%의 증가율을 보여 1997년 이후 가장 높은 증가율을 보이고 있다.

<도표 1> 중국 소비시장 추이

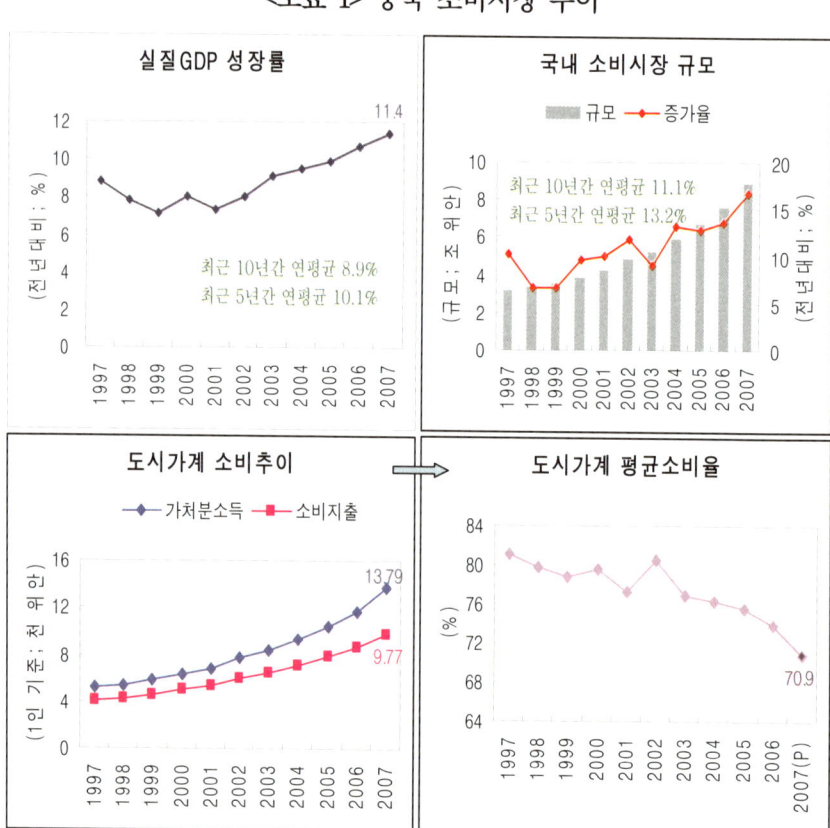

㈜ 중국 국가통계국 자료로부터 KSERI 작성. 2005년과 2007년의 소비지출은 당해연도 3분기까지의 연환산치임.

특히 2003년부터 2007년까지 최근 5년 동안 연평균 13.2%에 달하는 높은 증가율을 지속하고 있어 GDP 성장률을 3.1% 가량 상회하는 성장세를 보이고 있다.

그리고 2007년 중국 도시가계의 1인당 평균 가처분소득은 13,786위안(약 177만원, 2007년 최종 고시환율 적용)으로, 그리고 평균 소비지출액은 9,769위안(약 125만원)으로 추산된다. 즉, 2007년 중국 도시거주자 1인이 매월 평균 814위안(약 10.4만원)의 소비를 한 것으로 2006년의 725위안에 비해 월 평균 89위안이 증가한 것으로 나타났다. 하지만 도시가계 1인당 평균 소비율을 보면 2007년에 70.9%로 전년에 비해 3% 가량 감소한 것으로 나타나고 있으며, 1997년과 비교하면 10% 이상 감소한 것이다. 이는 중국 도시가계의 소득증가 속도가 소비증가 속도를 상회하여 저축이 늘어나고 있기 때문으로 보인다.

이처럼 최근 5년 동안의 연평균 경제성장률 10.1%, 도시가계 1인당 평균 가처분소득 12.4%, 그리고 국내소비 13.2% 등 내수성장 주요 지표들이 두 자릿수 성장률을 기록하고 있는 가운데 중국의 카드소비 규모 역시 매년 빠르게 성장하고 있는 것으로 나타났다. 현재 신용카드를 포함한 은행현금카드는 중국은행연합(中國銀联股份有限公司, China Union pay)에서 총괄 운영하고 있는데, 이 회사는 지난 2002년 3월에 인민은행의 승인을 거쳐 정식 설립되었다.

중국의 카드시장은 개혁개방정책이 실시되기 시작한 이듬해인 1979년 8월 중국은행 광동성지점과 홍콩 동아(東亞)은행간에 해외신용카드 대리업무 협의서가 체결되면서부터 시작되었다고 볼 수 있다. 하지만 물품구매와 현금입출금 등 카드 본연의 기능이 포함된 중국 최초의 카드는

1985년 6월 중국은행 주하이(珠海)지점이 발행한 중인카드(中银卡, 직불카드)이다. 이후 중국공상은행, 농업은행, 건설은행, 교통은행 등이 앞다투어 카드를 발급하기 시작하면서 카드시장이 점차 확대되어 갔다.

현재까지도 중국 카드시장은 직불카드가 주류를 이루고 있는데, 중국 카드시장에 '선사용, 후지불'의 신용개념이 처음으로 소개된 것은 1995년 광동발전은행(广东发展银行)에 의해서이다. 이후 중국은행이 1998년에 창청(长城)국제카드를 발행하고, 상하이와 광동지역에서 위안화 신용카드를 시범적으로 발행 유통시키면서 중국에서도 국제신용카드가 서서히 통용될 수 있게 되었다.

그러나 중국 카드시장이 본격적으로 급성장하게 된 것은 2001년 중국이 WTO에 가입하면서부터이다. WTO 가입을 계기로 중국 국내은행들이 신용카드시장에 대거 진입하게 된 것이다. 2002년 공상은행이 상하이에 모란카드(牡丹卡)운영센터를 설립하고, 중국 최초의 신용카드 독립법인회사를 출범하였고, 같은 해에 건설은행, 초상은행, 선전(深圳)발전은행 등이 모두 신용카드사업에 뛰어들었다.

이처럼 2002년에 주요 은행들이 갑자기 카드사업에 뛰어들다 보니 은행마다 결제체계가 상이하여 통용성 문제가 불거졌다. 이에 중국 80여 개 금융기관이 공동발기인으로 동참하여 중국은행연합을 설립하고, 중국 내에서 유통되는 카드를 통합 관리하게 된 것이다.

아래 <도표 2>는 2003년부터 2007년까지 중국 카드산업의 추이를 정리한 것이다. 2007년 12월 말 현재 중국에서 발행된 카드(은행카드, 신용카드 모두 포함)는 총 14.7억 장으로 전년대비 36.1%가 증가하였다. 경제인구대비 카드 보급률을 보면 2007년 말 현재 15세 이상 60세까지의 경제인구는 약 8억7,962만 명(2005년 기준 전체인구대비 66.6%)으로 추정되므로 2007년 중국의 카드 보급률은 167.1%로 계산된다. 즉 한 명당 1.67장의 카드를 소지하고 있는 셈이 되는 것이다.

이어서 카드소비 추이를 보면 2007년 3.22조 위안이 사용되어 전년대비 70.4%가 급증하여 빠르게 증가하고 있다. 또, 중국 전체 소비규모 대비 카드소비 비율을 보면 2007년의 경우 36.1%가 카드를 이용하여 소비되었으며, 카드 사용비율도 매년 빠르게 증가하고 있는 것으로 나타나고 있다.

<도표 2> 중국 은행카드시장 발전 추이

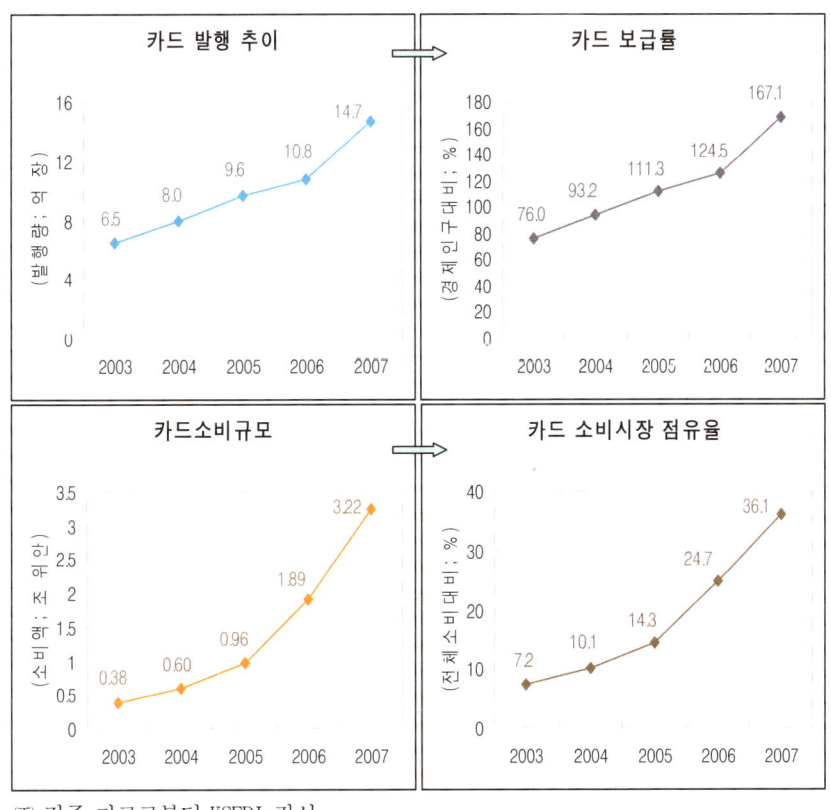

㈜ 각종 자료로부터 KSERI 작성

하지만 중국 카드시장은 빠르게 증가하고 있는 발행량 및 사용액과는 별개로 여전히 한계를 내포하고 있다. 2007년 말 현재 중국 전역에서 카드 결제가 가능한 가맹점(상가) 수는 총 74만 곳에 지나지 않아 실제 소비자들이 카드사용을 할 수 있는 기회가 제약되어 있기 때문이다. 또한, 카드 체크기인 POS 기가 전국에 118만 대, ATM 기는 12만 대 정도밖에 보급되지 않은 것으로 추산된다. 따라서 중국 카드시장이 활성화되기 위해서는 앞으로도 대폭적인 가맹점 확대와 ATM 기 설치 등 많은 시간이 필요할 것으로 보인다.

(2008년 2월 5일)

|제4부|

기계 · 자동차 · 선박 · 항공

대규모 경기부양책의 수혜주, 삼일중공

글로벌 금융위기를 해소하고 경기침체를 막기 위해 각국이 경기대책 마련에 나서고 있는 가운데 중국 정부는 2008년 연말까지 국제금융위기가 해소될 기미가 보이지 않고 중국 경제발전에 지속적으로 저해된다고 판단될 경우 2009년도 경제정책 기조를 예년과 다르게 전면 재조정할 수 있다고 발표했다.

세계경제가 위축되면서 대외수출 여건이 갈수록 악화되고 그에 따른 기업도산과 실업 급증으로 내수시장이 크게 위축됨에 따라 중국은 재정정책을 '온건 재정'에서 '적극 재정'으로, 통화정책을 '긴축 기조'에서 '적절한 완화 기조'로 수정하고 있다. 정부지출 확대를 통해 기간인프라를 확장하는 한편, 사회보장시스템 확충을 통해 국민들의 미래에 대한 불안감을 진정시킴으로써 소비를 활성화 하겠다는 것이다. 중국 정부의 재정확대 정책은 지난 1998년에도 한차례 있었다. 동아시아 금융위기로 경제성장이 위축되자 건설국채를 대량 발행하여 기간시설 투자를 적극

확대했다. 그 후 경기과열 현상이 뚜렷해지자 2005년부터 중립적인 재정정책으로 전환했었다.

최근 부동산시장 활성화 방안을 비롯한 대책들이 발표되긴 했으나 중앙정부 차원에서 대규모 적자국채 발행을 통한 재정확대 경기부양책을 공언함에 따라 2009년에는 중국 전역에 걸쳐 사회인프라 건설사업이 활기를 띨 것으로 보인다. 2008년 11월 5일 원자바오(溫家宝)총리 주재로 열린 국무원 상무회의에서는 급변하는 최근의 국제환경을 고려하여 기존의 수출주도 경제발전 구조에서 벗어나 내수위주 경제발전을 모색하기 위해 2010년까지 건설사업을 중심으로 총 4조 위안(약 806조원, 2007년 한국의 명목GDP는 901조원)을 투입하는 10대 경기부양책을 결정하였다. 중앙정부가 1.8조 위안을 지출하며, 나머지 2,000억 위안은 지방정부와 기업 등 민간투자로 충당하기로 했다.

이 대책은 주로 대규모 건설경기 부양을 통해 내수시장을 촉진하겠다는 방안을 담고 있다. 구체적으로 중국정부가 발표한 10대 경기부양책의 주요 내용을 살펴보면 아래 <도표 1>에 나타난 바와 같이 임대주택 건설 확대, 사회간접시설 확충, 산업구조조정 및 감세(증치세 감면) 지원, 지진복구와 농가 및 서민생활 지원, 그리고 시중은행의 대출 확대로 이루어져 있다.

이중 11월 12일까지 국무원 상무회의의 심의를 통과하여 투자예산이 확정된 항목은 <도표 2>에 정리된 바와 같이 사회간접시설 확충사업 2,059억 위안, 재난복구기금 3천억 위안이다. 동시에 대외 수출여건이 악화됨에 따라 3,770개 품목에 대해 수출 환급세를 인상하고 일부 강재(鋼材) 및 식량에 대해서는 수출관세를 폐지하기로 하였다.

또, 4조 위안 가운데 우선적으로 1천억 위안을 2008년 연말까지 긴급

<도표 1> 11.5 경기부양 대책

대책	주요 내용
보장성 주택건설	임대주택건설, 유목민 정착화, 농촌 위험가옥 재건축
농촌기초시설	바이오가스(Biogas), 식수안전시설, 도로, 전력망 건설,
기간인프라 건설	여객철로, 석탄운송철로 및 서부간선철로 건설, 고속도로망 확충, 도시 전력망 개선
의료, 문화교육사업	의료서비스시설, 중서부 낙후농촌지역 학교 및 특수학교 시설, 문화거점 도시 건설
생태환경조성	도시 폐수, 쓰레기 처리시설 및 보호림 및 천연림 보호시설, 에너지절약 시설 건설 지원
지진피해복구작업	지진피해지역 복구작업 가속화
산업구조조정	첨단기술산업화 건설 지원 및 산업기술 진보, 서비스업 발전 지원
증치세 개혁	중국내 모든 업종을 대상으로 증치세 개혁을 통해 기업 부담금 1,200억 위안 절감
소득향상	2009년도 식량최저수매가 인상과 종자 및 농기계 지원금 인상을 통해 농민소득향상, 저소득가정에 대한 사회보장수준과 퇴직자 노후생활보장수준 향상
금융지원 확대	시중은행의 신용대출규모를 포함한 규제 철폐, 주요 건설사업 및 삼농(三農), 중소기업과 기술혁신, M&A 관련 신용대출 지원을 확대하여 소비 촉진

㈜ KSERI 작성

<도표 2> 2009년 주요 국가사업 내용 (11· 12)

	투자항목	비고
간접시설확충	닝샤 중웨이(中卫)-광저우/홍콩 2개 천연가스공급라인 구축	930억 위안
	광동 양쟝(阳江), 저쟝 타이산(泰山) 원전시설 공사	955억 위안
	신쟝, 꿰저우(贵州), 쟝시(江西) 수리공사	174억 위안
	내몽고, 안휘성 공항 건설	
수출촉진	노동집약형, 기계/전자제품 등 3,770개 품목 수출환급세 인상	
	일부 강재(鋼材), 화공품 및 식량 수출관세 폐지	2008.12.1부터
	화학비료 수출관세 인하	
재난복구작업	지진피해복구기금 조성	3천억 위안
	농가, 농촌간접시설, 농촌산업구조조정 가속화	
생태환경조성	연초 남방 폭설과 쓰촨성 대지진으로 손실된 천연림 복구를 위해 2010년까지 생태환경 조성	

㈜ KSERI 작성

투입하기로 하였다. 1천억 위안의 구체적인 투자내역은 저렴한 임대주택 건설과 농촌기반정비에 440억 위안, 철도와 도로, 공항 등 인프라 건설에 250억 위안 등으로 발표되었다.

중국 정부의 이번 대책과 관련하여 지방정부도 대책을 발표하고 나섰다. 11월 12일 상 하이시가 제일 먼저 지역경제활성화 8대 방안을 발표하였다.

주요 내용을 살펴보면, 도농일체화 건설사업, 기업 살리기, 과학기술 첨단산업 육성, 에너지절약 및 생태환경조성, 사회복지, 부동산시장 안정화, 세계박람회 준비, 금융리스크 전면관리 등을 담고 있다. 여타 지방정부들도 중앙정부의 10대 경기부양 방안을 토대로 자체 지역경제활성화 방안을 마련하여 예산확보에 나설 것으로 보인다.

이처럼 중국정부의 대규모 경기부양책을 지원하기 위해 중국 인민은행은 통화정책을 한층 완화하여 시중 유동성을 충분히 공급하기로 결정했다. 이미 2008년 8월부터 세 차례에 걸쳐 위안화 예대금리를 인하하고, 시중은행의 지준율을 두 차례나 하향 조정하면서 기존의 통화 긴축기조를 수정하여 확장 기조로 전환하는 모습을 보여왔다. 특히 11월에는 시중은행의 대출 제한을 완전히 폐지하면서 적극적으로 시중 유동성 공급에 나서고 있다.

또 인민은행은 2008년 안에 중국정부가 투입하기로 한 1천억 위안의 경기부양책 지원을 위해 각 시중은행에 긴급 동원령을 내렸다. 이에 따라 국가개발은행과 건설은행은 연말까지 대출한도를 최대 4백억 위안과 5백억 위안까지 늘리기로 한 것으로 알려지고 있다. 공상은행과 농업은행, 교통은행 등 대형 시중은행들도 내부적으로 긴급 대책을 마련하고 있는 것으로 알려지고 있다. 이로부터 중국 건설산업에 대규모 경기부양

정책자금이 유입될 것으로 예상되고 있다.

중국정부의 대규모 건설사업 위주의 경기부양책 발표에 힘입어 11월 둘째 주에는 상하이증시가 강세를 보였다. 11월 초 1,700포인트 초반까지 밀리던 상하이종합주가지수가 경기대책 발표로 건설관련 주들을 중심으로 1주일 만에 2천 포인트에 육박하는 급등세를 보였다. 이에 이번 중화경제동향에서는 중국의 경기부양책과 연관하여 건설장비로 유명한 삼일중공주식회사(三一重工, SANY)의 최근 경영현황에 대해 간략히 살펴보도록 한다.

삼일중공주식회사는 1989년에 설립된 삼일그룹(三一集团)의 자회사로 지난 1994년에 설립된 민영기업으로 현재 중국의 대표적 건설장비 생산업체이다. 회사는 콘크리트펌프(concrete pump), 콘크리트펌프트럭(concrete pump truck), 콘크리트뱃칭플랜트(concrete batching plant), 아스팔트뱃칭플랜트(asphalt batching plant), 아스팔트페이버(asphalt paver), 모터그레이더(motor grader), 기중기(truck crane) 등 120여 종류의 건설장비를 생산하고 있다. 이중 콘크리트펌프트럭과 콘크리트펌프는 중국내 점유율 1위를 기록하고 있으며, 펌프트럭 생산량은 세계 최대인 것으로 알려지고 있다.

중국내 100여 개 판매망과 56개 A/S 센터를 갖추고 있고, 해외에는 12개 자회사를 설립해 놓고 있다. 특히 미국과 인도에는 건설장비 연구기지를 갖추고 있으며, 현재 독일 등지에 공장을 설립할 계획으로 알려지고 있다.

삼일중공의 지배구조는 아래의 <도표 3>과 같이 삼일그룹이 61.29%의 지분을 소유하여 최대 주주로 나타나고 있는데, 실질적인 주주는 삼일중공의 대표이자 삼일그룹의 설립자인 량원건(梁穩根)이다. 량원건은 1956년생으로 1983년 중난쾅야학원(中南矿冶学院, 현재의 중난대학) 재료학과를 졸업한 직후 군 장비를 생산하는 병기공업부(兵器工业部)에서 3년간 근무한 것으로 알려지고 있다. 이후 후난삼일그룹(湖南三一集团)을 설립하고 1993년부터 콘크리트펌프를 군에 납품하기 시작하면서 급성장하게 되었다.

<도표 3> 삼일중공 지배구조 현황

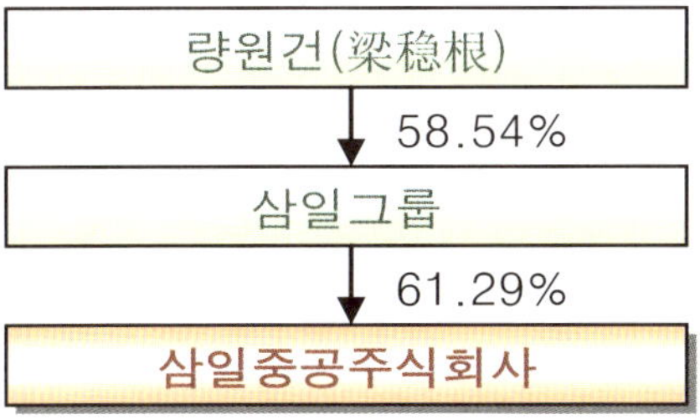

```
         량원건(梁穩根)
              │
            58.54%
              ▼
           삼일그룹
              │
            61.29%
              ▼
        삼일중공주식회사
```

㈜ 삼일중공 자료로부터 KSERI 작성

삼일중공의 성장은 건설경기와 맞물려 있는 만큼 중국 정부의 인프라사업 및 부동산시황과 밀접한 연관을 갖고 있다. 아래의 <도표 4>에서 삼일중공의 주요 경영실적 추이를 보면 정부정책에 의해 회사의 매출이 크게 영향을 받고 있음을 알 수 있다. 먼저 매출 면에서는 2006년부터 전년대비 2배 가까이 급증하고 있는 것으로 나타나고 있는데, 이는 11·5기간(2006~2010) 동안 중국 정부가 창장삼각주(长三角), 주장삼각주(珠三角), 환보하이(环渤海) 등 동부지역 개발사업과 동북지역의 노후화된 생산기지 개선, 서부대개발사업 등을 강도 있게 추진하면서 시멘트, 아스팔트, 철강 등 원자재와 함께 건설장비 수요가 급증했기 때문이다.

2007년 매출액은 전년대비 76%가 증가한 91.4억 위안이고, 영업이익은 전년대비 153%가 증가한 20.6억 위안, 당기순이익도 157%가 증가한 19.1

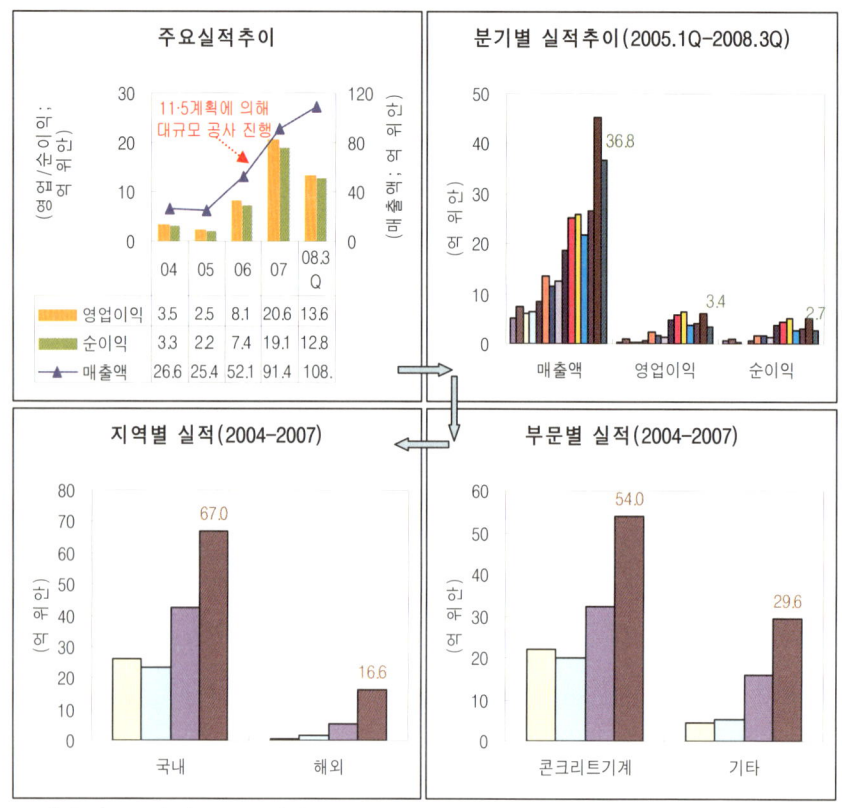

<도표 4> 삼일중공 주요 경영실적 현황

㈜ 회사 자료로부터 KSERI 작성

억 위안으로 각각 나타나고 있다. 2008년 3분기 현재 매출액은 전년동기 대비 56%가 증가한 108.7억 위안을 기록한 반면, 영업이익과 순이익은 -20.2%와 -15.8%가 각각 감소한 13.6억 위안과 12.8억 위안으로 나타나고 있다. 영업이익 감소와 순이익 감소는 철강재 등 원자재가격 급등에 기인한 것으로 보인다. 2007년 부문별 실적을 살펴보면 콘크리트관련 기계장비 매출이 54억 위안으로 전체 매출의 59%를 차지하고 있으며, 지역별로는 내수가 67억 위안으로 73%를, 해외수출이 18%인 16.6억 위안으로 나타나고 있다2008년 상반기에는 그룹 산하의 굴삭기회사를 인수하고 관련 설비를 증설하는 등 투자도 적극적으로 하고 있다. 삼일중공의 성장은 건설경기에 크게 영향을 받는다고 할 수 있는데, 앞서 설명한 바와 같이 중국 정부의 대규모 건설경기 부양책이 발표됨에 따라 2010년까지 양호한 성장세를 유지할 것으로 보인다.

마지막으로 <도표 5>에서 삼일중공의 최근 주가추이를 살펴보자. 중국자본시장사책(中國資本市場史冊)에 의하면 삼일중공은 중국 상장기업 중 주주개혁을 성공적으로 완료한 첫 번째 기업으로 기재되어 있다. 삼일중공은 지난 2003년 7월 3일에 상하이거래소에 상장했다. 2007년 1주당 67위안까지 치솟던 삼일중공의 주가는 최근 들어 11위안까지 폭락하였다. 그러나 11월 둘째 주 중국정부의 건설경기 부양책 발표로 인해 17위안까지 회복하면서 거래를 마감하였다.

다만 중국정부의 대규모 경기부양책 발표에도 불구하고 중국 부동산시장 및 주식시장의 버블 붕괴는 막을 수 없을 것으로 보인다. 중국 정부발표한 대규모 경기부양책은 거품이 잔뜩 낀 부동산과 주식 가격을 부

㈜ 상하이거래소 자료로부터 KSERI 작성

양하기 위한 목적의 대책이 아니기 때문이다. 자산시장의 버블 붕괴에 따른 실물경기 침체를 막기 위한 안전망에 불과한 것이라고 할 수 있다.

(2008년 11월 11일)

중국 조선산업 동향과 중국선박공업

2008년 11월 25일 세계은행은 베이징사무소에서 발표한 보고서를 통해 2009년 중국경제성장률을 7.5%로 발표함으로써 중국정부가 고용안정 유지에 필요한 최저 성장률인 8%를 밑돌 것으로 예측했다. 같은 날 OECD는 2009년 중국 경제성장률을 8%로, 그리고 하루 전인 24일 IMF는 8.5~9.7%로 각각 예측하였다. 또 중앙은행인 인민은행은 8·9%로, 중국 최초의 중외합자투자은행인 중진공사(CICC)는 약 8% 전후가 될 것으로 전망하고 있다.

2003년 이래 두 자릿수 고속 성장을 지속하던 중국 경제도 글로벌 금융위기와 수출둔화 및 부동산 버블 붕괴로 인해 경기침체가 뚜렷해지고 있는 것이다. 가장 낮은 성장률을 예상하고 있는 세계은행은 보고서에서 글로벌 금융위기의 여파가 아직까지는 통제 가능한 범위 안에 있지만 앞으로 더욱 확대될 것이라고 말해 글로벌경제 상황에 따라서는 더 나빠질 수도 있다는 여운을 남겼다.

이처럼 국내외 주요 기관들이 한 목소리로 내년도 중국의 경기 하강을 전망하자 중국 정부는 상당한 위기감을 느낀 듯하다. 4조 위안 경기부양책에 이어 11월 26일에는 인민은행이 2008년 들어 4번째이자 1997년 10월 이래 가장 큰 폭의 금리인하를 발표한 것이다. 지난 9월의 금리인하 결정 이후 최근까지 인민은행의 추가 금리인하 가능성은 시장에서 끊임없이 나돌았고, 발표 이틀 전까지만 해도 당분간 금리인하는 없을 것으로 알려졌었다. 11월 24일 이강(易綱) 인민은행 부총재가 언론과의 인터뷰에서 향후 정부의 통화정책 변화에 맞춰 금리변동이 이루어질 수 있으나 현재의 금리수준은 비교적 합당한 수준으로 보여진다고 밝혔기 때문이다.

하지만 IMF와 세계은행, OECD 등 세계 주요 기관들이 내년도 중국 경제성장률을 최하 7.5%까지 전망하자 안정적 경제성장을 유지하기 위해 금리인하라는 특단의 조치를 내린 것으로 보여진다. 중국 정부는 최소 8%의 성장률을 유지해야 고용안정을 통한 체제유지 안정을 기할 수 있다고 말하고 있다.

이에 12월 중순까지 열릴 예정인 중앙경제업무회의의 최대 화두는 2009년도 경제성장률 8%대 유지가 될 것으로 보인다. 2009년의 주요 경제정책 기조를 결정하게 되는 이번 중앙경제업무회의에서는 재정정책을 '온건 재정'에서 '적극 재정'으로, 통화정책은 '긴축 기조'에서 '적절한 완화 기조'로 전면 수정함으로써 내수촉진에 초점을 맞출 것으로 예상된다. 또 이미 발표된 4조 위안의 중앙정부 경기부양책과는 별도로 18조 위안에 달하는 지방정부 차원의 투자도 결정할 것으로 알려지고 있다.

그런가 하면 원자바오(溫家寶) 총리는 11월 20일부터 25일까지 중국

산업의 메카라 할 수 있는 창쟝삼각주(長江三角洲)의[13] 저쟝(浙江)성과 상하이시의 주요 민간기업과 대형 국영기업들을 둘러 보고, 경제계 인사들과의 좌담회를 연달아 개최하면서 시장을 최대한 떠받치겠다는 의지를 어느 때보다 강하게 내비친 것으로 알려지고 있다.

우선 샤오싱(绍兴, 소흥)시 민간기업 대표들과의 좌담회에서는 고용확대와 안정적 사회발전 차원에서의 민간기업의 중요성을 강조하면서 적극적인 금융지원과 세제혜택 방안을 강구하겠다고 약속하였다. 그리고 상하이시 중앙국영기업 대표들과의 좌담회에서는 상하이시 기업인들이 석유화학, 자동차, 조선 등 국가 핵심사업을 책임지고 있는 만큼 정부 지원정책에 관계없이 자구책 마련에 총력을 기울여줄 것을 당부했다. 특히 선택과 집중을 통해 핵심사업에 주력하면서 기업간 합병을 적극 장려한다고 밝혀 국영기업간의 구조조정이 가속화될 것임을 시사했다.

특히 원자바오 총리는 상하이와이까오챠오조선(上海外高桥造船有限公司)과 중촨싼징조선디젤엔진(中船三井造船柴油机有限公司), 그리고 전

---

[13] 중국 산업의 지역별 분포도를 정리해보면 크게 4개의 생산기지로 구분할 수 있다.
~ 랴오중난(辽中南)공업기지 : 선양(沈阳), 푸순(抚顺), 안산(鞍山), 본시(本溪), 다롄(大连) 등에 걸친 공업기지로 주요 철강업체들이 분포되어 있음. 또 기계와 석유/화학공업의 중심지로 중국 원자재산업의 핵심 지역이나 대부분의 시설들이 낙후되어 있어 최근 중국 정부는 지속적인 보수작업과 재개발사업을 추진하고 있음.
~ 징진탕(京津唐)공업기지 : 베이징, 톈진, 탕산(唐山)을 잇는 중국 북방 산업지역의 메카로 철강, 기계, 화공, 전자, 방직 등 중공업과 경공업이 두루 분포되어 있으나 도시환경오염과 밀접한 연관이 있어 점차 다른 지역으로 이전이 거론되고 있음.
~ 후닝항(沪宁杭)공업기지(창쟝삼각주; 长三角) : 상하이, 난징, 항저우(杭州)를 비롯한 쑤저우(苏州), 우시(无锡), 창저우(常州), 닝보(宁波) 등이 포함된 중국 최대 산업단지로 중국 전력난의 주범 지역으로 꼽힘. 최근에는 심각한 오염으로 인해 중국 생태환경자금의 상당액이 집중 투자될 예정임.
~ 주쟝삼각주(珠三角) : 광저우, 선전, 주하이(珠海) 등 중국 남방 산업지역으로 주로 의류, 전자, 완구, 식품 등 경공업 위주의 업체들이 분포되어 있으며 최근 중국의 사회문제로 급부상하고 있는 농민공 실업 문제가 집중된 지역으로 자주 거론되고 있음.

기선축회사(上海电气船用曲轴有限公司)들을 직접 시찰하면서 조선산업에 대한 상당한 관심을 나타내었는데, 이 과정에서 중국선박그룹(CSSC)의 이름이 여러 차례 거론되기도 하였다.

이에 이번 중화경제동향에서는 중국 조선산업 동향과 대표 조선업체인 중국선박공업주식회사(中国船舶股份有限公司, CSSC Holdings Ltd.)의 최근 경영실적에 대해 살펴보고자 한다.

조선산업은 일반적으로 막대한 시설자금이 필요한 자본집약적 산업이자 설계, 건조, R&D 및 사후관리 등 방대한 데이터베이스와 첨단기술을 필요로 하는 기술집약적 산업이다. 또한 개별주문 생산과 숙련된 기능인력을 필요로 하는 노동집약적 산업의 특성을 동시에 지니고 있다. 중국의 조선산업은 한국과 일본을 벤치마킹하면서 첨단기술을 빠르게 도입하기 위해 중국정부가 앞장서서 전략산업으로 집중 육성하고 있다. 특히 일자리 창출과 전후방 연관 효과가 큰 산업이다.

세계 조선산업은 한중일 3국의 과점체제라고 할 수 있다. <도표 1>에서 한중일 3국의 조선산업 추이를 보면, 선박 수주량의 경우 2008년 6월 한국이 2,644.5만 GT 를 수주함으로써 전세계 물량의 절반에 가까운 47.2%를 차지했고, 중국이 1,682.4만 GT 로 30%, 그리고 일본은 854.4만 GT 로 15.2%를 차지함에 따라 이들 3국이 전세계 물량의 92.4%를 차지하고 있는 것으로 나타났다. 이중 중국은 지난 2003년부터 세계 대형선주를 고객으로 유치하기 시작하면서 수주량이 급신장하여 3년만인 2006년부터는 일본을 앞지르기 시작하면서 세계 최대 조선국인 한국을 턱밑까지 추격하고 있다.

선박 건조량은 2008년 6월 말 기준으로 한국이 1,310.7만 GT 로 전세계

<도표 1> 한중일 조선산업 추이

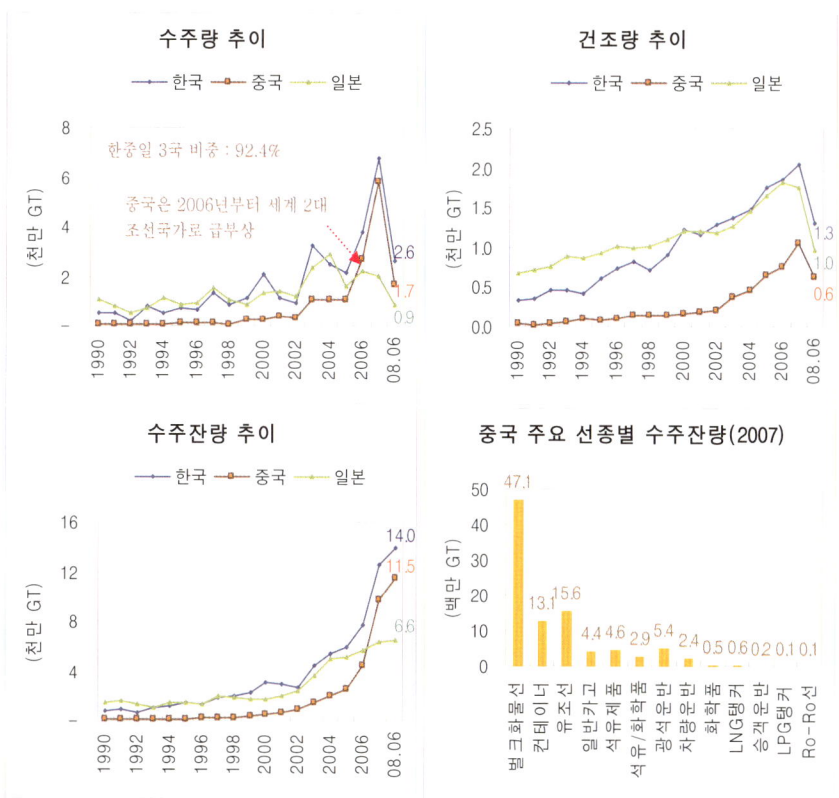

㈜ 각종 자료로부터 KSERI 작성

의 38.8%를 차지하고 있고, 이어서 일본이 961.1만 GT 로 28.6%, 중국이 643.4만 GT 로 19%를 각각 차지하고 있는 것으로 나타났다. 그리고 수주잔량은 한국이 1억4,019.3만 GT 로 세계 잔량의 38.6%를, 중국과 일본은 1억1,460.1만 GT 와 6,566.8만 GT 로 31.6%와 18.1%를 각각 차지하고 있다.

또 중국의 선박종류별 2007년 수주잔량 현황을 살펴보면 벌크 화물선이 4,705만 GT 로 가장 많고, 유조선 156만 GT, 컨테이너선 131만 GT 의 순으로 나타나고 있다. 벌크 화물선과 컨테이너선의 잔량이 많은 이유는 90년대 후반부터 중국이 세계 제조공장으로 급부상하면서 원자재 수입을 위한 벌크 화물선과 상품수출을 위한 컨테이너선 수주가 증가했기 때문이며, 유조선의 경우는 국제유가 급등과 에너지소비 증가로 수주가 증가했기 때문이다.

중국의 조선업은 중국선박공업그룹(CSSC, 中船集团)과 중국선박중공그룹(CSIC, 中船重工)으로 크게 양분되어 있다. 중국원양운수그룹(COSCO)이 일본 가와사키(川崎)중공업과 합작으로 난통코스코가와사키선박회사(南通中远川崎船舶工程有限公司)를 설립하여 2010년 가동을 목표로 2007년 6월부터 중국 최대 조선소를 다롄시에 건설하고 있기는 하지만 아직까지는 중국선박공업그룹과 중국선박중공그룹이 중국 조선산업을 대표하고 있다.

다음의 <도표 2>는 중국의 주요 조선업체 현황을 나타내고 있는데, 중국 10대 조선회사 상당수가 중국선박공업과 중국선박중공 두 그룹의 계열사에 속해 있다. 이는 국가전략산업인 조선업에 대해 중국정부가 직접 개입하여 육성하고 있기 때문이라고 할 수 있다.

중국 조선업의 역사는 1951년 중공업부 선박공업국이 설립되면서부터 시작됐다. 이후 1982년에 설립되었던 중국선박공업총공사(中国船舶总公司)가 1990년대에 중국선박북방중공그룹(中国船舶北方重工集团)과 중국선박남방중공그룹(中国船舶南方重工集团)으로 양분되면서 중국선박공업그룹과 중국선박중공그룹의 시초가 되었다. 중국 정부의 국영기업 구조조정 과정을 통해 1999년 7월 1일, 남방중공그룹이 중국선박공업그룹으로, 북방중공그룹이 중국선박중공그룹으로 변경되면서 <도표 2>와 같이 현재 중국 조선산업의 틀이 형성된 것이다.

중국선박공업그룹 산하에는 유일한 상장회사인 중국선박공업주식회사가 있고, 중국 최대 조선업체라 할 수 있는 상하이와이까오챠오(上海外高橋造船), 후동중지(沪东重机), 광저우광촨(广州广船), 쟝난조선(江南造船) 등이 속해 있으며, 중국선박중공그룹 산하에는 다롄선박중공(大连船舶重工)과 보하이선박중공(渤海船舶重工) 등이 속해 있다.

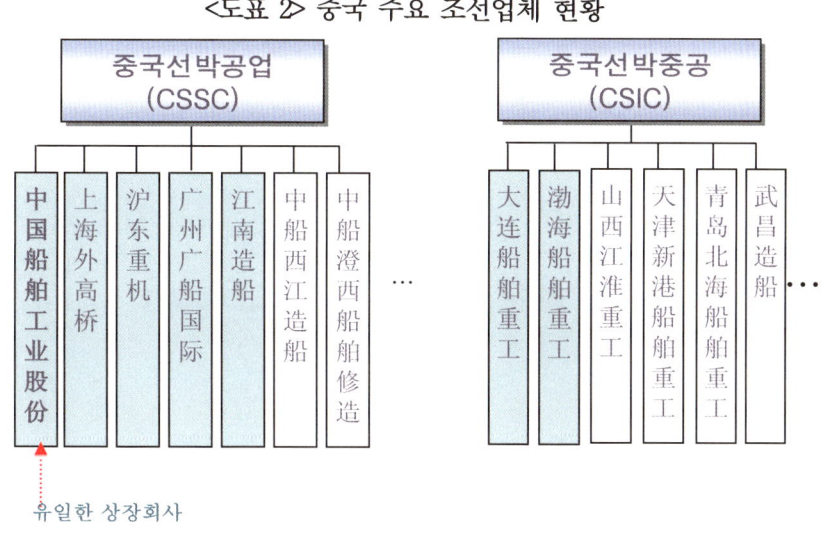

<도표 2> 중국 주요 조선업체 현황

㈜ 각사 자료로부터 KSERI 작성. 색깔 부분은 중국 10대 조선업체임.

이중 중국선박공업그룹은 중국 중앙정부가 직접 통제 관리하는 초대형 국영기업으로 분류되어 있는데, 주요 계열사 외에도 약 60개의 조선 관련업체들을 관리하고 있다. 중국 해군의 전투함정을 비롯한 주요 장비의 핵심기술을 보유하고 있으며, 일반 유조선과 대형 컨테이너선, LPG 탱커선, LNG 탱커선 등을 50여 개 국가에 수출하고 있는 것으로 알려지고 있다.

아래의 <도표 3>은 중국선박공업그룹의 유일한 상장회사인 중국선박공업주식회사(CSSC Holdings)의 지배구조 현황을 나타내고 있다. 중국선박공업주식회사는 중국선박공업그룹이 61.06%의 지분을 소유하여 최대주주이지만 실질적인 주주는 그룹 지분 100%를 보유하고 있는 국무원 국유자산감독관리위원회이다.

<도표 3> 중국선박공업주식회사 지배구조 현황

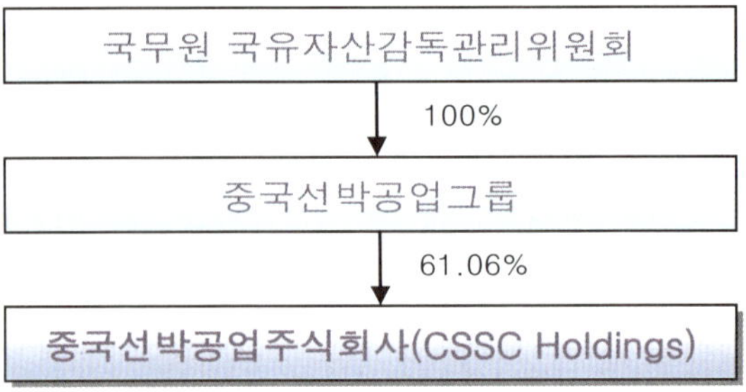

```
┌─────────────────────────────────┐
│   국무원 국유자산감독관리위원회   │
└─────────────────────────────────┘
              │ 100%
              ▼
┌─────────────────────────────────┐
│         중국선박공업그룹          │
└─────────────────────────────────┘
              │ 61.06%
              ▼
┌─────────────────────────────────┐
│  중국선박공업주식회사(CSSC Holdings)│
└─────────────────────────────────┘
```

㈜ 회사 자료로부터 KSERI 작성

중국선박공업주식회사는 현재 상하이거래소에 상장되어 있는데, 2007년 상반기까지만 해도 그룹 산하의 후동중지(沪东重机) 이름으로 거래되었다. 후동중지는 1998년 5월에 처음으로 상장되었으나, 2007년 7월 27일 그룹 주총에서 사명을 후동중지에서 중국선박공업주식회사로 변경할 것을 결정하고 중국 증감위의 승인을 거쳤다. 이 과정에서 중국 최대 조선업체라 할 수 있는 상하이와이까오챠오조선을 비롯한 그룹 산하 3개 회사가 중국선박공업주식회사 산하로 새로 편입되었고 기존의 후동중지 역시 중국선박공업주식회사 실적에 포함되는 구조로 변경되었다. 중국선박공업주식회사가 지배권을 가지고 있는 회사는 상하이와이까오챠오조선과 후동중지, 중촨청시선박(中船澄西船舶), 광저우중촨원항(广州中船远航) 등 9개 회사로 파악되고 있다.

하지만 가장 주목을 받고 있는 것은 중국 최대 조선기지인 창싱(长兴)기지의 중국선박공업주식회사 편입 여부이다. 2007년 중국선박공업주식회사가 새롭게 증시에 거래되면서 알려진 바에 의하면 창싱기지가 2009년까지 흑자로 전환될 경우 중국선박공업주식회사 산하로 편입될 것이라고 한다. 창싱기지는 창장(长江) 하구에 위치해 있는 창싱섬에 자리하고 있는데 2005년 6월 3일에 완공되어 총 길이가 8km 에 달하고 있다.

중국선박공업주식회사의 최근 경영 현황에 대해 살펴보기로 하자.

먼저 다음의 <도표 4>에서 2007년 건조량 기준으로 중국 10대 조선업체를 살펴보면, 상하이와이까오차오조선(중국선박공업 계열)이 353만 GT 로 최대로 나타나고 있고, 다롄선박중공(중국선박중공 계열)이 308만 GT 그리고 COSCO 와 일본 가와사키중공업간의 합작회사인 난통코스코가와사키선박이 130만 GT 로 상위 3대 업체를 형성하고 있다. 이 도표에서 볼 수 있는 것처럼 중국 선박공업그룹 계열사 중 4개 업체가, 그리고 중국선박중공은 2개 업체가 상위 10대 업체에 포함되어 있다.

중국선박공업주식회사의 주요 경영실적을 보면 2007년 매출액은 전년대비 52%가 증가한 178.8억 위안이며, 영업이익과 당기순이익은 144%와 127%가 증가한 41.5억 위안과 35.3억 위안으로 나타났다. 그리고 2008년 3분기 누계 매출액은 전년동기대비 42% 증가한 183.9억 위안을 기록한 가운데, 영업이익은 19% 증가한 39.8억 위안, 순이익은 48% 증가한 31.5억 위안을 기록하고 있다. 특히 2006년 이후 실적이 급증한 것은 중국 최대 조선업체인 상하이와이까오조선 등이 중국선박공업주식회사 산하로 편입되었기 때문이다.

　부문별 매출을 보면 선박건조사업이 130.1억 위안으로 전년에 비해 67%가 증가하였고, 선박수리사업은 23% 증가한 19.4억 위안, 선박조립사업은 25% 증가한 26.2억 위안으로 나타났다. 지역별 매출 분포를 보면, 내수가 47.7억 위안으로 전체 매출의 26%를 차지하고 있으며, 수출은 유럽이 65.4억 위안에 36%를 차지하여 가장 많고 아시아는 53.2억 위안에

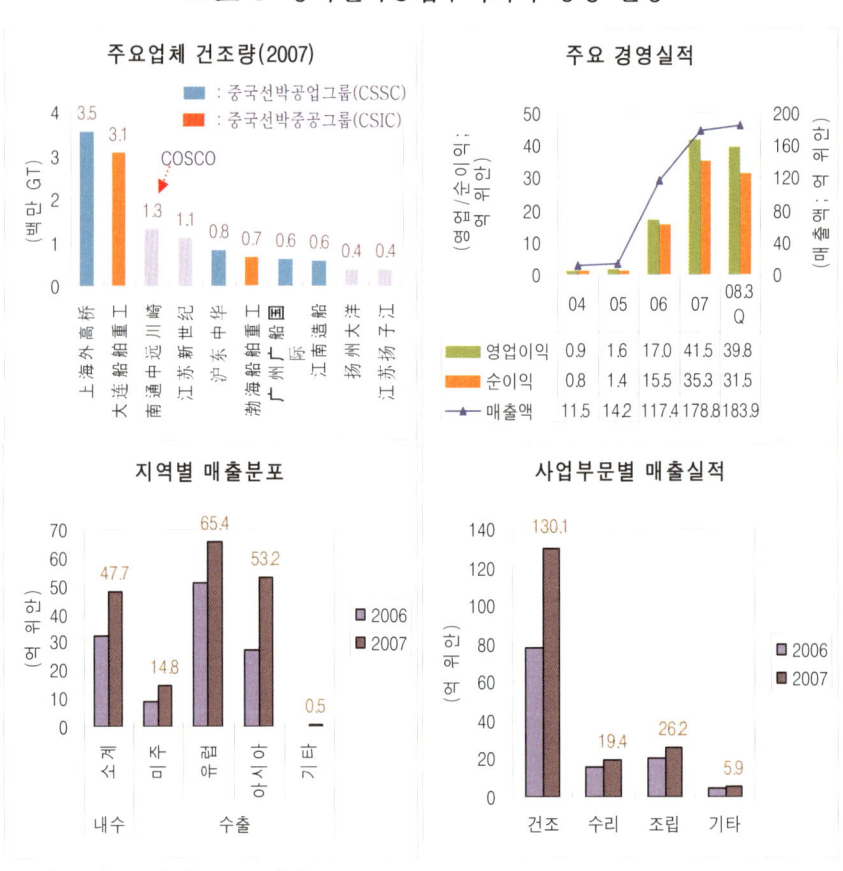

<도표 4> 중국선박공업주식회사 경영 현황

㈜ 각종 자료로부터 KSERI 작성

29%, 미주는 14.8억 위안에 8%로 나타나고 있다. 특히 아시아지역 매출은 전년에 비해 96%의 급신장을 보이고 있다.

마지막으로 중국선박공업주식회사의 최근 주가추이를 살펴보기로 하자. 2008년 11월 27일 중국선박공업주식회사의 주가는 38.38위안으로 거래가 마감되었다. 이 회사의 주가는 2007년 10월의 294.17위안까지 치솟아 중국 상장기업 중 가장 높은 주가를 기록했으나 최근에는 거의 1/8 수준으로 폭락했다.

㈜ 상하이거래소 자료로부터 KSERI 작성

중국 정부는 2010년까지 중국 조선산업의 국산부품 사용률 60% 달성과 세계조선시장 점유율 25%를 달성하는 것을 목표로 하고 있다. 이를 위해 기술개발을 강화하고 기술집약화를 적극 추진하고 있어 중국조선선박공업주식회사의 위상은 향후 더욱 높아질 것으로 보인다.

(2008년 12월 1일)

방위산업체 상장 1호,
시안항공엔진주식회사

중국 증시가 경기감속 우려와 경기부양책 소문 등의 영향으로 급등락을 거듭하고 있다.

2008년 8월 20일 중국 증시는 4개월 여 만에 1일 최대 상승폭을 기록하였다. 상하이종합지수가 전일대비 7.6% 급등한 2,523포인트를 기록하였으며, 선전지수는 7.2% 상승한 8,531포인트를 기록하여 거래세 인하가 발표된 지난 4월 24일 9.3%가 폭등한 이래 최대 상승을 보였다. 이처럼 주가가 급등한 이유는 중국 정부가 2~4천억 위안(최대 61조원 가량)에 달하는 경기부양책을 준비하고 있다는 JP 모건의 보고서가 알려졌기 때문이다. 동시에 비유통주의 유통 억제방안 및 안정화기금(Stabilization Fund)의 설립 등 증시부양책을 고려하고 있다는 소문이 나돌면서 폭등을 보인 것이다.

하지만 사태가 확장되자 JP 모건은 즉각 최근의 중국 경제상황에 근거한 자체적인 추정을 피력한 것일 뿐, 중국정부 입장이 아님을 강조했다.

이와 관련하여 중국 공산당 중앙위원회 기관지인 인민일보의 계열사인 국제금융보(国际金融报)가 국가발전개혁위원회, 재정부 등 관련부처에 사실확인을 요청하였으나 구체적인 답변을 얻지 못했다.

다음 날인 8월 21일 중국 신화사통신은 중국 정부연구기관인 국무원 발전연구센터의 류스진(劉世錦) 부주임은 향후 중국경제가 여전히 9% 전후 수준의 성장을 유지할 것이라고 말했다고 보도했다. 이는 2008년 상반기 경제성장률이 10.4%라는 점을 감안하면 하반기에는 상당한 수준의 감속을 염두에 둔 발언으로 보여진다. 그러나 류 부주임은 중국경제가 조정국면을 거치더라도 펀더멘털이 양호할 뿐만 아니라 거시 경기부양책도 예상되는 만큼 급격히 감속할 염려는 없다고 강조했다.

중국정부 관계자들은 지금까지 2008년 경제성장률은 10% 전후 수준을 확보할 수 있다는 입장을 보여왔다. 홍콩언론들은 중국 공산당이 8월 16일까지 허베이성 베이따허(北戴河)에서 정치국회의를 열고 베이징올림픽 이후 경제정책 운영에 관해 논의했다고 보도했는데, 류 부주임의 발언이 이 회의에 반영된 것으로 추측하고 있다.

또 중국의 한 언론은 중국 금융시장에서 중국정부가 베이징올림픽 이후 대규모 경기부양책을 발표할 것이라는 기대가 높아지고 있다고 보도했다. 세계경제 침체로 인한 수출둔화와 베이징올림픽 이후 경기감속을 차단하기 위해서 경기부양책을 추진할 것이라는 것이다. 세출확대와 감세를 포함하여 최대 4,000억 위안 가량의 재정확대를 예상하고 있는데, 구체적으로는 1,500억 위안의 감세와 2,200억 위안의 재정확대 경기부양책을 추진할 것으로 전망하고 있다. 이는 2007년 중국 GDP 의 1.4%에 해당하는 규모이다.

그러나 상해종합주가지수는 이틀 연속 급락세를 보이면서 8월 22일

2405포인트로 장을 마감했다. 뉴욕 유가가 급등한 데다 베이징올림픽 이후 중국 정부가 곧바로 경기부양책과 증시부양책을 시행할 것인지 아직 불확실하다는 불안감으로 급락세를 보인 것이다.

이처럼 중국 증시가 급등락 속에 하락세를 지속하고 있는 가운데 중국 증시에서는 모처럼 투자자들의 주목을 끄는 기업이 나타났다. 중국 방위업체 중 상장기업 1호가 될 전망인 가칭 '시안항공엔진주식회사(西安航空动力股份有限公司, Xi'an Aero Engine Co., Ltd.)'가 바로 그것이다.

2007년 4월부터 추진된 시안항공엔진의 상장은 무려 1년 4개월에 걸쳐 진행될 정도로 복잡하고 지난했다. 시안항공엔진의 모기업인 시안항공엔진그룹(中国一航西安航空发动机集团)은 최근의 중국증시 상황을 감안하여 이미 상하이 증시에 상장되어 있는 화룬바이오(CRBC)와의 합병을 통해 우회상장하기로 결정한 것이다.

화룬바이오는 중국 최대 곡물회사인 중량그룹(中粮集团, COFCO)의 주력 계열사이다. 중량그룹은 현재 35개의 사업부문으로 구성되어 있는데, 화룬바이오는 중량주식회사(中粮控股), 중량식품(中粮食品), 중량부동산개발(中粮地产), 중량신쟝툰허(中粮新疆屯河), 펑웬바이오(丰原生化)의 5개 계열사와 함께 상장되어 있는 중량그룹의 핵심기업이다.

지린성개발건설투자회사(吉林省开发建设投资公司)가 주요 주주로 참여하여 1993년에 설립된 화룬바이오는 중국의 주요 옥수수 가공업체로써, 2005년 11월 그룹의 실질 주주였던 화룬총공사(华润总公司)와 중량바이오투자회사간에 주식양도의향서를 교환하고 주주개혁을 시작했다. 당시 화룬바이오는 시안그룹이 신규주주로 참여하는 선에서 주주개혁을 마무리할 계획이었다. 그러나 중국 정부의 국영기업 구조조정 방침에 따른 중량그룹의 구조개편 필요성과 최근 증시 하락을 고려하여 시안항공엔진과 합병하는 쪽으로 급선회하였다.

2008년 8월 18일 열린 화룬바이오 임시 주총에서는 합병 후 신규 사명을 '시안항공엔진주식회사(가칭)'로 하는데 찬성함으로써 양사간의 합병은 마무리단계로 돌입하였다. 합병 형식은 아래 <도표 1>에 나타난 것처럼 3각 합병방식이다. 먼저 화룬바이오의 옥수수 관련 가공사업 일체를 중량바이오에 넘기고, 시안항공엔진그룹은 사업 일체를 화룬바이오에 넘긴 후 중량바이오로부터 화룬바이오의 지분 일체를 넘겨 받는 것으로 하는 방식이다. 그리고 화룬바이오의 사명을 '시안항공엔진주식회사'로 바꾸는 것이다.

구체적으로 합병거래 내용을 살펴보면, 먼저 화룬바이오의 자산과 부채, 그리고 일체 사업영역을 모두 중량바이오투자회사로 이전하고, 중량바이오투자회사는 6.5억 위안(약 1천억 원)의 현금을 화룬바이오에 지불

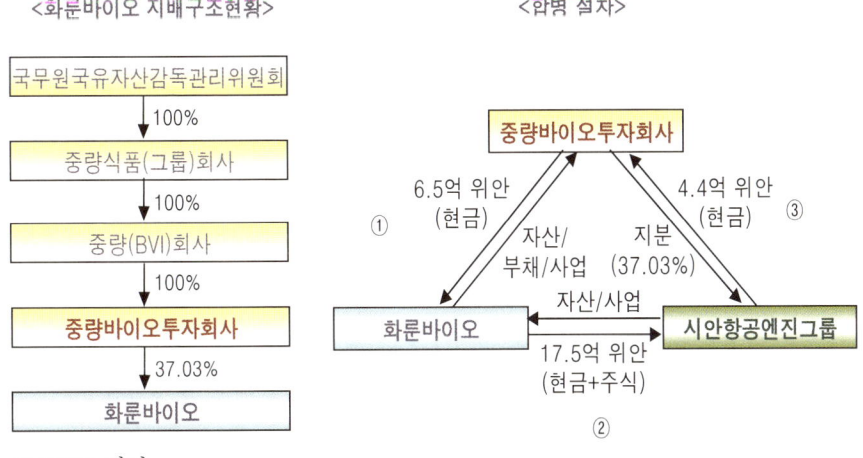

<도표 1> 화룬바이오-시안항공엔진그룹 M&A 절차

㈜ KSERI 작성

하기로 합의하였다. 화룬바이오의 주요 사업영역은 식품가공업이며, 특히 옥수수를 비롯한 농산물을 원료로 한 가공사업과 관련 물류 및 포장 사업을 운영하고 있다.

다음에 화룬바이오가 시안항공엔진그룹의 항공엔진제조 관련 자산과 사업만을 인수하는 조건으로 17.5억 위안을 지불하기로 하였다. 지불형태는 4.5억 위안의 현금과 나머지 금액에 대해서는 2.1억 주(1주당 6.2위안)의 현물을 지불하는 것으로 알려지고 있다.

마지막으로 시안항공엔진그룹은 화룬바이오의 최대 지분을 소유하고 있는 중량바이오투자회사에게 4.4억 위안을 주고 37%의 지분 모두를 넘겨받기로 하였다.

이상의 합병 절차를 거치면 화룬바이오의 주요 사업은 옥수수가공에서 항공엔진생산으로, 사명은 시안항공엔진주식회사로 바뀌게 된다. 하지만 이번 합병이 시장과 투자자들의 주목을 끄는 가장 큰 이유는 바로 중국 방위산업체의 상장 1호 기업이 될 것이라는 기대심리 때문이다.

다음의 <도표 2>에서 전세계 국방비 지출 추이를 살펴보면, 2000년부터 빠르게 증가하는 추세를 보이고 있다. 전세계 국방비 지출총액은 2006년 1.2조 달러에 달하고 있으며, 2007년에는 1.3조 달러 가량으로 추산되고 있다. 2000년부터 2006년까지 전세계 국방비 지출액은 연평균 4.6%의 증가율을 기록하고 있다. 특히 2002년과 2003년에는 이라크전쟁의 영향으로 크게 증가한 것으로 나타나고 있다.

지역별 국방비 지출(2006년 기준)을 보면, 미주지역이 5,750억 달러로 전세계 국방비의 50%를 차지하고 있다. 이어서 유럽이 3,100억 달러로 26.8%, 아시아/오세아니아 1,850억 달러에 16%의 순으로 나타나고 있고,

<도표 2> 전세계 국방비 규모 추이

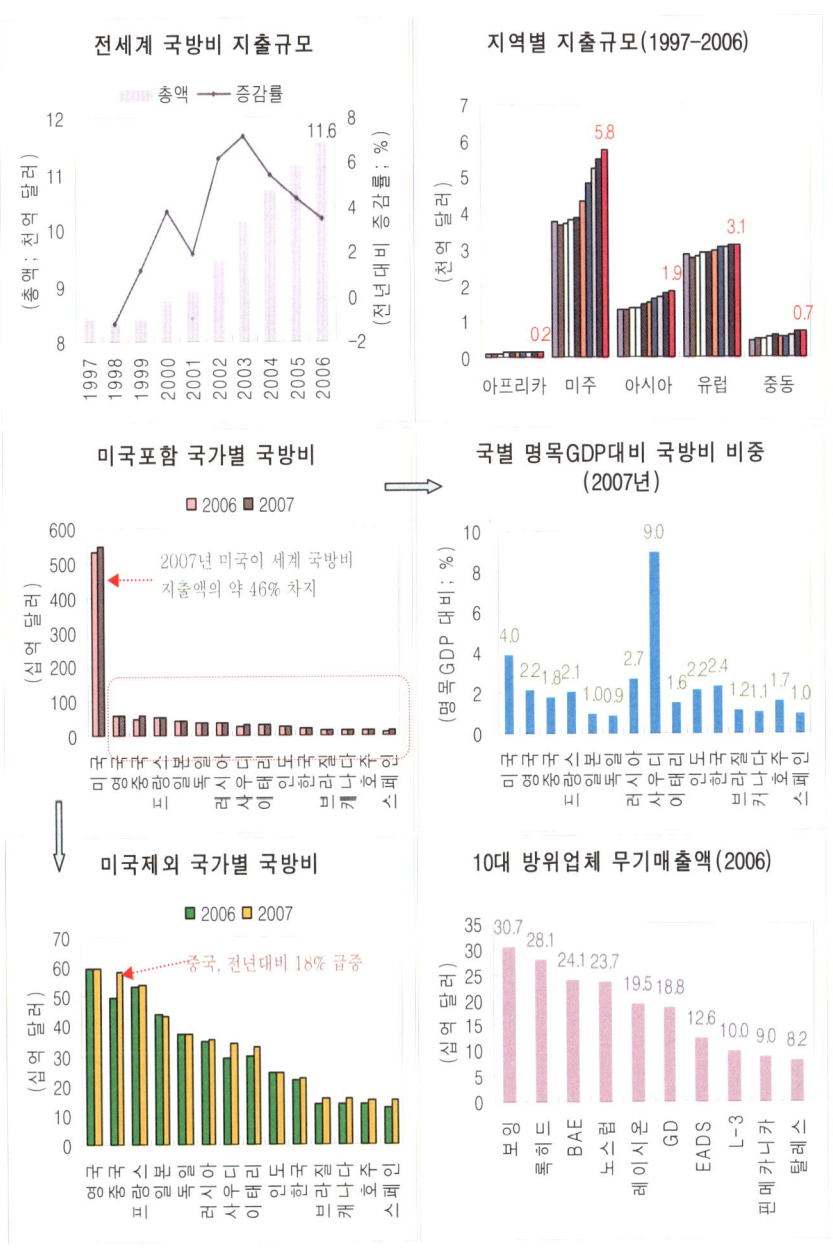

㈜ 각종 자료로부터 KSEERI 작성

중동지역은 725억 달러로 6.3%를 차지하고 있다. 특히 미주지역의 국방비 지출은 2002년부터 급증하고 있는데 이는 9.11 테러 이후 미국 부시 정부의 전세계 군사전략 및 안보전략의 변화와 이라크전쟁의 영향을 반영하고 있다.

국가별 국방비를 살펴보면, 미국이 2006년 5,287억 달러, 2007년에는 5,470억 달러로 전세계 국방비지출의 46%를 차지한 것으로 나타나고 있다. 영국은 2007년 597억 달러로 2위로 나타났으며, 중국이 전년에 비해 18%나 급증함으로써 583억 달러로 3위로 나타났다. 이어서 프랑스 536억 달러, 일본 436억 달러의 순이며, 한국은 226억 달러로 세계 11위이다. 특히 중국의 경우는 2006년 495억 달러로 세계 4위의 규모에서 2007년에는 전년대비 무려 18%가 급증한 583억 달러를 지출하면서 프랑스를 제치고 세계 3위의 국방비를 기록한 것으로 나타났다.

또 달러환산 명목GDP 대비 국방비 지출 비중을 살펴보면, 2007년 기준으로 미국이 4%로 사우디아라비아를 제외하고 가장 높은 것으로 나타났으며, 러시아가 2.7%로 그 뒤를 잇고 있다. 영국은 2.2%, 프랑스 2%인 반면 독일은 0.9%, 일본은1%로 나타나고 있고 한국은 2.4%로 나타났다. 중국은 금액 면에서는 세계 3위지만 명목 GDP 대비 비중 면에서는 1.8%로 나타나 미국과 영국, 프랑스 등에 비해 상대적으로 낮은 것으로 나타나고 있다. 다만 이 비교는 달러환산 비교치이므로 각국 통화 기준 실제 국방비 비중과는 다소 차이가 있을 수 있다.

이처럼 2000년 이후 각국의 국방비 지출이 빠르게 증가하면서 방위산업 역시 크게 호황을 누리고 있다. 세계 10대 방산업체들의 2006년 군수품 매출액을 보면, 위 도표에서 볼 수 있는 것처럼 보잉(Boeing)사가 307억 달러로 가장 많은 것으로 나타났으며, 록히드(Lockheed Martin)

281억 달러, BAE 시스템즈 241억 달러, 노스럽(Northrop Grumman) 237억 달러, 레이시온(Raytheon) 195억 달러의 순으로 세계 5대 방산업체를 형성하고 있다. 이 중 BAE 시스템즈(영국)를 제치한 상위 4개사 모두가 미국기업들로, 미국이 세계 방위산업도 주도해가고 있음을 알 수 있다.

하지만 중국 역시 국방비 예산이 매년 빠르게 증가하고 있어 조만간 영국을 제치고 미국에 이어 세계 2위로 올라설 전망이다. 또한 중국의 방위산업은 그 동안 철저한 보안으로 베일에 싸여 있었으나 이번 시안항공엔진의 상장을 계기로 중국 방위산업의 규모와 기술개발 등의 내용들이 조금씩 드러날 것으로 보인다.

이제 이번에 상장되는 시안항공엔진주식회사의 모기업이라 할 수 있는 시안항공엔진그룹에 대해 좀더 자세히 살펴보기로 하자.

시안항공엔진그룹은 1958년에 설립되었으며 중국의 항공기엔진 제작으로 유명한 핵심 국영기업이다. 현재 12개의 생산라인과 3개 검측센터, 4천여 대의 제작설비를 갖추고 있으며, 영국의 롤스로이스(Rolls-Royce), 미국의 로켓다인(Pratt and Whitney Rocketdyne) 등과 합자회사를 설립하면서 기술향상을 꾀하고 있다.

시안항공엔진그룹의 매출액은 다음의 <도표 3>에 나타난 바와 같이 2007년 38.5억 위안(약 5.6억 달러)을 기록하여 전년대비 25.4% 증가를 보였다. 그러나 당기순이익은 0.5억 위안으로 전년대비 3% 감소한 것으로 나타났다.

사업영역은 크게 군용/민용 항공기엔진 판매와 수출로 나뉘어진다. 이 중 군용엔진 납품이 전체 매출액의 51%에 해당하는 19.8억 위안을 차지하고 있으며, 민항기엔진 판매가 10.5억 위안으로 27%, 나머지는 수출이 차지하고 있다.

이번 시안항공엔진주식회사의 상장이 과연 주가 상승의 계기로 이어질지는 좀더 지켜볼 필요가 있다.

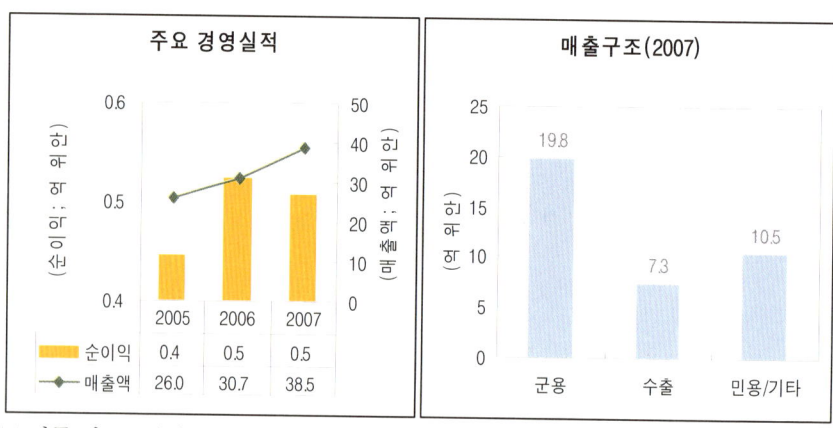

<도표 3> 시안항공엔진그룹 주요 경영현황

㈜ 각종 자료로부터 KSERI 작성

(2008년 8월 25일)

중국 항공산업 동향과 에어차이나

2008년 6월 들어 국제유가 상승세는 잠시 주춤하였으나, 전세계가 유가 폭등으로 몸살을 앓고 있다. 최근 경유가격이 휘발유가격을 추월하면서 디젤차량 비중이 많은 유럽을 비롯하여 세계 각국에서 항의시위가 발생하고 있다.

유럽지역 어민들은 EU 대표부기 있는 브뤼셀에서 몇 주째 집회를 계속하고 있으며, 프랑스에서는 트럭 운전사들과 택시 기사들이 유류세 인하를 요구하는 표어를 내걸고 거북이 운행을 하면서 정부에 시위를 하고 있다. 한국 역시 화물업계가 운송료 인상과 면세유 공급 등을 요구하며 파업을 예고하고 있으며, 한때 인기를 끌었던 경유차량의 판매도 급감하면서 자동차업계 역시 타격을 받고 있다.

그런가 하면 미국을 비롯한 세계 각국의 항공업계도 유가급등으로 수익성이 더욱 악화될 전망이어서 최근 요금인상과 노선조정, 인원감축, 합병 등의 구조조정을 통한 자구책 마련에 동분서주하고 있다. 특히 항공유의 가격 상승은 국제유가 상승을 앞지르고 있는 것으로 나타나고 있다. 실제로 2008년 2월까지만 해도 국제 항공유는 국제유가(WTI 기준)에 비해 가격이 대략 10달러 정도 높았으나 5월에는 40달러까지 차이가 벌어질 정도로 빠르게 상승함으로써 성수기를 앞둔 세계 항공업계가 골머리를 앓고 있다. 6월 2일, 국제항공운송협회(IATA) 지오바니 비시냐니(Giovanni Bisignani) 회장도 연차총회에서 발표한 보고서를 통해 2008년 세계 항공업계가 23억 달러의 적자를 보일 것이라고 말했다. 이는 당초 56억 달러의 이익을 낼 것이라는 전망치에 비해 크게 악화된 것이다.

이에 최근 세계 항공산업의 동향을 간단히 살펴보고, 중국 최대 민항 기업이라 할 수 있는 에어차이나(中国国际航空股份有限公司, AIR CHINA)의 경영현황 분석을 통해 중국 항공업계의 동향을 살펴보고자 한다.

우선 세계 항공업계 추이를 살펴보기 위해 국제항공운송협회가 2008년 3월에 발표한 보고서 내용을 간단히 살펴보면 다음의 <도표 1>에 나타난 바와 같다. 전세계 항공 이용객수는 2001년 9.11테러 이후 침체를 보였다가 2004년부터 회복되기 시작하여 2007년에는 전년대비 6%가 증가한 22.5억 명으로 추정되며, 2008년은 약 23.3억 명으로 전년대비 3.6% 증가에 그칠 것으로 예상하고 있다.

연도별 항공화물 운송량 역시 2001년 9.11테러와 IT 버블 붕괴로 침체를 겪은 후 2003년부터 회복세를 보이기 시작하여 2007년에는 전년대비 3.5% 증가한 41.3억 톤에 달했고, 2008년은 약 3.9% 증가한 42.9억 톤에 달할 것으로 예상하고 있다.

이상의 전망치를 바탕으로 국제항공운송협회는 2008년 세계 항공업계의 순이익을 45억 달러로 추산하였다. 그러나 이 항공 여객 수와 화물운송량 전망치는 최근의 유가급등을 예상치 못한 것이다. 국제항공운송협회가 당초 45억 달러의 순익을 전망한 것은 국제유가가 배럴당 평균 86달러라는 전제하에서 도출한 것이다. 그러나 최근 선물유가는 배럴당 124.58달러에 달하고 있어 이미 당초 전망치와 40달러 가까이 차이가 나고 있다.

이에 국제항공운송협회는 2008년 6월 초에 개최된 연차총회에서 순이익이 -23억 달러로 적자를 기록할 것이라고 수정 발표하였다. 세계 항공업계는 지난 2001년 9.11테러 이후 유가 급등과 항공 보험료 인상, 저가

<도표 1> 세계 항공업계 동향

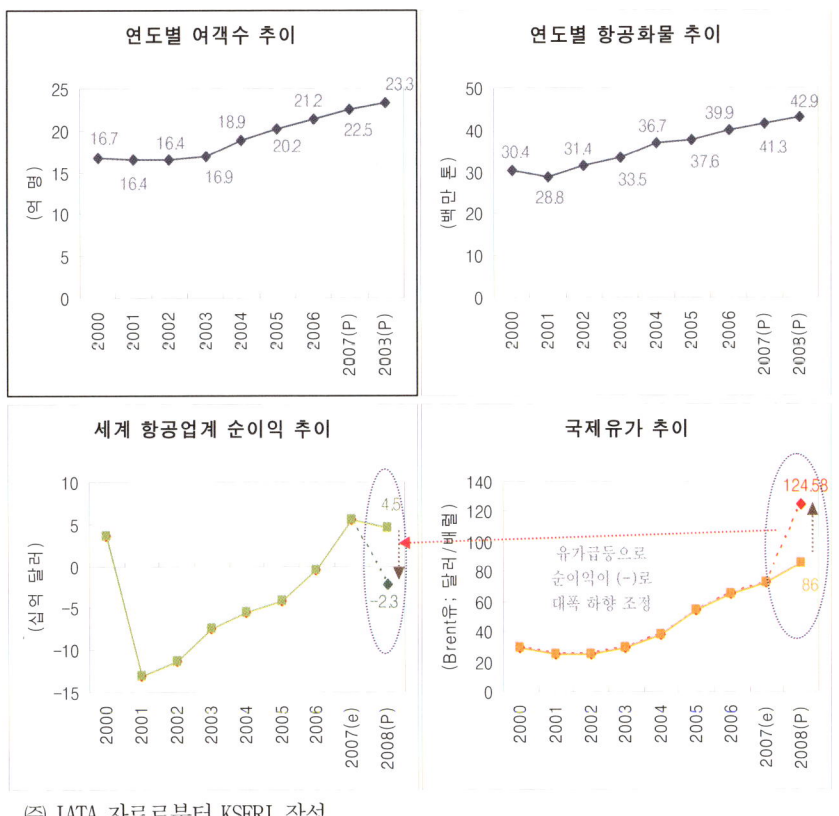

㈜ IATA 자료로부터 KSERI 작성

항공사 진입에 따른 출혈경쟁 등으로 인해 2006년까지 6년 연속 적자를 지속해왔다. 그런 가운데 항공수요 급증으로 2007년 세계 항공업계는 7년 만에 순이익으로 전환되어 약 56억 달러의 흑자를 기록한 것으로 보인다. 그러나 불과 1년 만에 유가급등으로 다시 적자로 전락하는 모습을 보일 것으로 예상하고 있는 것이다.

국제항공운송협회는 원유가가 배럴당 1달러가 오를 경우 전세계 항공업계는 연간 16억 달러의 원가부담이 늘어난다고 분석하고 있다. 만약 현재의 국제유가가 연말까지 지속된다고 가정할 경우 전세계 항공업계는 640억 달러의 추가부담이 발생할 수 있다는 계산이 나온다. 2001년 이후 최악의 상황이 예상된다고도 할 수 있겠다.

이제 중국 항공업계 동향에 대해 살펴보기로 하자. 2008년 중국 항공업계는 부침(浮沈)이 더욱 심할 것으로 예상된다. 2007년 말까지만 해도 2008년 올림픽 개최를 앞두고 항공업계와 여행업계는 최대 호황을 잔뜩 기대하고 있었다. 하지만 주지하는 바와 같이 연초부터 폭설과 티벳 사태, 쓰촨성 대지진 등 연달아 터지는 대형 사고와 사태들로 인해 2008년 상반기에는 매우 고전하고 있는 것으로 보인다.

2007년부터 최근까지 중국 항공업계의 월별 운항실적을 살펴보면, 다음의 <도표 2>에 정리된 바와 같이 전체 항공사들의 월별 운항실적이 전년에 비해 감소세를 나타내고 있다. 2008년 3월에는 전년동월대비 4.5%가 감소한 총 129,041편이 운항하였고, 누계 기준으로도 월평균 3.6%가 감소한 것으로 나타났다.

항공사별 운항실적을 보면 2008년 3월 기준으로 에어차이나(CA)는 총 22,258편을 운항함으로써 전년동월대비 49.7%가 증가하여 중국 항공사

중 가장 높은 증가율을 보이고 있다. 또 가장 많은 운항횟수를 기록하고 있는 남방항공(CZ)은 8%가 감소한 34,536편, 그리고 동방항공(MU)은 36%가 증가한 29,501편을 운항함으로써 이들 3대 항공사가 중국 민항기 전체 운항의 70% 가까이를 점유하고 있다. 지역 항공사들은 상대적으로 적은 운항횟수를 기록하고 있는데, 이 중 하이난항공(H4)의 경우는 전년동월대비 무려 65.8%가 급감한 10,153편을 운항한 것으로 나타났다.

<도표 2> 중국 항공업계 추이

㈜ 중국 민항총국 자료로부터 KSERI 작성

이제 중국 국제노선의 절반 가량을 차지하고 있는 에어차이나의 최근 경영현황에 대해 살펴보자.

에어차이나의 지배구조는 <도표 3>과 같이 에어차이나그룹이 51.66%의 지분을 보유하고 있는데 에어차이나그룹은 국무원 국유자산감독관리위원회의 통제를 받고 있는 국영기업이다.

에어차이나의 전신은 1988년 국무원이 내놓은 《민항체제개혁방안(民

航体制改革方案)》에 근거하여 설립된 중국국제항공공사(中国国际航空公司)이다. 이후 2002년 10월에 중국국제항공공사와 중국항공총공사(中国航空总公司), 중국서남항공공사(中国西南航空公司) 등 3개사가 합병하여 현재의 에어차이나그룹(中国航空集团, China National Aviation Holding Company)을 설립하였다.

에어차이나그룹은 2004년 9월 30일 국무원 국유자산감독관리위원회의 승인을 거쳐 주식회사를 베이징에 설립하였는데, 등록자본은 65억 위안이었다. 2007년 12월에는 세계 최대 항공동맹인 스타얼라이언스(Star Alliance)의 정식 회원사로 가입하였다.

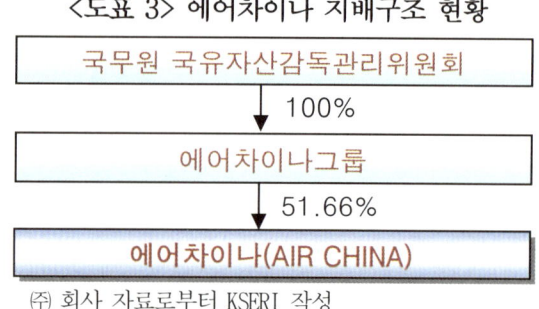

<도표 3> 에어차이나 지배구조 현황

㈜ 회사 자료로부터 KSERI 작성

중국 항공업계의 2007년 매출액 추이를 보면, <도표 4>와 같이 남방항공이 전년대비 18.2% 증가한 558.7억 위안으로 중국 최대로 나타나고 있고, 이어서 에어차이나가 14.6% 증가한 497.4억 위안, 동방항공이 13.9% 증가한 435.3억 위안의 순으로 나타났다.
그러나 영업손익 면에서는 수익성이 높은 국제노선 비중이 높은 에어차이나가 49.93억 위안으로 가장 많은 흑자를 기록하고 있고, 남방항공과 동방항공은 21.38억 위안과 0.6억 위안으로 전년에 비해 크게 개선된 모습을 나타내고 있다. 이에 반해 상하이항공은 전년의 0.29억 위안 적자에서 2007년에는 5.18억 위안으로 적자가 크게 증가하였다.

이처럼 가장 좋은 실적으로 보이고 있는 에어차이나의 사업부문별 매출 분포를 보면 승객부문이 449.42억 위안으로 그룹 전체 매출의 91.7%를 차지하고 있다.

에어차이나 매출의 절대적 비중을 차지하고 있는 승객사업의 중국시장 점유율은 2007년 기준, 국내 승객의 16.6%(2,793.1만 명), 국제승객

<도표 4> 주요 항공사 및 에어차이나의 경영 현황

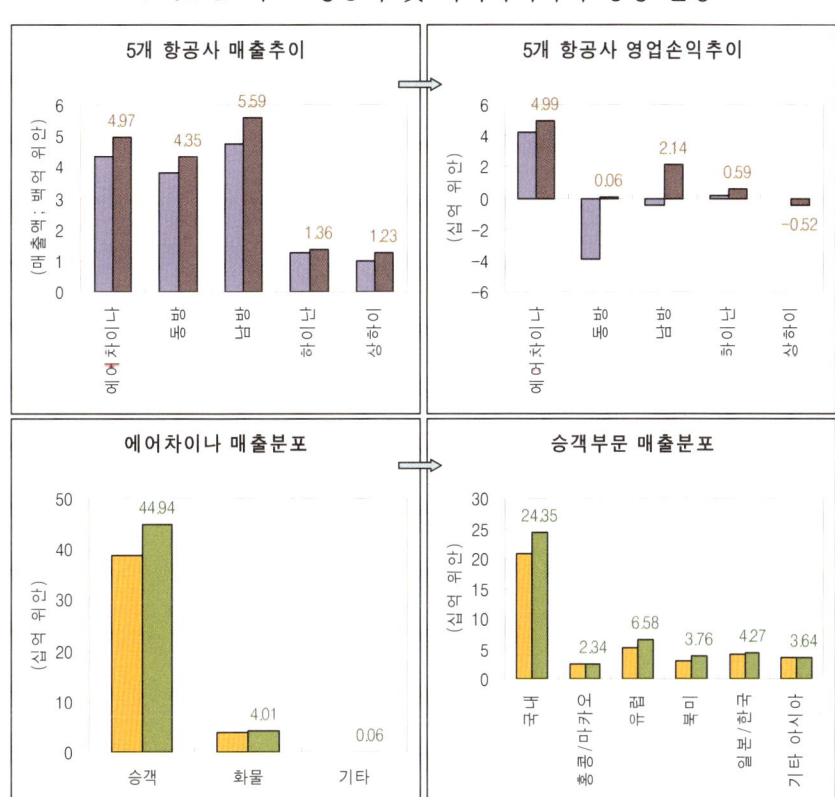

㈜ 각사 자료로부터 KSERI 작성

의 43.9%(735.7만 명), 홍콩/마카오 승객의 36.5%(196.8 만 명)를 각각 차지한 것으로 나타났다. 이를 바탕으로 승객부문의 지역별 매출 분포를 보면 국내노선이 243.5억 위안으로 승객 매출액의 54.2%를 차지하고 있고, 다음으로는 유럽지역이 65.8억 위안으로 14.6%, 그리고 일본/한국이 42.7억 위안으로 9.5%를 각각 차지함으로써 에어차이나의 주요 수익항로로 나타나고 있다.

㈜ 상하이거래소 자료로부터 KSERI 작성

마지막으로 에어차이나의 주가를 살펴보자. <도표 5>에 나타난 바와 같이 에어차이나의 주가는 급등락을 반복하고 있다. 에어차이나는 2004년 9월에 설립된 이후 동년 12월 15일에 홍콩과 런던에 상장하고, 2006년 8월부터 상하이거래소에서 A주식이 거래되고 있다. 상하이거래소 상장 당시 주당 2.8위안에 총 16.39억 주를 발행하였다. 6월 4일 종가 기준으로 주당 12.78위안에 거래되고 있는데, 이는 연초대비 57% 가까이 떨어진 것이다.

(2008년 6월 9일)

중국의 자동차시장 동향

2008년 7월 셋째 주, 국제유가는 40여일 만에 처음으로 배럴당 130달러선 아래로 떨어졌고, IMF는 지난 4월에 발표한 2008년 세계경제 성장률을 4.1%로 상향 조정하였다.

IMF는 7월 17일 세계경제전망보고서(수정치)와 관련한 언론발표를 통해 2008년의 경제성장률을 기존의 3.7%에서 4.1%로, 내년 성장률을 3.9%로 각각 조정 전망하였다.

2008년 1분기 전세계 경제성장률이 3%를 기록한 가운데, 국가별로는 미국이 예상외로 1% 가까운 성장률을 보이면서 2008년 전체적으로는 2% 정도의 성장률이 기대되고, 유로화 지역경제는 1.3%, 일본은 1.5% 정도의 성장률을 각각 전망하였으며, 중국은 10% 안팎의 여전히 높은 성장률이 기대된다고 발표하였다.

하지만 최근 페니매이와 프레디맥 사태로 인해 또다시 불거지고 있는 미 은행권의 추가 손실 확대 가능성과 국제금융 여파, 미 달러화의 가치

하락에 따른 교역 불균형, 고유가와 식량가격 폭등에 의한 인플레 압력 등 악재가 지속되고 있어 세계경제는 전반적으로 힘든 시기를 겪고 있다고 강조하였다.

한편, 같은 날 중국 국가통계국은 상반기 주요 경제지표를 발표하였는데 1분기에 이어 2분기 역시 성장률이 둔화된 것으로 나타났다. 2007년 하반기 이후 세계경제발전의 감속이 곳곳에서 감지되고 있는 가운데, 중국경제 역시 이상징후가 서서히 나타나기 시작하고 있는 것이다.

아래 <도표 1>에 정리된 바와 같이 최근의 중국 경제성장률을 보면 2007년 4분기 이후 급속히 둔화되어 가고 있다. 주지하는 바와 같이, 2008년 1분기 GDP 성장률이 10.6%로 전기의 11.9%에 비해 1.3%p, 전년동기대비 0.5%p 둔화되었다. 또 2분기 성장률은 10.2%로 전기대비 0.4%p, 전년동기대비 1.3%p 하강한 것으로 나타남으로써 2008년 상반기 중국의 경제성장률은 10.4%를 기록하였다. 특히, 분기 성장률 10.2%는 2005년 이래 가장 낮은 성장률이자 처음으로 2분기 연속 감속한 것이다.

<도표 1> 중국의 경제성장률 추이

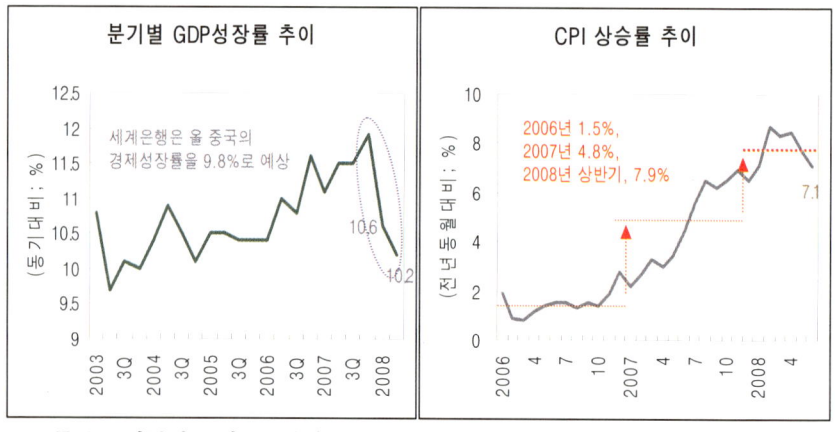

㈜ 중국 국가통계국 자료로부터 KSERI 작성

2008년 6월 세계은행이 발표한 《중국경제계보(中国经济季报)》에 의하면, 2008년 중국의 GDP 성장률을 9.8%로 예상하고 있다. 이를 근거로 2008년 하반기 중국의 경제성장률을 추정하면 대략 9.2%의 성장률을 기록할 것으로 예상되어 중국의 경제성장 둔화는 하반기에도 지속될 것으로 보인다. 그리고 앞에 말한 IMF가 발표한 세계경제전망에서도 2008년 중국의 경제성장률을 9.7%로 예상하고 있다.

　다음으로 높은 국내소비자물가지수(CPI) 상승률 역시 2008년 중국 경제발전에 상당한 제약요소가 될 것으로 보인다. 당초 중국 정부는 소비자물가 상승률을 4.5%대에서 통제가 가능하다고 하였으나, 국제유가의 가파른 상승과 국내문제(폭설, 티벳 독립운동, 지진)로 인해 6.8%로 상향 조정하였다가 최근 들어 다시 7.2%로 재조정하였다.

　하지만 2008년 상반기에만 벌써 7.9%에 달하는 높은 상승률을 나타내고 있을 뿐 아니라, 국제유가와 원자재 값, 식량 가격 등이 지속적인 초강세를 유지한다면 중국 정부의 소비자물가 목표 관리치인 7.2%도 쉽지 않을 것으로 예상된다.

　이와 함께 2008년 7월에는 상반기 중국 자동차 판매량이 발표되었다. 2007년 중국은 세계 3위의 자동차 생산국가이자 미국에 이어 두 번째로 큰 내수시장(신차등록 기준)을 기록하였다. 총 879.2만 대가 판매된 지난해 중국의 자동차 시장은 전세계 자동차 판매 증가량의 49.5%를 차지할 정도로 활발한 증가 추이를 나타내었다.

　2008년 상반기 역시 <도표 2>와 같이 전년동기대비 18.5%가 증가한 518.22만 대가 판매되면서 지속적인 증가 추이를 이어갔지만, 2007년 하반기 이후 판매 증가율이 다소 하락하고 있는 모습을 보이고 있다. 또 2006년의 25.3%, 2007년의 21.8%에 이어 2008년 6월말 기준 3년 연속 하

<도표 2> 중국의 자동차 판매 추이

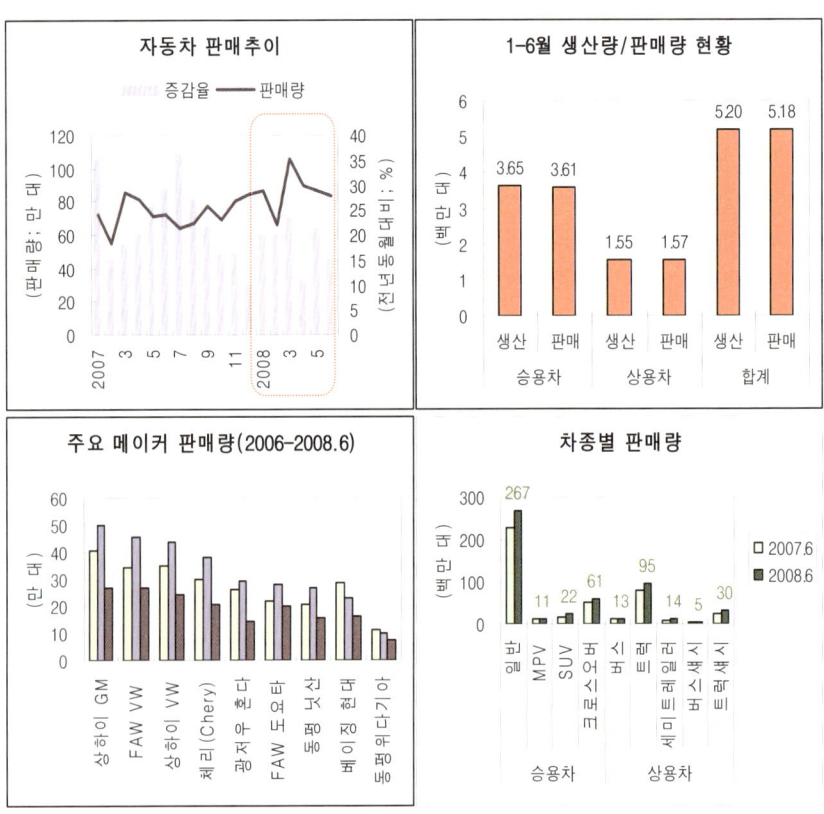

㈜ 중국 자동차공업협회 자료로부터 KSERI 작성

락세를 나타내고 있기도 하다.

판매현황을 보면 총 518.22만 대가 판매된 가운데 승용차가 17.1% 증가한 360.9만 대로 전체 자동차 판매량의 70%를 차지하고 있고, 상용차는 22% 증가한 157.32만 대가 판매된 것으로 나타났다. 다만 상용차의 경우 2008년 상반기 생산량이 154.65만 대를 기록하였으나, 판매량은 157.32만 대가 판매된 것으로 나타나 상용차의 수급이 불균형한 것으로 나타났다. 하지만 철강재를 비롯한 원자재 가격급등과 남방지역의 폭설,

쓰촨성 대지진 등으로 인해 생산가동이 원활치 않았던 요인도 작용한 것으로 추정된다.

차종별 판매량(2008년 6월 기준)을 보면, 승용차의 경우 일반형이 전년동월대비 16.6% 증가한 266.76만 대가 판매되었고, 크로스오버차량이 13.8% 증가한 60.56만 대, SUV가 42% 증가한 22.44만 대, MPV가 4.1% 증가한 11.14만 대가 각각 판매되었다.

상용차의 경우 트럭이 19.3% 증가한 94.66만 대로 가장 많은 판매량을 보이고 있고, 이어서 트럭 섀시(chassis)가 26% 증가한 30.1만 대, 세미트레일러(semi-trailer)가 32.3% 증가한 13.84만 대, 버스가 18% 증가한 13.4만 대, 버스 섀시가 6.4% 증가한 5.32만 대가 각각 판매되었다.[14]

중국의 주요 업체별 판매량 추이를 보면 위 도표에 정리된 바와 같이 대부분이 중외합자 브랜드 제품으로 선진국들의 기술력을 빠르게 습득하면서 자체 브랜드제품을 개발해 나가고 있다.

2007년 상하이 GM이 50만 대를 판매하면서 3년 연속 1위에 올랐으나, 2008년 상반기에는 26.8만 대가 판매되면서 FAW VW(폭스바겐)에 1위 자리를 넘겨주었다. FAW VW은 전년동월내비 23.6%가 증가한 27.1만 대를 판매하면서 가장 많은 판매량을 기록하였고, 상하이 VW이 7.8% 증가한 24.1만 대, 중국 자체 브랜드인 체리(Chery, 奇瑞)가 0.6% 증가한 20.8만 대를 각각 기록하였다.

FAW 도요타는 79.5%가 급증한 20만 대의 판매량을 기록하면서 가장 높

---

[14] 섀시(chassis)란 자동차를 구조적으로 구분할 때 차체와 섀시로 나뉘는데, 차체를 탑재하지 않은 상태를 말함. 즉, 엔진, 변속기, 클러치, 핸들, 차축, 차바퀴 등 차량이 달릴 수 있는 최소한의 기계장치만 설치된 상태를 가리키는 것임.
  세미트레일러(semi-trailer)란 대형화물을 차량으로 수송하기 위해 트레일러 방식을 이용한 수송차량의 일부분으로, 연결장치를 통해 트랙터로 운반하는 구조의 트레일러를 일컬음.

은 증가율을 보였고, 2007년 급격한 하락세를 보였던 베이징현대와 동펑위에다(东风悦达)기아는 47%와 41.7% 증가한 16.5만 대와 7.5만 대의 판매량을 각각 기록하였다.

현대자동차는 빠르게 발전하고 있는 중국 상용차시장에 진출하기 위한 방법을 다각도로 모색하고 있다. 2008년 7월에는 기아자동차와 함께 중국 3대 버스제조회사인 샤먼진롱(厦门金龙)사에 향후 5년 동안 17,100대 규모의 버스 부품을 공급하기로 체결하였고, 광저우자동차그룹(广州汽车集团)과는 상용차 합자기업을 설립하기 위한 협상을 한창 진행하고 있는 것으로 알려지고 있다

한편, 이 글 앞머리에서 말한 것처럼 국제유가가 하락하면서 세계 주요 증시는 소폭 상승하는 움직임을 보였으나, 중국 증시는 상반기 성장률 발표로 인해 지속적인 하락세를 보였다. 성장률 둔화가 기업들의 실적 악화로 이어질 수 있다는 우려로 인해 성장률 발표가 있었던 7월 17일은 다음의 <도표 3>과 같이 전주 종가 대비 6%가 빠진 2,684.78포인트로 마감되어 2,700포인트마저 붕괴되었다. 2007년 1월 4일 개장 종가 2,715.72포인트보다 낮은 수준으로 하락한 것이다.

중국 3대 자동차기업의 최근 주가 추이 역시 종합주가지수와 비슷한 움직임을 보이며 2007년 개장 수준까지 급락한 모습을 보이고 있다.

2008년 들어 상하이 GM을 제치고 상반기 최대 매출량을 기록한 FAW VW과 최고 매출신장을 기록한 FAW 도요타로 인해 FAW(第一汽车股份有限公司)의 주가가 3개 회사 중 가장 높게 거래되고 있다. 7월 17일 종가 기준 1주당 7.69위안에 거래되고 있는 FAW의 2007년 1월 4일 종가는 4.3위안으로 지난해 연초대비 0.8배 가량 높게 나타나고 있다.

이에 반해 상하이자동차는 7월 17일 1주당 7.66위안으로 거래가 마감되어 2007년 1월 4일의 8.42위안보다 -9%가량 빠졌고, 동평(东风)자동차는 3.86위안으로 마감되어 2007년 1월 4일의 3.22위안과 거의 비슷한 수준을 유지하고 있다.

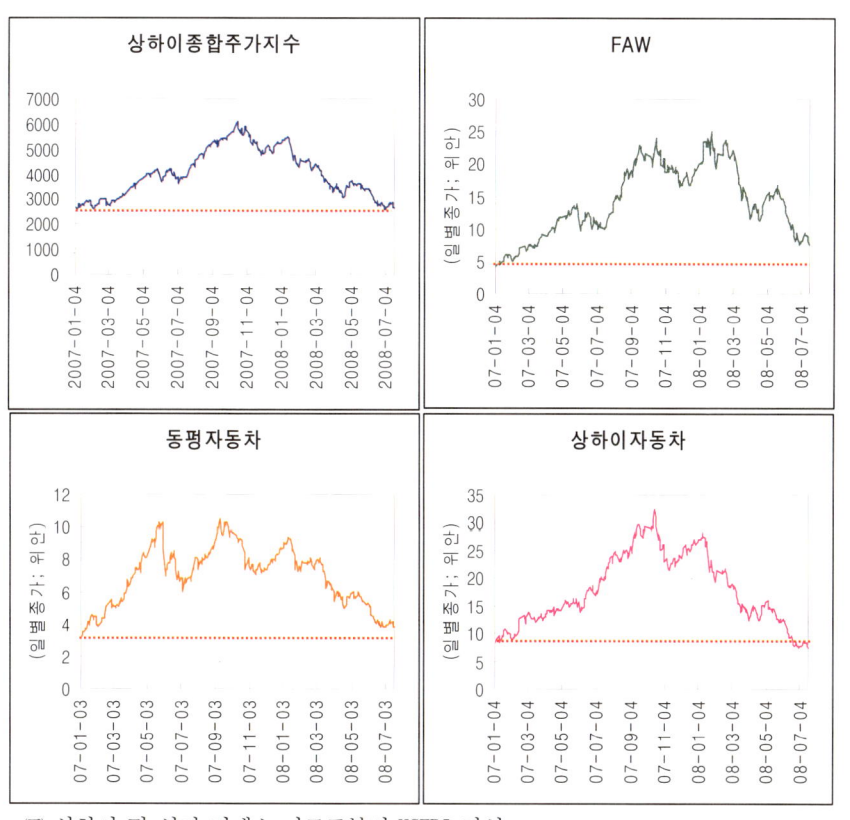

<도표 3> 중국의 주요 자동차기업 주가지수 추이

㈜ 상하이 및 선전 거래소 자료로부터 KSERI 작성

이처럼 유가급등으로 인해 글로벌 인플레이션의 압력이 지속적으로 가중됨에 따라 중국 경기가 빠르게 하강하고 있는 모습을 보이고 있고,

이는 기업들의 실적 우려로 이어지면서 주가하락이 계속되어 2007년 이전 수준으로 급락하는 양상을 보이고 있다.

또 중국의 자동차 판매량 증가가 2007년 하반기부터 점차 둔화되어 가고 있다. 미국 등 선진국과 같은 뚜렷한 하락곡선을 그리고 있는 것은 아니지만, 서서히 드러나고 있는 판매량 둔화는 그 동안 세계 자동차 판매 증가를 주도하고 있는 중국의 위치를 감안할 경우 세계적인 파장효과가 미칠 수 있을 것이다.

더욱이 세계은행과 IMF의 경제전망에 의하면 중국의 하반기 경제성장률이 더욱 감속할 것으로 예상되어 중국의 자동차 판매시장은 더욱 위축될 가능성이 크다고 할 수 있겠다.

(2008년 7월 21일)

동평자동차그룹과 동평자동차주식회사

중국 최대 규모를 자랑하는 베이징모터쇼가 2008년 4월 28일에 폐막되었다. 이번에 열린 제10회 베이징모터쇼는 '자동차 올림픽'이라 불릴 만큼 관심과 열기가 대단했다고 한다. 세계 최대 자동차시장으로 급부상하고 있는 중국을 공략하기 위해 벤츠, 아우디, 닛산 등 주요 자동차메이커들은 각종 신차들을 선보인 반면, 동펑(东风), FAW(一汽), 창안(长安) 등 중국 자동차메이커들은 자체 브랜드 전시를 통해 중국 자동차산업의 발전을 과시하였다.

이에 이번 중화경제동향에서는 세계 자동차판매의 중심으로 급부상하고 있는 중국 자동차산업의 최근 현황과 중국의 대표적인 자동차회사이자 기아자동차의 중국내 파트너인 동평자동차그룹(东风汽车集团)의 상장회사인 동평자동차주식회사(东风汽车股份有限公司, DFAC)에 대해 살펴보기로 한다.

<도표 1>은 세계 주요국가의 자동차 생산과 판매현황을 나타내고 있다. 우선 2007년 자동차 생산량을 보면 일본이 전년대비 1% 증가한 1,159.6만 대를 생산하여 2006년에 이어 2년 연속 세계 최대 자동차 생산국가에 올랐다. 이어서 미국이 전년대비 4.5% 감소한 1,075.1만 대로 2년 연속 감소하고 있고, 중국은 22%나 급증한 888.2만 대를 생산한 것으로 나타났다. 또 독일은 6.5% 증가한 619.6만 대, 한국은 6.4% 증가한 408.6만 대를 생산한 것으로 나타났다.

<도표 1> 주요 국가 자동차시장 현황 (2003~2007)

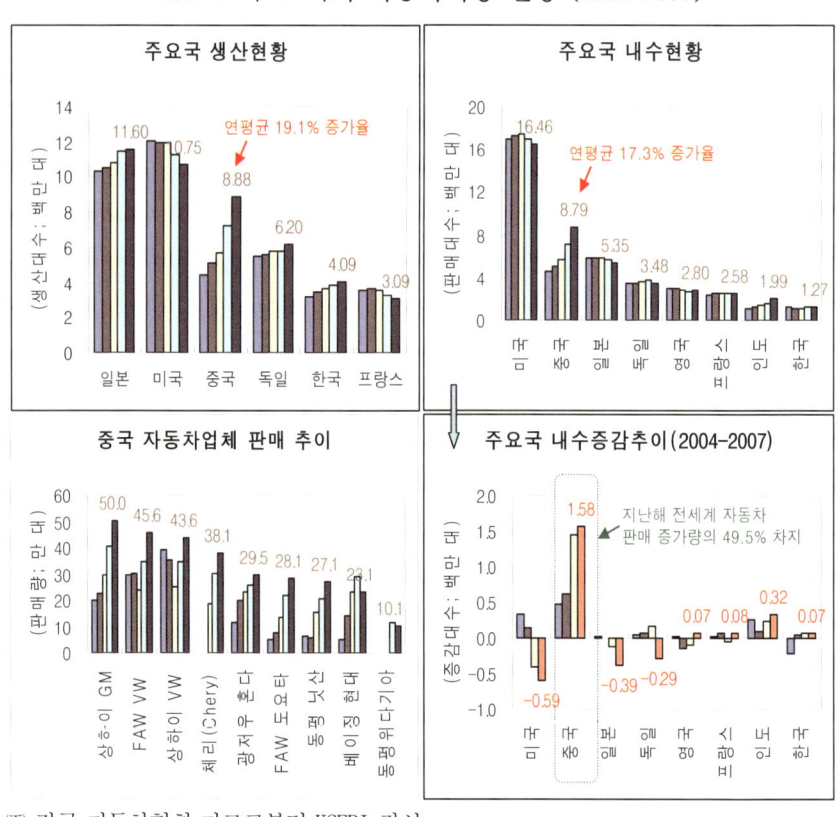

㈜ 각국 자동차협회 자료로부터 KSERI 작성

중국의 자동차 생산량은 매년 빠르게 증가하는 추세를 보이고 있는데, 2003년 이후 2007년까지 연평균 19.1%에 달하는 높은 증가율을 나타내고 있다. 이러한 추세대로라면 향후 2~3년 내에 중국이 일본을 앞질러 세계 최대의 자동차 생산국가에 오를 것으로 보인다.

주요국별 2007년 자동차 판매(신차등록 기준) 현황을 보면 미국이 전년대비 3.5% 감소한 1,646만 대로 세계 최대의 자동차 시장으로 나타나고 있으며, 이어서 중국이 21.8% 증가한 879.2만 대로 2위의 시장규모를 보이고 있다. 이어서 일본은 6.7% 감소한 535.4만 대, 독일은 7.7% 감소한 348.3만 대, 영국은 2.5% 증가한 280만 대가 각각 판매된 것으로 나타났다. 그리고 인도는 19.4% 증가한 199만 대, 한국은 5.5% 증가한 127.2만 대가 판매된 것으로 나타났다.

위 도표에 나타난 바와 같이 중국은 생산량뿐만 아니라 판매량도 매년 급증하고 있는데, 2007년 1분기 판매량은 전년동기대비 20.4%가 증가한 154만 대가 판매된 것으로 알려지고 있다. 연도별 판매량 증감 추이를 보면 미국과 일본 등 주요국들이 2006년부터 감소세를 나타내고 있는 반면, 중국은 2007년 157.6만 대나 증가하여 전세계 자동차 판매증가의 절반 가량을 차지한 것으로 나타났다.

중국의 주요 메이커별 판매량을 보면 상하이 GM 이 전년대비 23.1% 증가한 50만 대를 판매하여 3년 연속 1위를 기록하였으며, 이어서 FAW VW(폭스바겐)이 32.2% 증가한 45.6만 대, 상하이 VW 이 24.95 증가한 43.6만 대, 그리고 중국 자체브랜드인 체리(Chery, 奇瑞)가 26.2% 증가한 38.1만 대를 판매한 것으로 나타났다. 동펑닛산(日産)은 전년대비 32.8%로 가장 높은 증가율을 보이며 27.1만 대를 판매하였다.

한편, 한국의 합자기업인 베이징현대는 전년에 비해 20.3%나 급감한

23.1만 대에 그쳤으며, 동평위에다(东风悦达)기아는 12.2%가 감소한 10.1만 대 판매에 그친 것으로 나타나 2007년에 한국 브랜드 자동차만이 판매감소를 보인 것으로 나타났다.

이처럼 세계 자동차 생산 및 판매 중심으로 자리를 잡아가고 있는 중국 자동차산업은 중외합자 형태를 통해 자동차 선진국의 기술을 빠르게 습득하여 자체 국산브랜드차량을 개발해 나가고 있다. 중국의 자동차산업은 국가기간산업 육성 차원에서 1990년대 초부터 정부가 대규모 투자를 실시하였다. 동시에 주요 업체들도 집중 투자하기 시작하였는데, 이 중 연산 30만 대 이상 생산능력을 갖춘 상하이자동차와 FAW, 동평자동차 등 3개 회사에 대해서는 국가가 집중 관리하였다. 이에 해외자본의 중국 자동차산업 투자 역시 이들 3개 기업을 중심으로 이루어졌고, 그 결과 이들 3개 자동차회사의 판매량이 중국 전체 판매량의 절반 이상을 차지하고 있다.

그리고 중국 자동차산업은 2008년부터 대형화로의 재편이 가속화되고 있다. 상하이자동차와 난징자동차의 합병 작업이 진행되고 있는가 하면, 최근에는 동평자동차의 하페이(哈飞)자동차 인수를 중국 정부가 적극 지원하고 있는 것으로 알려지고 있다.

이제 중국 3대 자동차회사 중의 하나인 동평자동차에 대해 살펴보기로 하자.

동평자동차는 1969년에 설립된 종합자동차그룹으로, 현재 그룹 산하에는 상장회사인 동평자동차주식회사를 비롯해 기아자동차와의 합자회사인 동평위에다기아, 동평자동차물류, 설계연구소 등 20여 개에 달하는 계열사가 속해 있다.

동평그룹의 주력기업인 동평자동차주식회사는 1998년 정부 구조조정(国经贸企改)에 맞춰 동평자동차그룹 산하의 자동차와 엔진관련 업체들을 1997년 6월에 주식회사 산하로 이관하여 설립되었다. 동평닛산, 동평혼다 등 동평자동차의 대표적인 브랜드는 동평자동차주식회사에 속해 있는데, 이는 일본의 닛산자동차주식회사가 대주주로 합자생산을 하고 있기 때문이다. 동평자동차주식회사의 최대 주주는 동평자동차유한회사이나, 실질적인 주주는 동평자동차(그룹)주식회사와 닛산자동차주식회사이다.

<도표 2> 동평자동차주식회사 지배구조 현황

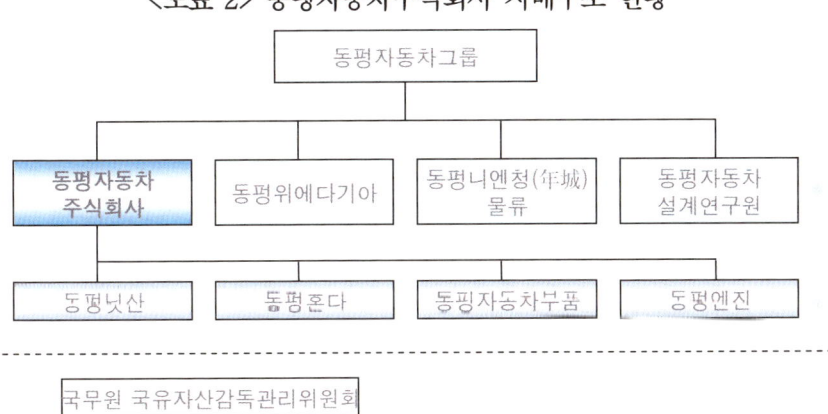

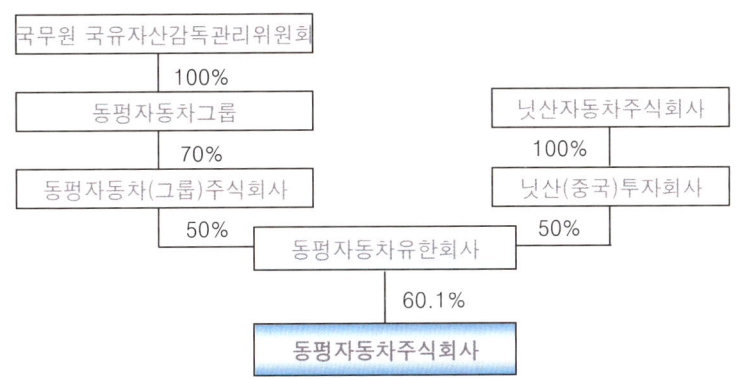

㈜ KSERI 작성

<도표 3>에서 동평자동차주식회사의 주요 경영현황을 살펴보면, 2007년 매출액은 전년대비 26.6% 증가한 133.9억 위안이었으며, 영업이익은 8.1% 증가한 6.7억 위안, 당기순이익은 5.5% 증가한 5.5억 위안으로 나타났다.

주요 제품별 판매 현황을 보면 경차판매가 전년대비 17% 증가한 52.95억 위안으로 전체 매출액의 39.5%를 차지하였으며, 이어서 SUV 차량이 전년대비 35.7% 증가한 44.69억 위안으로 전체 매출액의 33.4%를 차지하였다. 또, 자동차 엔진 매출이 32.7% 증가한 29.92억 위안으로 전체 매출액의 22.3%를 차지하였다. 이로써 이들 3개 제품의 매출이 회사 전체 매출액의 95% 이상을 차지하고 있다.

<도표 3> 동평자동차주식회사 주요 경영현황

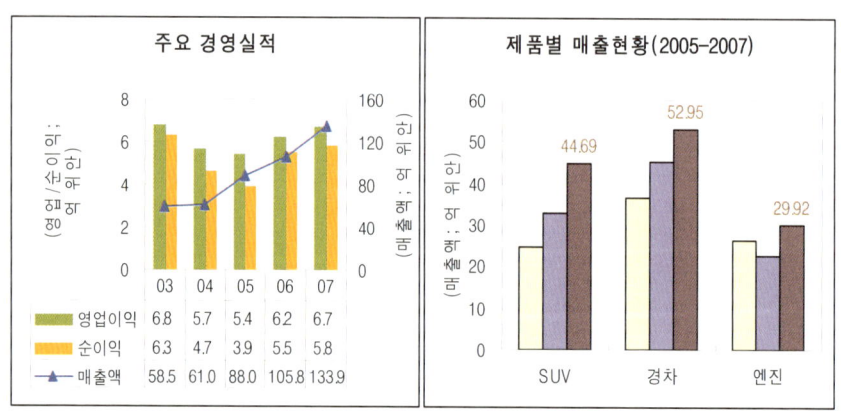

㈜ 회사 자료로부터 KSERI 작성

마지막으로 동평자동차주식회사의 최근 주가 추이를 살펴보기로 하자.

앞서 설명했듯이 동평자동차그룹의 구조조정을 통해 1999년 6월에 설립된 동평자동차주식회사는 당시 공개발행 10억 주 중에서 30%에 해당하는 3억 주를 국민주 공모로 할당하여 1주당 5.1위안에 거래되었다.

그리고 1999년 7월 27일에 상하이거래소에 정식 상장되었다. 동평자동차주식회사의 최근 주가는 2008년 4월 30일 종가 기준으로 주당 5.9위안에 거래가 마감되었다. 이는 1999년 6월 국민주 공모 당시의 주가와 거의 비슷한 수준이며, 2007년 1월에 비해 1.8배 가량 높은 수준이다. 하지만 2008년 들어 하락세를 거듭하고 있는 것으로 나타나고 있다.

㈜ 상하이거래소자료로부터 KSERI 작성

(2008년 5월 8일)

|제5부|
식음료 · 의류 · 유통

농민공 실업 급증과 차이나의류

중국의 경기하강이 기업들의 감원 및 중소기업들의 도산으로 이어지면서 그 동안 중국에서 볼 수 없었던 실업난이 심각한 사회문제로 급부상하고 있다. 지난 중화경제동향에서도 언급한 바와 같이 중국의 노동부라 할 수 있는 인력자원사회보장부(人力資源和社會保障部) 인웨민(尹蔚民) 장관이 직접 주요 도시들을 돌면서 기업들의 도산과 실업문제 파악에 나서고 있다.

인웨민 장관은 언론과의 인터뷰에서 중국의 실업률이 2003년부터 지속적인 안정세를 유지하였으나 5년 만에 처음으로 증가하여 2008년은 4.2% 정도가 될 것이라고 전망했다. 매년 2,400만 명의 신규 노동자가 발생하지만 실질적으로는 50%에 해당하는 1,200만 명 정도만이 일자리를 구하고 있다고 밝히면서 경제상황에 따라 더욱 어려워질 수 있다고 말했다.

특히 최근 글로벌 금융위기와 세계경제 침체로 인해 중국 연해안 지역의 노동집약형 수출기업들이 가장 큰 피해를 보고 있으며, 그 중에서도 중국내 노동집약형 수출기업들이 가장 많이 밀집되어 있는 온저우(溫州), 광동(广东)지역의 문제가 가장 심각하다고 말했다. 이번 현장조사를 바탕으로 11월 둘째 주에 열린 국무원 상무회의에서는 경공업과 방직/의류업체들을 지원하기 위한 대책들을 발표하였다.

이는 2008년 11월 12일 중국 비국유경제발전포럼에 참석했던 전인대 상무위원회 천창즈(陈昌智) 부위원장의 발언에 의해 이미 예견됐던 일이다. 천창즈 부위원장은 2008년 상반기에만 전국적으로 67,000여 개의 중소기업이 이미 폐업신고를 했으며, 이 중 방직업체가 1만 여 개에 달해 중국 방직산업의 구조조정이 빠르게 진행되고 있다고 말했었다.

중국정부는 홈페이지를 통해 최근 몇 개월 사이에 국내외 경제 악화로 인해 중국의 경공업과 방직/의류산업이 전례 없는 힘든 시기를 겪고 있다고 말하고, 취업보장과 안정된 국민생활을 위해 내수 촉진을 통한 건전한 경제성장을 유지할 수 있도록 중요한 대책을 발표한다고 밝혔다.

구체적인 대책 내용은 다음과 같다.

첫째, 내수확대 차원에서 가전제품 구입보조금 지원을 실시한다. 지진 피해지역과 소수민족지역을 포함한 농민들에 대해서 가전제품 구입보조금을 지급하여 가전산업과 내수를 촉진한다.

둘째, 중소기업에 대한 금융지원을 확대한다. 경기하강에 따른 대기업 실적 위축과 하청업체들의 경영난을 고려하여 신용담보대출을 확대한다. 특히 중국 경제발전의 중요한 축을 담당하는 경공업과 방직/의류산업에 대한 대출을 확대한다.

셋째, 법인세를 인하한다. 방직산업과 의류 및 일부 경공업 제품의 수출을 촉진하기 위해 법인세 부담을 대폭 줄인다.

넷째, 새로운 교역시장을 발굴한다. 대외무역발전기금을 활용해 경공업과 방직/의류산업 업체들의 신규 시장개척과 기술개발 및 인수합병 등을 촉진 지원한다.

다섯째, 금융기관들의 대출확대를 유도한다. 시중은행들의 신용대출을 확대하고 절차를 간소화하며, 수출신용보증 등을 확대하여 중소기업들의 융자를 확대해준다.

여섯째, 경공업과 방직/의류산업의 구조조정을 촉진한다. 기술개발을 통한 차별화 제품을 생산하여 경쟁력을 확보할 수 있도록 중앙정부가 공적자금을 적극 지원한다.

이처럼 중국 정부가 방직/의류산업을 비롯한 경공업에 신경을 쓰고 있는 이유는 이들 산업들이 노동집약형 산업들로 대략 4,000만 명 이상의 노동자가 종사하고 있기 때문이다. 특히 이들 산업에 종사하고 있는 대부분이 농민공으로 도산이 확산될 경우 지역경제에 미치는 여파가 상당하기 때문이다. 중국의 농민공 숫자는 현재까지 2억3천만 명에 달하는 것으로 파악되고 있는데, 이는 중국 전체 인구의 16% 이상이 도시지역 공장에서 생계를 유지하고 있다는 것을 의미한다.

쟝시(江西)성의 경우 농민공은 2008년 10월 말 현재 680만 명으로 파악되고 있는데, 11월 들어 2주 동안 고향으로 되돌아온 인원이 벌써 30만 명에 육박하고 있는 것으로 확인되고 있다. 중국 정부는 아직 농민공 실업 문제가 심각한 상태가 아니라고 말하고 있으나 지역에 따라서는 이미 심각한 수준에 이르고 있는 것으로 보인다.

대규모 농민공 실업 양산과 산업 구조조정에 직면하고 있는 중국의 경공업과 방직/의류산업의 현황을 살펴보기 위해 최근의 중국 수출산업

변화를 간략히 살펴보기로 하자.

다음 쪽의 <도표 1>은 중국의 대외교역 추이를 나타내고 있는데, 중국의 수출입은 2003년부터 급증하는 모습을 보이고 있다. 2008년 중국의 수출은 1.4조 달러, 수입은 1.2조 달러로 수출과 수입을 합한 대외교역액은 2.6조 달러로 나타나고 있는데, 이는 2002년에 비해 수출은 4.4배, 수입은 4배 가량 늘어난 수치이다. 상품수지 면에서도 2,600억 달러로 2002년에 비해 8.5배 늘어났다. 이로부터 2003년을 전후로 중국의 수출산업 구조에도 큰 변화가 있었을 것으로 추정할 수 있다.

구체적으로 중국의 수출입이 급증하기 직전인 2002년과 급증한 후인 2008년의 상위 10위 수출품목 변화를 비교해보면, 중국 방직/의류 산업의 구조조정 압력과 농민공 실업문제를 보다 명확히 이해할 수 있다. 2002년 상위 10위 수출품목을 살펴보면, 직물의류, 편물의류, 완구인형, 신발, 가죽가방 등 노동집약형 방직/의류 산업이 포함되어 있다. 이에 반해 2008년 상위 10위 수출품목에는 편물의류와 직물의류만이 포함되어 있을 뿐이며, 대신에 2002년에는 없는 전기전자, 기계류에 이어, 철강 원제품 및 조강제품, 자동차 등 중화학 업종이 새로이 등장한 것으로 나타나고 있다.

이는 중국의 수출산업이 2003년을 전후로 노동집약적인 방직/의류 등 섬유산업 중심에서 전기전자 및 중화학 공업제품 중심으로 빠르게 재편되어 오고 있음을 보여주고 있는 증거라고 할 수 있다. 최근의 국내외 경기침체와 같은 외부여건의 악화가 겹쳐지면서 방직/의류 등 섬유산업이 대규모 농민공 해고 등과 파산 등 구조조정 압력에 노출된 것이라고 할 수 있다. 중국정부는 내수시장 활성화와 기술개발 등을 통해 차별화된 섬유제품 개발로 시장판로를 개척할 계획을 발표했지만 중국 수출산

<도표 1> 중국 대외교역 현황

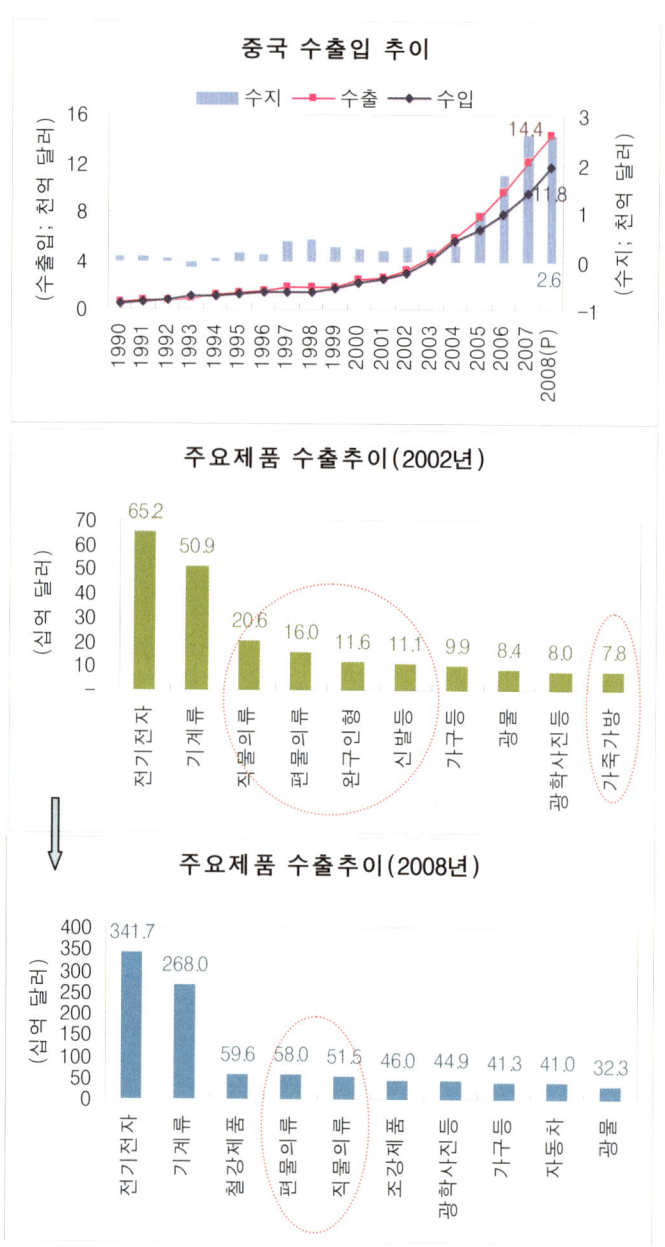

(주) 해관총서 자료로부터 KSERI 작성. 2008년은 전망치임.

업의 변화가 중국 경제발전에 따른 구조적인 현상에 기인한 면도 크다는 점에서 쉽사리 농민공의 실업 문제와 방직/의류 산업의 구조조정 문제를 해결하기는 어려울 것으로 보인다. 보다 근본적인 문제해결 방안은 변화하는 산업구조에 맞추어 농민공에 대한 대체직업 훈련을 통해 신규 분야 취업을 장려하는 것이 필요할 것으로 보인다

이처럼 방직/의류 등 섬유산업을 비롯한 중국 중소 수출기업들의 경영난과 도산은 중국 정부 입장에서 심각한 정책과제로 급부상하고 있다. 이에 최근 중국내 의류 관련기업들의 경영 상황을 알아보기 위해 뉴욕의 유명브랜드를 OEM(주문자상표부착방식) 생산하여 중국내 백화점 판매와 수출 등을 주로 하고 있는 차이나의류(中國服裝股份有限公司, China Garments)에 대해 살펴보기로 한다.

차이나의류는 1999년 3월 중국복장연구설계센터(그룹)가 구조조정을 하는 과정에서 우쟝공예방직공장(吳江工艺织造厂)과 통화시인조모피회사(通化市人造毛皮联合公司)가 공동 발기인으로 참여하면서 설립된 주식회사이다. 자체적으로 생산하고 있는 방직제품과 피혁제품을 바탕으로 의류, 악세서리, 구두 등을 생산, 판매하는 토탈 패션회사로서 세계 패션의 중심지인 뉴욕의 유명 브랜드 중 하나인 해일리브스(HAILIVES) 등을 중국내 유명 백화점에 공급하고 있다. 현재까지 프랑스 파리와 미국 뉴욕, 독일, 러시아 등지에서 중국 패션을 대표하여 컬렉션을 개최할 정도로 중국 패션계에서는 유명한 회사이다.

차이나의류의 지배구조는 <도표 2>에서 볼 수 있는 것처럼 홍콩계 의류회사인 헴펠국제그룹(HEMPEL INT'L, 香港汉帛国际集团)의 중국내 자회사인 헴펠중국이 26.53%를 소유하여 최대주주로 나타나고 있다. 또 헝텐

그룹(恒天集団)이 22.87%, 창청자산관리회사(长城资产管理有限公司)가 12.51%의 지분을 소유하여 주요 주주인 것으로 나타나고 있다. 헴펠국제그룹의 본사는 홍콩에 위치해 있고, 전세계 1만 여 명의 직원이 일하고 있는 글로벌 패션회사이다. 헴펠중국은 헴펠국제그룹이 100%의 지분을 소유하고 있는데, 1992년에 설립된 항저우훼리시우화의류회사(杭州汇丽绣花制衣有限公司)가 2003년 8월 헴펠중국으로 사명을 변경한 것으로 알려지고 있다. 주로 미국과 유럽, 호주 등지에 여성의류를 수출하고 있으며 중국내 의류 수출물량 6위에 올라 있다.

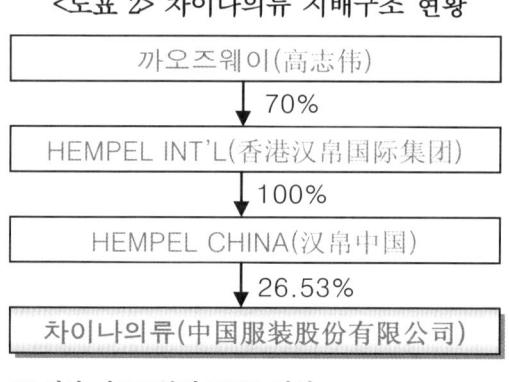

<도표 2> 차이나의류 지배구조 현황

㈜ 회사 자료로부터 KSERI 작성

다음으로 차이나의류의 최근 경영실적을 살펴보면, 아래 <도표 3>에 나타난 바와 같이 2008년에 들어오면서 경영실적이 크게 악화되고 있다.

2007년 매출액은 전년대비 16%가 증가한 22.2억 위안을 기록했지만 영업이익은 1,145만 위안, 당기순이익은 1,585만 위안으로 둔화되고 있다. 2008년은 3분기까지 누계 매출액이 전년동기대비 2% 감소한 14.4억 위안을 기록하였고, 영업손실과 순손실은 1,709만 위안과 1,595만 위안의 적자를 나타내고 있다.

  2007년의 부문별 매출을 보면 우선 무역부문이 18.4억 위안으로 전체 매출의 83%를 차지하고 있으며, 이어서 염색부문이 3.1억 위안으로 14%를 차지하고 있다. 또 지역별 매출분포를 보면, 미주, 유럽 등 해외수출이 15.1억 위안으로 전체 매출의 68%를 차지하고 있고, 내수는 7.1억 위안으로 32%를 차지하고 있는 것으로 나타났다.

<도표 3> 차이나의류 주요 경영현황

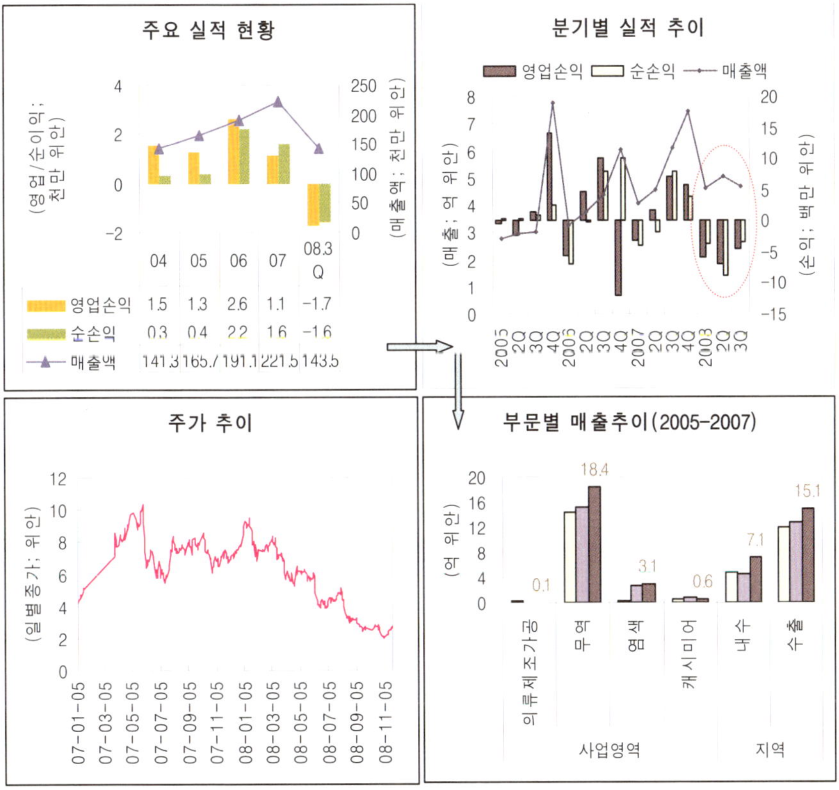

㈜ 회사 및 선전거래소 자료로부터 KSERI 작성

마지막으로 최근 주가추이를 보면, 1999년 4월 8일 선전거래소에 상장된 차이나의류는 2008년 11월 셋째 주 말 1주당 2.56위안으로 거래가 마감되었다. 특히 2008년부터 주가 하락세가 계속되고 있다.

2008년 하반기 이후 세계경제가 크게 위축됨에 따라 차이나의류와 같이 수출위주의 중국 방직/의류 기업들의 적자는 더욱 확대될 가능성이 높을 것으로 예상된다. 중국 정부가 방직/의류산업 지원과 구조조정에 적극 나서고 있지만 중국 방직/의류산업도 저렴한 인건비 위주의 노동집약적 산업에서 탈피하지 않으면 안 되는 때가 된 것으로 보인다.

(2008년 11월 24일)

멜라민 사태와
멍뉴(蒙牛)유업의 경영 현황

중국발 식품안전위기가 또다시 세계 각국의 건강을 위협하고 있다. 중국 전역을 분노와 충격으로 들끓게 하고 있는 '멜라민' 공포가 타이완, 홍콩을 넘어 한국, EU까지 확산되고 있는 것이다.

2008년 9월 11일 중국의 싼루(三鹿)업체가 생산한 분유제품을 먹은 영아가 사망한 소식이 보도되면서 국무원이 해당업체의 생산중단을 명령하고 분유업체의 제품검사에 들어갔다. 그 과정에서 멍뉴(蒙牛), 이리(伊利), 광밍(光明) 등 중국의 유명 유제품업체들의 제품에서도 멜라민이 검출되면서 사태가 크게 확산되기 시작했다. 특히 멍뉴, 이리, 광밍의 3개 업체 유제품(우유, 탈지분유, 요구르트 등)은 중국 유제품시장의 70% 가까이를 점유할 정도로 중국의 대표적 유제품기업이다. 따라서 여타 중소 수출업체들의 안전성은 새삼 언급할 필요가 없을 정도라고 할 수 있을 것이다.

국제문제로 번지고 있는 멜라민은 유기화학물질로 포르말린과 결합해

내연성/내열성 수지 생산에 사용되는 물질이다. 주로 식기류, 바닥타일, 화이트보드 등에 사용되며, 양식어류의 사료에서도 검출되었다는 최근 보도와 같이 어류와 가축사료에도 사용되고 있다.

그렇다면 멜라민의 인체에 대한 안전성은 어떠한가? 미 농무부(USDA) 식품안전검사국(FSIS)은 멜라민이 함유된 사료를 먹인 동물을 사람이 식품으로 섭취했을 경우에는 인체에 무해하다고 밝히고 있다. 멜라민 잔류량이 53~400mg/kg 이 검출된 사료를 먹인 어류에서는 멜라민이 검출되지 않았다고 한다. 이는 멜라민 사료를 먹은 어류나 동물이 멜라민을 빠르게 체외로 배출하기 때문에 동물 체내에는 거의 축적되지 않은 것으로 분석하고 있다.

하지만 사람이 멜라민을 직접 섭취하였을 경우에는 이야기가 달라진다. 국제암연구소(IARC)는 멜라민을 발암성으로 분류할 수 없는 물질로 구분해 놓고 있으나, 만성독성의 위험성이 내재된 물질로 구분하고 있다. 즉 멜라민을 일정량 이상 꾸준히 섭취할 경우 멜라민의 분해산물인 시아누르산(cyanuric acid)에 의해 치명적인 신장결석이 유발된다고 설명하고 있다.

때문에 미 식품의약국(FDA)은 멜라민의 TDI(1일 섭취량, 특정성분을 장기간 섭취했을 때 건강에 이상이 생길 수 있는 양)를 630ug/kg/일로 보고 있고, 유럽식품안전청(EFSA)은 멜라민이 함유된 식품 및 사료의 TDI 를 0.5mg/kg 이하로 권고하고 있다. 또 국제식품규격위원회(CODEX)는 멜라민을 식품첨가물로 허용하고 있지 않으며, 한국에서도 식품에 대한 멜라민 잔류를 허용하고 있지 않다.

아래의 <도표 1>은 현재까지 중국정부가 조사한 주요 유가공업체들의 제품내 멜라민 함유량을 정리한 것으로 중국 업체들의 안전불감증을 가히 짐작할 수 있다. 사태의 근원지인 싼루업체의 수거제품 11개 모두가 불합격인 것으로 밝혀졌다. 더욱 심각한 것은 이 업체가 생산하고 있는 분유의 멜라민 함유량은 2,563mg/kg 으로 국제기준치를 초과 운운한다는 것 자체가 무색할 정도다. 또 중국의 대표 유가공업체인 멍뉴, 이리, 광밍, 야스리 제품들의 멜라민 함유량 역시 12mg/kg 에서 98.6mg/kg 까지 검출된 것으로 나타나고 있다. 즉 이들 제품들의 우유(200ml 기준)를 매일 1개씩 먹었다고 가정하면 하루에 멜라민을 최소 2.4mg 에서 최대 19.7mg 을 먹었다고 할 수 있다. 국제기준에 비추어보면 우유를 정기적으로 섭취하고 있는 중국 어린이들의 70% 가까이가 건강에 위험이 있을 수 있다는 설명이다.

<도표 1> 중국 유가공업체 멜라민 검사 현황

	검사제품	불합격	멜라민함유량 (mg/kg)
싼루(三鹿)	11	11	2,563.0
멍뉴(蒙牛)	121	11	68.2
이리(伊利)	81	7	12.0
야스리(雅士利)	34	10	53.4
광밍(光明)	2	2	98.6
上海熊猫	5	3	619.0
青岛圣元	17	8	150.0
山西古城	13	4	141.6
宝鸡惠民	1	1	79.2
中澳合资天津多加多	1	1	67.9
湖南倍益	3	1	53.4
黑龙江齐宁	1	1	31.7

㈜ 각종 자료로부터 KSERI 작성

하지만 이번 사태가 중국 국내문제에서 그치는 것이 아니라 그 동안 수출했던 유가공 제품에서도 멜라민이 검출되면서 중국산 제품의 안전성 논란이 국제적으로 빠르게 확산되고 있다.

홍콩에서는 멜라민 분유로 인해 신장결석에 걸린 어린이가 5명으로 늘었고, 타이완에서는 커피크림에서, 마카오에서는 비스킷에서 멜라민이 검출되었다. 또 EU 27개국은 2008년 9월 26일부터 중국산 유제품이 함유된 초콜릿과 비스킷 등 가공식품을 수입하지 않기로 결정하였다.

한국 역시 멜라민 가공식품 수입 안전지역이 되지는 못했다. 최초 보도가 있었을 당시 농림수산식품부와 식약청은 해당 분유가 수입되지 않았기 때문에 안전하다고 밝혔다. 하지만 멜라민 분유가 함유된 가공식품이 국내에 수입될 수 있다는 지적이 계속해서 일자 식약청은 9월 17일부터 수입 가공식품에 대해 검사를 시작하였고, 그 결과 몇몇 과자에서 멜라민이 검출되었고, 커피크림도 뒤늦게 확인된 것으로 밝혀졌다.

이처럼 국제통상문제로 확대되자 중국 정부는 원자바오(溫家宝) 총리가 전면에서 사태진화에 나서고 있다. 2008년 초 폭설피해와 쓰촨성 대지진 수습과정에서 얻었던 국민들의 신뢰를 기반으로 유가공업체들에 대한 검사와 감독을 지시하고 있다. 또 UN밀레니엄 발전목표 고위급회담 참석차 뉴욕에 도착하여 행한 연설에서 원자바오 총리는 중국 기업가들의 도덕성 결여와 무책임이 빚어낸 사태라고 인정했다. 이번에 중국정부가 실시하고 있는 검사결과는 공개할 예정이며, 문제 분유와 유제품들은 모조리 폐기 처분할 것이고 책임자들도 엄중 문책할 것이라고 강조했다. 동시에 수출용 유제품에 대해서도 책임 있는 적절한 조치를 취할 것이라고 설명했다.

하지만 이번 일로 인해 2008년 하반기 중국의 교역은 다소 위축될 전망이다. 미국 금융위기와 세계경제의 동반 위축으로 수출증가가 둔화되는 상황에서 식품안전 문제까지 불거지면서 수출증가 둔화는 더욱 확대될 것으로 보인다.

아래 <도표 2>에서 2008년 8월 말 현재 중국의 수출은 전년동기대비 22.4% 증가한 9,737억 달러, 수입은 30% 증가한 7,857억 달러를 각각 기록하였고 교역수지는 6.2% 감소한 1,520억 달러로 나타나고 있다.

또 멜라민 사태와 관련이 있는 중국산 유제품의 수출 추이를 보면, 2007년 무려 157%나 급증한 2.4억 달러를 기록했으며, 2008년 역시 8월 말 현재 32% 증가한 2.1억 달러를 기록하고 있다. 하지만 이번 사태가 불거지면서 중국산 유제품의 수출은 타격을 받아 2008년 말까지는 거의 수출이 불가능해 전년대비 11.7% 감소할 것으로 보인다.

<도표 2> 중국의 교역 추이

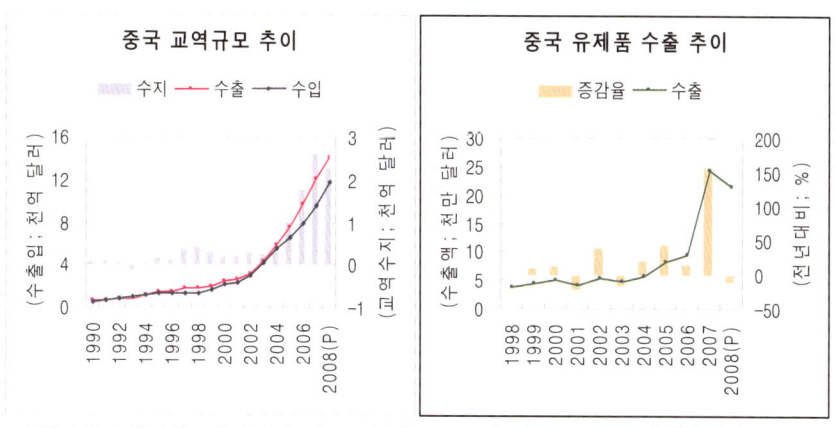

(주) 중국 상무성, 해관총서 자료로부터 KSERI 작성. 2008년은 연환산치임.

중국 속담 중에 '忙中有错(급히 서둘면 문제가 발생한다)'라는 표현이 있는데 이번 멜라민 사태를 잘 설명하고 있다고 할 수 있다. 즉 크기나모양은 이미 갖췄어도 일조량이 부족한 풋과일은 먹을 수 없고, 설령 먹더라도 탈이 나듯이 필히 문제가 발생하기 마련이다. 제품안전성과 기업의 윤리의식 등 제대로 갖춰지지 않은 시스템에서 급증하는 수요를 맞추다 보니 이번 멜라민 사태와 같은 문제가 불거졌다고 할 수 있다.

멜라민 사태뿐 아니라 이전의 중국산 김치, 농수산물, 완구, 만두 파동까지 빈번하게 제기되고 있는 중국산 제품의 안전성 문제는 2000년 이후 수출 주도형 고속성장 속에서 투기와 반칙을 통해서라도 돈을 벌겠다는 중국사회의 왜곡된 일면을 대변해주고 있다고 할 수 있다.

이제 2007년 중국 우유시장에서 최대 점유율을 기록한 멍뉴유업주식회사(蒙牛乳業有限公司, Mengniu Diary)의 최근 경영현황을 간단히 살펴보기로 한다.

멍뉴유업은 현재의 대표이사인 뉴건성(牛根生)이 1999년에 설립한 민영기업으로 10년 만에 중국을 대표하는 유업회사로 급성장하였다. 본사는 내몽고 후허하오터(呼和浩特)시에 위치해 있으며, 총 자산규모는 대략 40억 위안(약 7천억 원)에 달한다. 중국 전역 22곳에 목장과 생산라인을 갖추고 있는데, 주요제품은 UHT 우유(초고온순간살균법)를 비롯하여 요구르트, 아이스크림, 탈지분유 등을 생산하고 있다.

<도표 3> 멍뉴유업의 지배구조

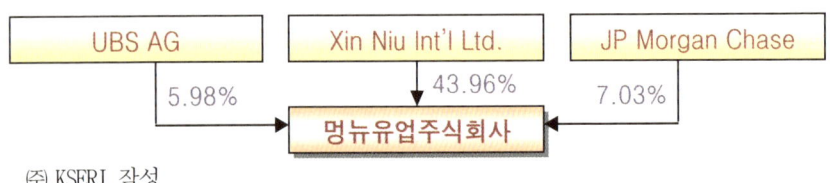

㈜ KSERI 작성

회사의 주요 지배구조는 위 <도표 3>에 나타난 바와 같이 신뉴인터내셔날(Xin Niu International Ltd.)이 44%의 지분을 보유한 최대주주이며, JP 모건체이스와 UBS AG 가 각각 7%와 6%의 지분을 소유하고 있다. 이중 최대주주인 신뉴인터내셔날의 의결권은 멍뉴유업의 뉴건성 대표이사가 행사하고 있다고 한다. 뉴건성 대표가 실질적으로 보유하고 있는 지분은 회사 전체 지분의 34.1%에 달한다.

아래 <도표 4>에서 보면 2007년 매출액은 전년대비 32% 증가한 213.2

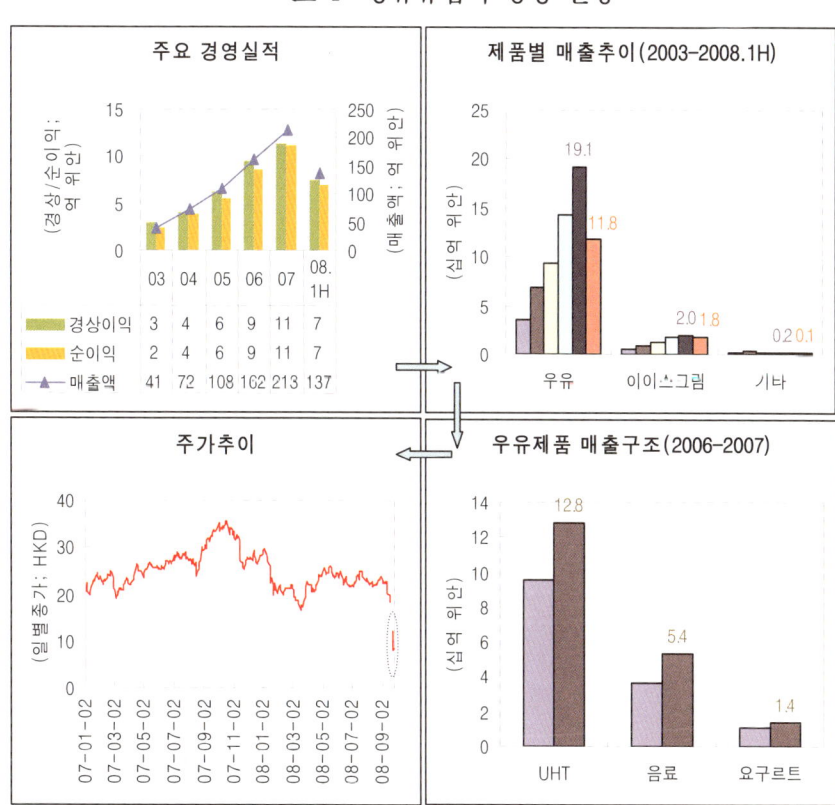

<도표 4> 멍뉴유업의 경영 현황

㈜ 회사 및 홍콩거래소 자료로부터 KSERI 작성

억 위안을 기록하였고, 경상이익은 20% 증가한 11.3억 위안, 당기순이익은 28% 증가한 11.1억 위안을 각각 기록하였다. 그리고 2008년 상반기 현재 매출액은 전년동기대비 37% 증가한 137억 위안을, 경상이익과 당기순이익은 27%와 20% 증가한 7.5억 위안, 6.9억 위안을 기록하고 있다. 하지만 멜라민 파동으로 2008년 하반기 회사의 경영실적은 크게 타격을 받을 것으로 보인다.

제품별 매출분포(2008년 상반기 기준)를 보면, 우유제품이 전년동기대비 34% 증가한 118억 위안으로 회사 전체 매출의 86%를 차지하고 있고, 아이스크림은 37% 증가한 17.8억 위안, 기타 유제품은 52% 증가한 1.2억 위안을 차지하고 있다.

멍뉴유업은 지난 2004년 6월 1일에 홍콩거래소에 상장되었고, 당시 발행주는 총 3.5억 주에 발행가는 주당 3.9홍콩달러였다. 회사의 성장세를 반영하듯 이번 멜라민 사태가 알려지기 전까지 1주당 20홍콩달러를 상회하는 높은 거래가를 형성하였으나 연일 급락세를 보이며 한 주 만에 7.9홍콩달러까지 급락하였다.

(2008년 9월 29일)

코카콜라의 훼웬주스그룹 인수

2008년 9월 중국 음료업체인 훼웬주스그룹(中国汇源果汁集团, Huiyuan Juice Group Ltd.)은 홍콩증시 투자자들의 커다란 주목을 받았다. 훼웬주스그룹이 9월 3일자 언론발표를 통해 코카콜라가 179억 홍콩달러(약 23억 달러)에 자사를 인수하는 데에 합의했다고 발표했기 때문이다. 발표 당일 훼웬주스그룹의 주가는 전일 종가대비 3배 가까이 급등하면서 마감되었다.

코카콜라 입장에서는 이번 인수 금액이 1979년 설립된 이래 두 번째로 큰 규모에 해당하며, 중국 입장에서는 최대 규모의 외자기업에 의한 국내기업 인수가 되는 셈이다.

구체적인 인수 방식은 다음의 <도표 1>에 나타난 것처럼 코카콜라의 자회사인 애틀란틱 인더스트리(大西洋工业公司)가 훼웬주스그룹의 발행주식 전부인 약 15억 주 가량을 주당 12.2홍콩달러에 매입하기로 하고,

인수금액인 179억 홍콩달러는 현금 지불하기로 하였다. 또 2008년 말까지 나머지 비유통주에 대해서도 추가 인수하기로 하고 약 10억 달러 가량을 지불할 방침인 것으로 알려지고 있다.

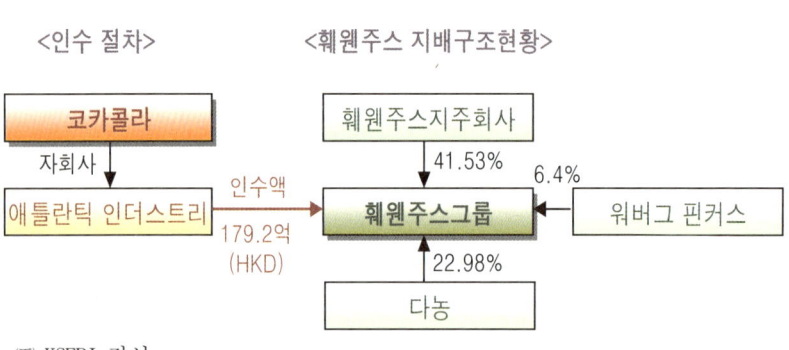

<도표 1> 훼웬주스그룹 매각 구조 및 지배구조현황

㈜ KSERI 작성

이 거래가 성사될 경우 최대 수혜자는 훼웬주스그룹의 최대 주주인 주신리(朱新礼) 대표가 될 것으로 보인다. 2008년 8월 말 현재, 그룹의 지배구조는 훼웬주스지주회사(汇源果汁控股有限公司)가 41.5%의 지분을 소유함으로써 최대 주주로 나타나고 있으며, 이어서 다농(DANONE)이 23%, 사모펀드인 워버그 핀커스(Warburg Pincus Private Equity)가 6.4%의 지분을 각각 소유하고 있는 것으로 확인됐다.

훼웬주스그룹의 설립자인 주신리 대표는 훼웬주스지주회사의 지분 100%를 보유하고 있으며, 훼웬주스지주회사는 이번에 매각되는 훼웬주스그룹의 주식 15억 주 중 약 6.2억 주 가량을 소유하고 있는 것으로 알려지고 있다. 이로부터 주신리 대표는 이번 매각을 통해 약 75.6억 홍콩달러(약 1조원)의 자금을 얻게 될 것으로 보인다.

그러나 훼웬주스그룹이 코카콜라와의 매각협상에 합의하였다고는 하나 아직 중국 정부의 승인절차가 남아 있다. 특히 2008년 8월 1일부터 정식 시행에 들어간 독점금지법의 적용 여부가 이번 승인의 최대 관건으로 작용할 전망이다. 중국의 독점금지법이 입법화되기까지 중국 정부는 무려 14년 동안 논의를 지속해왔지만 세부 운용방안에 대해서는 아직도 불투명한 상태라고 할 수 있다. 다만 해외자본의 중국기업 인수와 관련해서는 확실하고 엄격한 기준을 적용하고 있다고 할 수 있다.

중국의 독점금지법은 독점행위의 유형으로 크게 담합행위(垄断协议), 시장의 지배적 지위 남용(滥用市场支配地位), 기업집중(经营者集中), 행정권력 남용(滥用行政权力排除)의 4가지를 열거하고 있다. 이번 코카콜라의 훼웬주스그룹 인수건은 기업집중에 해당된다고 할 수 있다.

좀더 자세히 기업집중(经营者集中) 조항을 살펴보면, 인수합병(M&A), 주식 혹은 자산 취득 방식을 통해 다른 기업의 지배권을 획득한 행위, 계약 등의 방식을 통해 다른 기업의 지배권 혹은 결정적 영향력을 행사하는 행위를 기업집중 행위로 규정하고 있다. 또한, 해외자본이 중국기업을 인수합병(M&A)하거나 여타 방식을 통해 국가안보와 관련 있는 분야의 기업집중에 참여할 경우에는 독점금지법과는 별도로 국가안보 심사를 반드시 거쳐야 한다고 명시하고 있다.

그러나 기업집중의 세부기준은 벌써 3차례나 변경되었다. 처음 발표됐던 초안에서는 신고대상 기업의 기준을 '전년도 전세계 매출액이 120억 위안(약 18억 달러) 이상이고, 1개 기업의 전년도 중국내 매출액이 8억 위안 이상인 경우'로 제한하였다. 이후 5월에 확정 발표된 기준에서는 '전년도 전세계 매출액이 90억 위안(약 13억 달러) 이상이고, 최소 2개 기업의 전년도 중국내 매출액이 각각 3억 위안 이상인 경우'로 좀더 강화되었다. 그리고 가장 최근의 기준에서는 '전년도 전세계 매출액이 100억 위안(약 15억 달러) 이상이고, 최소 2개 기업의 전년도 중국내 매출액이 4억 위안 이상인 경우'로 재차 수정되었다.

훼웬주스그룹의 전년도 매출액과 상관없이 코카콜라는 2007년 전세계적으로 288.5억 달러의 매출을 기록하였는데, 이는 중국 국무원이 규정하고 있는 기업집중의 기준을 훨씬 넘어서는 것이다. 바로 이런 이유 때문에 코카콜라는 자회사인 애틀란틱인더스트리를 통해 훼웬주스그룹 인수를 진행하고 있는 것으로 보인다.

하지만 이번 코카콜라의 인수가 순조롭게 진행될지는 미지수다. 발표 이틀만에 중국의 일부 언론들이 이번 훼웬주스그룹의 매각과 관련하여 기업 흠집내기에 나서고 있기 때문이다. 엄청난 매각자금을 얻게 되는 훼웬주스그룹은 10년 전의 낡은 공장을 그대로 유지한 채 매년 2~3백만 위안의 세금만을 납부하고 있을 뿐이라고 훼웬주스그룹 본사가 위치해 있는 베이징 순이(順义)시 공무원과의 인터뷰를 게재하고 있다. 그런가 하면 중국의 대표적인 포털사이트 시나닷컴(新浪)은 인터넷 투표를 통해 네티즌의 80% 이상이 이번 매각과 관련해 반대의사를 표시했으며, 국민의 브랜드를 팔아 넘긴 것과 다름없다는 내용을 전하고 있다.

코카콜라는 훼웬주스그룹 인수와 관련하여 이미 오래 전부터 철저하게 준비해왔고, 독점금지법 심사부처인 상무부에 제출할 자료 역시 차질 없이 준비하고 있다고 밝히고 있다. 그러나 현재의 여론 분위기로 봐서는 '일벌백계(一罰百戒)'의 희생양으로 전락할 가능성도 배제할 수 없다. 코카콜라가 훼웬주스그룹의 거래주가(4.1홍콩달러)대비 3배 가까운 금액을 제안하면서까지 인수하려고 하는 가장 큰 이유는 급성장하고 있는 중국 과즙음료시장에 대한 사업성 확신과 다농에 뒤쳐지고 있는 시장점유율 만회에 나서기 위한 때문으로 보인다.

　과즙음료와 청량음료를 포함한 음료시장은 <도표 2>와 같이 2003년부터 빠르게 성장하는 모습을 보이고 있는데, 2007년까지 연평균 23%에 달하는 높은 성장률을 기록하고 있다.

　2007년 중국 음료제품 판매액은 전년대비 25.4%가 증가한 약 4,879억 위안(약 80조원)에 달하는 것으로 추정된다. 이처럼 음료제품 판매가 급증하고 있는 것은 선진국의 웰빙문화가 중국에 영향을 미치면서 탄산음료보다는 가격이 비싸더라도 몸에 좋은 과즙음료 수요가 급증하고 있기 때문이다. 또 차(茶) 문화가 오래 전부터 생활 속에 깊게 뿌리내리고 있는 중국에서 차 음료는 간편할 뿐 아니라 휴대가 용이하고 다양한 맛을 즐길 수 있다는 점에 있어서 최근 들어 빠르게 성장하고 있다. 이에 소프트드링크 음료시장이 기존의 탄산음료시장을 위협하고 있는 상황이라고 할 수 있다.

<도표 2> 중국 음료시장 현황

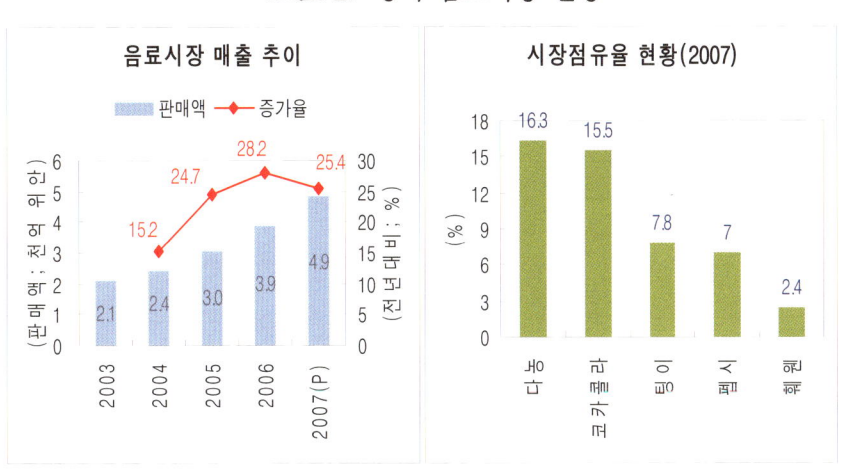

(주) 각종 자료로부터 KSERI 작성

2007년 중국 주요 음료업체들의 시장점유율을 보면, 다농이 16.3%로 가장 높게 나타났으며 이어서 코카콜라 15.5%, 팅이(康师傅) 7.8%, 펩시콜라 7%의 순으로 나타났다. 또 훼웬주스그룹의 시장점유율은 2.4%로 이번 인수가 성사되면 코카콜라의 시장점유율은 17.9%로 다농을 제치고 1위로 올라서게 된다.

이제 훼웬주스그룹의 최근 경영실적에 대해 살펴보기로 하자. 훼웬주스그룹은 1992년에 설립되어 과즙음료만을 생산하는 업체로 중국 전역에 20여 개 생산공장을 갖추고 있고, 주스와 과즙음료 부문에서는 중국 최대 매출액을 기록하고 있다. 그룹 자체적으로 PET 병과 무균포장 생산라인을 70여 개 갖추고 있고, 자체 연구개발을 통해 5백여 종의 음료를 생산하고 있다. 이 중 100% 과즙음료는 2007년 중국내 판매량의 43%, 판매액의 38%를 차지할 만큼 과즙음료 최대 기업이다.

그룹 설립자인 주신리는 1952년 산동성 출신으로 산동경제관리간부학원, 산동성 위원회 공산당학교와 대학을 졸업한 직후인 1974년부터 1988년까지 산동영신실업(山东永新实业公司)의 대표로 재직하였고, 산동성 이웬(沂源)현의 대외무역위원회 부주임을 거쳐 1992년 산동츠보훼웬식품음료회사(山东淄博汇源食品饮料有限公司)를 설립하였다. 1994년에 현재의 훼웬주스그룹을 베이징에 설립하면서 중앙 정부와 지방 정부의 인맥을 최대한 활용하여 중국 최대 음료회사로 성장시켰다.

그룹의 주요 경영실적을 살펴보면, <도표 3>에 나타난 바와 같이 2007년 매출액은 전년대비 28.6% 증가한 26.6억 위안을 기록하였고, 영업이익은 40.4% 증가한 9.5억 위안을, 당기순이익은 186% 급증한 6.4억 위안을 각각 기록하였다.

제품별 매출분포(2007년 기준)를 보면, 100% 주스는 전년대비 47.5% 증가한 6억 위안으로 회사 전체 매출의 22.4%를 차지하고 있으며, 26%~99%의 농축과즙음료는 32.1% 증가한 11.2억 위안으로 전체 매출의 42.2%를
차지하여 가장 많은 것으로 나타나고 있다. 그리고 25% 이하 과즙음료는 10.8% 증가한 7.8억 위안으로 전체 매출의 29.4%를 차지하고 있는 것으로 나타났다.

그룹의 주가는 2007년 2월 23일 처음으로 홍콩증시에 상장된 이후 10 홍콩달러 안팎을 유지하다가 2007년 하반기부터 하락세를 지속하였다.

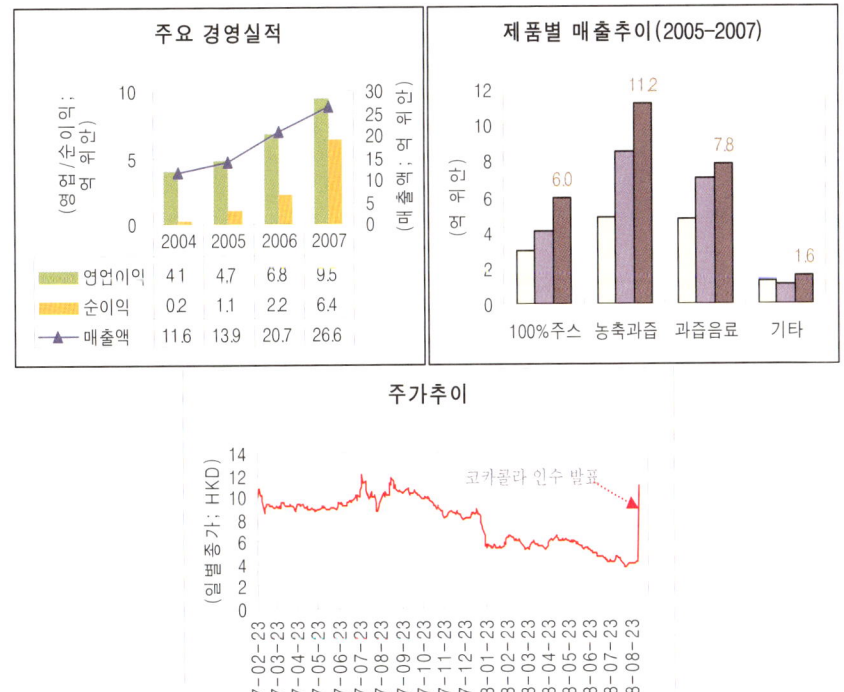

<도표 3> 훼웬주스그룹 주요 경영현황

㈜ 회사 및 홍콩거래소 자료로부터 KSERI 작성

코카콜라의 인수가 발표되기 하루 전인 9월 2일 거래주가는 주당 4.14홍콩달러로 마감되었으나, 9월 3일 인수 발표 소식과 함께 거래종가는 주당 10.94홍콩달러로 급등한 채 인수작업이 마무리될 때까지 잠정 거래 중지된 상태이다.

2008년 9월 5일까지는 이번 훼웬주스그룹 인수건과 관련한 자료가 아직 중국 상무부에 제출되지 않은 것으로 최종 확인됐다. 독점금지법 관련 규정에 의하면, 총 2단계에 걸쳐 심의를 진행하는데, 1차 심의기간이 30일 이내, 2차 심의기간이 90일 이내로 지정되어 있어서 늦어도 2008년 연말 안으로는 연수 윤곽이 드러날 전망이다.

(2008년 9월 8일)

중국의 소비시장 동향과 롄화마트

2008년 3월 라싸(拉薩)에서 일어난 티벳 독립시위에 대해 중국 정부가 유혈진압으로 맞서면서 영국과 독일 등 세계 주요국 정상들이 올림픽 개막식 불참선언을 잇따라 발표했었다. 그런 가운데 프랑스 파리의 올림픽 성화 봉송 과정에서 일어난 항의 시위에 대응하여 중국에서는 '까르푸 불매운동'이 전국적으로 확산될 조짐을 보였다.

최근 파리의 올림픽 성화 봉송 과정에서 反중국 시위가 열린 것에 분개한 중국 젊은이들이 인터넷을 중심으로 까르푸 불매운동을 빠르게 전개하고 있다. 나아가 올림픽 개막식 불참 선언을 하고 있는 국가 제품들에 대한 불매운동으로 확산될 조짐을 보이고 있다. 현재까지 알려진 바에 의하면 까르푸를 비롯해 월마트, KFC, 맥도널드, 피자헛 등이 불매운동 대상으로 거론되고 있다.

사실 중국 정부는 이번 올림픽을 계기로 국가적 위상의 도약뿐 아니라 내수진작을 통해 경기부양 효과를 잔뜩 기대하고 있다. 하지만 서방 주요국들의 올림픽 개막식 불참선언 논란으로 타격을 입은 중국정부는 이번 불매운동 확산 움직임까지 더해지면서 내부적으로는 매우 난감해하고 있을 것으로 보인다. 전세계 경기하락이 가시화되고 국내 인플레도 급상승하고 있는 가운데, 중국 정부가 내수경기 부양책으로 가장 기대하고 있었던 것이 바로 올림픽 특수였기 때문이다.

그러나 이번 불매운동은 언론에서 보도되고 있는 것처럼 전국적으로 확산되어 큰 파급효과를 몰고 올 것 같지는 않다. 그 이유는 중국 정부로서도 4개월도 채 남지 않은 올림픽을 앞두고 더 이상 문제가 확산되는 것을 원치 않을 것이기 때문이다. 뿐만 아니라, 중국의 3대 연휴 중 하나인 '우이지에(五一节, 노동절)'가 5월 1일부터 시작되는데, 내수진작을 위해서는 저렴한 제품가격이 더욱 중요한 시기라고 할 수 있다. 까르푸 역시 이번 불매운동이 불거지자 홈페이지를 잠정 폐지(보수작업 중이라고 되어 있음)하고, 대대적인 파격세일을 단행하고 있고 있다. 그 결과 불매운동에도 불구하고 중장년층 고객들을 중심으로 꾸준한 판매가 이루어지고 있다고 한다.

이에 이번 중화경제동향에서는 중국 국내 소비시장 동향과 중국 유통업체 중 최대 매출액을 기록하고 있는 바이롄그룹(百联集团)의 대형 할인마트인 롄화마트(联华超市股份有限公司, LianHua)에 대해 살펴보기로 한다.

아래의 <도표 1>은 중국 소비시장 규모 및 추이를 정리한 것으로, 2007년 중국 소비시장규모는 전년대비 16.8%가 증가한 8조9,210억 위안으로 나타났다. 또한 2001년 말 WTO에 가입한 후 2007년까지 중국의 소비시장은 매년 평균 12.9%씩 성장함으로써 2001년 대비 2배를 넘는 성장

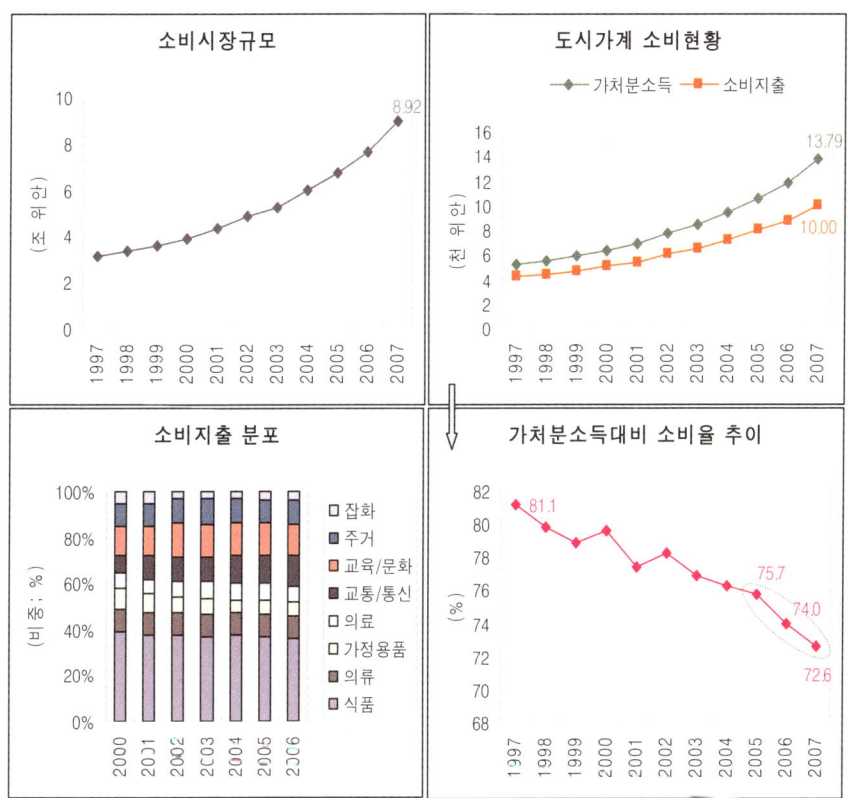

<도표 1> 중국 소비시장 현황

(주) 중국 통계국 자료로부터 KSERI 작성

세를 보이고 있다.

중국 도시가계부문의 1인당 평균 가처분소득을 보면 2007년 말 기준 13,786위안(약 2백만 원)으로 전년대비 17.2%가 증가하였고, 이 중 소비지출은 10,002위안(약 142만 원)으로 전년대비 15%의 증가율을 보였다. 이처럼 높은 소득증가로 인해 소비가 계속 큰 폭의 증가세를 보이고 있으나, 소득증가율에 비하면 소비증가율이 상대적으로 낮아지고 있다. 실제로 1997년 이후의 가처분소득대비 소비율 증가 추이를 보면, 1997년의

81.1%에서 지난해에는 72.6%까지 약 9% 가량 감소한 것으로 나타났다. 특히 2005년 이후에는 급감하고 있는 양상을 보이고 있다. 이처럼 가처분소득대비 소비율이 낮아지고 있다는 것은 반대로 저축률이 증가하고 있다는 것을 의미한다고 할 수 있다. 2006년부터 중국 가계의 저축률이 급증한 이유로는 주식투기 및 부동산투기 열풍과 관련이 있다고 할 수 있다. 이는 중국 가계부문의 초기단계의 자산축적이 진행
되고 있음을 시사하는 것으로도 볼 수 있으나, 한편으로는 자산투기가 높은 인플레이션 압력의 원인이 되고 있다고도 할 수 있다.

중국 가계의 소비지출 구조를 보면 2006년 말 기준 식품지출 비중이 35.8%로 가장 높게 나타나고 있으며, 이어서 교육/문화 13.8%, 교통/통신 13.2%의 순으로 나타나고 있다. 이 중 식품지출 비중은 2000년의 39.2%에서 35.8%로 약 3.4%가 감소한 반면, 교통/통신은 7.9%에서 13.2%로 약 5.3% 가량 증가하면서 가계 소비지출 구조가 빠르게 변화하고 있는 것으로 나타났다. 즉 중국은 소득증가에 따라 식품비중(엥겔계수)이 상대적으로 낮아지고, 교통/통신 등의 비중이 높아지고 있다고 할 수 있다.

이처럼 중국의 내수시장은 경제성장과 소득증가에 비례하여 빠르게 성장하고 있으나, 최근 부동산시장과 주식시장에 불고 있는 투기열풍으로 인해 1인당 가처분소득대비 소비율이 지속적으로 감소하고 있는 추세를 보이고 있다. 그런가 하면 미국과 EU 등 선진국으로부터는 대외불균형 해소를 위해 수출주도의 성장전략에서 내수주도의 성장전략으로의 정책전환을 요구 받고 있다. 이런 상황에서 중국 정부는 베이징올림픽 특수를 계기로 내수경기를 활성화시켜 지속가능한 경제발전을 꾀하려 하고 있으나 최근 일련의 사태로 인해 어려움에 봉착해있다고 할 수 있

다.

 이제 중국의 대표적 유통업체인 롄화마트(LianHua Supermarket)를 살펴보기로 하자. 이에 앞서 롄화마트의 지주회사격인 바이롄그룹(百联集团)을 먼저 정리해보자. 바이롄그룹은 상하이시가 운영하고 있던 상하이이바이그룹(上海一百), 화롄그룹(华联), 여우이그룹(友谊), 상하이시물류공사(上海市经委直属的物资总公司) 등 4개사를 합병하여 2003년 4월에 설립되었다.

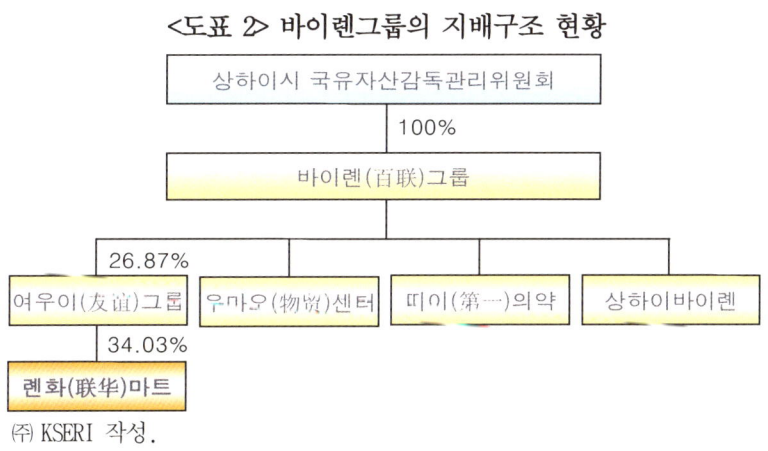

<도표 2> 바이롄그룹의 지배구조 현황

㈜ KSERI 작성.

 현재 바이롄그룹의 지배구조는 위의 <도표 2>에 나타난 것처럼, 상하이시 국유자산감독관리위원회가 100%의 지분을 보유하고 있다. 바이롄그룹은 4천여 개에 달하는 백화점과 쇼핑센터, 할인마트(슈퍼마켓) 등을 운영하고 있으며, 최근에는 부동산개발과 금융, 무역에도 중점을 두고 있다.
 바이롄그룹 전체 유통부문의 90% 이상을 운영하고 있는 롄화마트는 바이롄그룹 산하 여우이(友谊)그룹이 최대주주로서 전체 지분의 34.03%를 보유하고 있으며, 이어서 상하이실업(上海实业联合)이 21.17%, 일본 미쓰비시(三菱)상사가 6.74%를 각각 소유하고 있다.

렌화마트는 1991년 상하이에서 최초로 설립된 순수 중국브랜드 유통업체로서 중국 유통업체 중 최대 매출액을 기록하고 있다. 다음의 <도표 3>에서 렌화마트의 주요 경영실적을 살펴보면 2007년 매출액은 전년대비 10%가 증가한 180.9억 위안(약 2.6조 원)을 기록했으며, 영업이익과

<도표 3> 렌화마트 주요 경영현황

㈜ 렌화마트 및 각종 자료로부터 KSERI 작성

당기순이익은 82.6%와 58.3%가 급증한 4.2억 위안과 3.8억 위안을 기록하였다.

현재 중국의 유통시장은 국내자본이 견인하고 있는 유통종합기업(백화점, 할인점, 슈퍼마켓 등을 종합적으로 운영)과 외국자본이 대규모로 투자하고 있는 할인점으로 크게 양분할 수 있다. 이 중 유통기업의 매출액(2006년 기준)을 보면 바이렌그룹이 771억 위안으로 유통기업 중 가장 많은 매출액을 기록하고 있고, 이어서 화룬완쟈(华润万家) 379억 위안, 따롄의 따상그룹(大连大商) 361억 위안의 순으로 나타나고 있다.

또 할인마트의 매출액을 보면 글로벌 대형마트들이 공격적으로 중국시장을 공략하고 있는 가운데 까르푸가 248억 위안으로 할인마트 중 가장 높은 매출액을 기록하고 있고, 이어서 롄화마트가 164억 위안으로 전체 할인마트 중 2위를 기록하고 있는 것으로 나타났다.

이어서 롄화마트의 사업부문별 매출액(2007년 기준) 분포를 보면 대형마트사업이 전년대비 26.7%가 증가한 108.56억 위안으로 전체 매출액의 56%를 차지하고 있다. 다음으로 슈퍼마켓은 전년대비 12.5%가 증가한 70.17억 위안으로 36%를 차지하고 있고, 편의점은 5.8%가 증가한 16.43억 위안으로 8%를 각각 차지하고 있는 것으로 나타났다.

부문별 매장수 추이를 보면 대형마트가 111개, 슈퍼마켓이 1,731개, 편의점이 1,880개로 각각 나타나고 있다. 이 중 대형마트의 경우는 직영을 기본으로 하여 운영하고 있고, 슈퍼마켓은 직영점이 전년대비 53개가 줄어든 572개인 반면 가맹점은 132개가 늘어난 1,159개로 나타났다. 할인점의 경우 직영점은 전년대비 159개가 감소한 955개인 반면 가맹점은 79개가 증가한 925개로 각각 나타났다. 이처럼 롄화마트는 대형마트사업에 집중하면서 슈퍼마켓과 편의점은 가맹점 형태로 빠르게 전환해 가고 있음을 알 수 있다. 한편, 중국내 할인점 가운데 최대 매출액을 기록하고 있는 까르푸의 경우는 2006년 말 기준 95개의 매장을 운영하고 있다.

마지막으로 <도표 4>에 정리된 렌화마트의 최근 주가 추이를 보면 2008년 4월 24일 종가 기준, 1주당 10.58 홍콩달러(HKD)에 거래를 마감하였다. 렌화마트는 2003년 6월에 중국 소매유통기업 가운데에서는 최초로 홍콩증시에 상장하였다. 2008년의 평균 주가는 4월 24일까지 1주당 평균 10.5홍콩달러를 사이에 두고 급등락을 반복하고 있다.

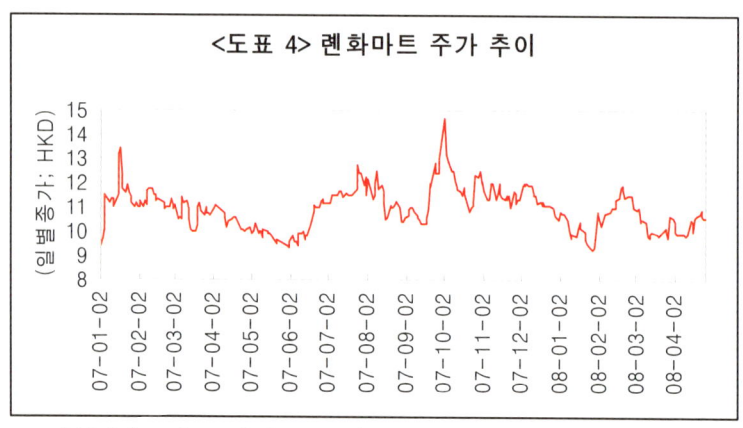

㈜ 홍콩거래소 자료로부터 KSERI 작성

(2008년 4월 28일)

중국의 대외교역과 차이나푸드

    2008년 1월 말, JT(일본담배)의 자회사인 JT 푸드가 수입한 톈양식품 만두제품을 먹은 소비자 10여 명이 구토와 설사 등 중독증세를 보이고 어린이가 한때 중태에 빠지는 소동이 발생했다. 그 다음 날에는 490여 명이 비슷한 중독 증세를 보인 것이 드러났다. 이에 곧바로 역학조사에 들어간 일본 당국은 톈양식품이 제조한 만두제품에서 유기인산계 살충제인 메타미도포스(Methamidophos)가 검출되었다고 발표했다. 그 후 추가로 일부 만두제품에서 외부에서 살충제를 혼입한 사실도 드러났다. 또 다른 만두제품에서는 유기인산계 살충제인 디클로보스(dichlorvos)도 검출되었다. 이에 중국산 만두제품이 거의 매장에서 사라졌으며 중국산 제품의 안전성에 대한 일본소비자들의 불안이 크게 확산되었다. 일본 후쿠다 총리도 긴급회의를 소집하여 사태 진상파악과 대책마련에 전력을 기울일 것임을 강조했다.

    그간 미국 등 주요 선진국을 중심으로 제기되던 중국산 제품의 안전성 문제가 이번에는 일본에서 발생하면서 양국간 통상분쟁으로 비화될 가능성을 내비치고 있다. 그 동안 중국산 제품의 위해성 문제는 간헐적으로 제기되었으나 이번에 일본에서 발생한 '농약 만두' 파문은 국민들의 건강과 직결된다는 점에서 사태의 심각성이 크다고 할 수 있다. 특히, 2007년 하반기 미국의 유명 완구업체인 마텔(Mattel)사의 중국산 완구 제품에 대한 리콜 조치를 계기로 각국에서 중국산 제품의 위해성 문제가 어린이와 국민들의 건강에 직접적 영향을 미친다는 인식이 높아졌다. 이에 중국과의 교역이 날로 높아지고 있는 우리나라 역시 이 문제에서 안전하다고 할 수 없겠다.

이미 지난 2005년 9월과 10월에 중국산 김치 파문이 한국사회를 강타한 적이 있다. 중국산 김치 파동은 처음에 납 함유량의 기준치 초과로 발생되었으나 나중에 기생충 알이 검출되면서 한중 양국은 일촉즉발의 통상분쟁까지 갔었다. 그러나 한국 정부의 적극적인 '사태 진압(?)'으로 조용히 잊혀졌다.

당시 중국 정부는 김치문제가 불거지자 곧바로 한국산 화장품의 위해 성분 검출문제를 한국 정부에 제기했었다. 이는 2000년에 연간 1,500만 달러 규모의 중국산 마늘 수입금지 조치에 대해 중국이 5억 달러 규모의 한국산 휴대폰과 폴리에틸렌 수입금지 조치로 맞서, 결국 한국이 뒤로 물러섰던 선례를 따라 압박을 가한 것이었다.

중국은 이번 일본에서 발생한 농약 만두 파문에 대해서도 한국의 김치 사태의 경우와 비슷한 수순으로 문제를 해결해나가고 있다. 다만, 조사단 규모가 다를 뿐이다. 중국 국가품질감독검사검역총국은 상무부와 인허가감독위원회, 검역과학연구원, 허베이성 출입국검역소 관계자 등이 포함된 조사단을 구성하여 일본측과 공동조사를 진행하고, 문제업체인 텐양(天洋)식품의 영업을 전면 중단시킨 뒤 해당제품과 내부 관계자들에 대해 조사하고 있다. 그리고 최근 중국측 합동조사반은 퇴직자를 포함하여 모든 공장관계자 및 면밀한 역학조사 결과 인위적으로 살충제를 혼입한 흔적을 발견하지 못했다고 주장했다.

그런가 하면 중국 언론들은 이번 파문에 대해 대수롭지 않게 다루고 있을 뿐 아니라 일본 언론들이 과민하게 반응하고 있다는 입장이다. 심지어 중국의 한 언론은 "일본인들은 중국산 식품 없이 살 수 없다(日本百姓离不开中国食品)"라는 제목하에 일본의 중국산 농산품에 대한 수입의존도를 게재하고, 만두 파문이 양국 통상에 큰 문제를 주지 않는다고 말하기도 했다. 이에 이번 중화경제동향에서는 한국과 일본을 비롯한 주요 국가의 대중 교역규모현황과 중국의 대표적인 가공식품회사인 차이나푸드(China Foods, 中国食品有限公司)의 경영실적에 대해 정리해보기로 한다.

아래의 <도표 1>은 최근 중국의 대외교역 규모와 주요 대상국가 추이를 나타내고 있다. 이 도표에서 보면 2007년 중국의 전체 교역규모는 선년대비 23.47% 증가한 2조1,738.3억 달러를 기록하였고, 이 중 수출이 25.7% 증가한 1조2,180.2억 달러, 수입은 20.8% 증가한 9,558.2억 달러를 기록하였다. 또 2007년 상품수지는 전년대비 47.7% 증가한 2,622억 달러를 나타냈다. 특히 중국의 대외교역은 지난 2001년 12월 WTO 가입을 기점으로 빠르게 증가하고 있는데, 2002년부터 2007년까지 연평균 27.5%의 높은 증가율을 기록하고 있다.

상위 교역국가별 규모를 보면 EU가 3,561.5억 달러로 가장 많고, 이어서 미국 3,020.8억 달러, 일본 2,360.2억 달러, 아세안 2,025.5억 달러,

홍콩 1,972.5억 달러, 한국 1,599억 달러의 순으로 나타나고 있다. 그리고 최근에는 러시아와 인도의 비중이 급증하고 있는데, 2007년 러시아의 경우 전년대비 44.3%가 증가한 481.7억 달러, 인도는 55.5%가 증가한 386.5억 달러를 기록하고 있다. 이처럼 러시아와 인도에 대한 교역이 급증하고 있는 이유는 이들 국가의 경제가 급성장하고 있는 면도 있지만, 미국과 EU 등 주요 선진국과의 무역분쟁이 증가함에 따라 중국 정부가 이들 2개 국가를 대상으로 세일즈 외교를 적극 펼치고 있기 때문이다.

<도표 1> 최근 중국 대외교역 추이

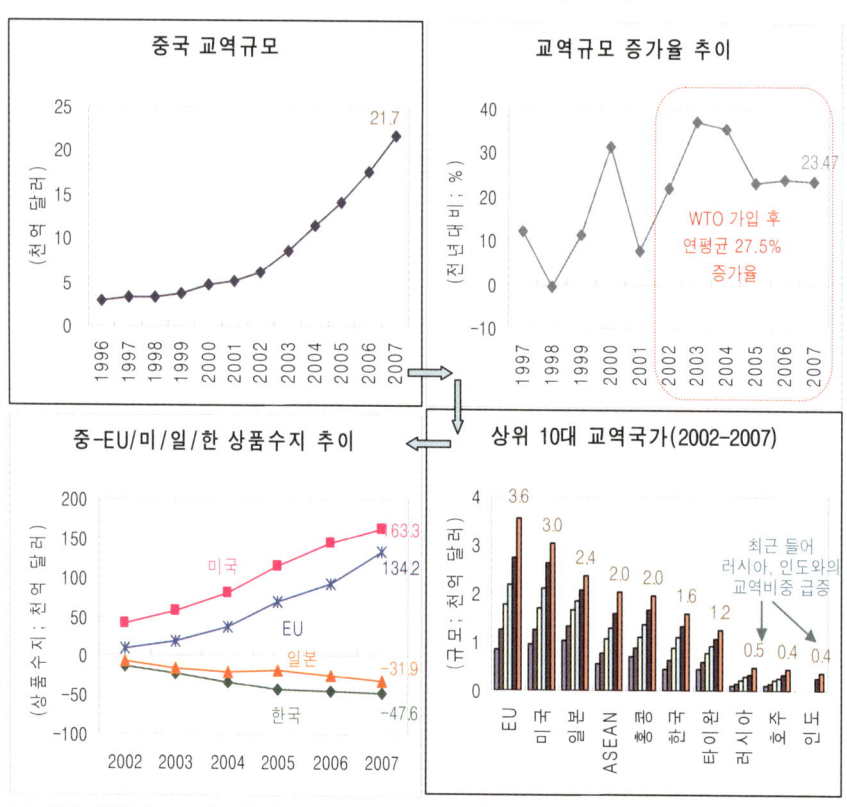

㈜ 중국 상무부 및 세관총서 자료로부터 KSERI 작성

주요국별 상품수지를 살펴보면, 2007년 대미 상품수지는 1,633.2억 달러의 흑자로 가장 많았고, 대EU는 1,342.3억 달러의 흑자를 기록하였다. 이에 비해, 한국에 대해서는 476.2억 달러의 적자를, 일본에 대해서는 318.8억 달러의 적자를 기록한 것으로 나타나고 있다. 이로부터 중국은 한국과 일본으로부터 부품소재 등을 수입하여 완제품을 미국과 EU 등으로 수출하고 있는 산업구조를 지니고 있다고 할 수도 있겠다.

이상과 같이 중국의 대외교역 규모가 증가하면서 중국산 제품의 세계시장 점유율이 점차 확대되어 가고 있는데 농산물을 비롯한 주요 식품원료 역시 예외가 아니다. 현재 중국의 최대 곡물/회사는 중국의 중량그룹(COFCO, 中粮集团)으로 <포천(Fortune)>지가 선정하는 세계 500대 기업에 포함되어 있다. 2007년 발표된 '중국 100대 상장회사(2006)'에서는 중량그룹의 계열사인 차이나푸드가 260억 홍콩달러(매출액 기준)로 중국내 식품업계 가운데 최고 매출을 기록하였다. 중량그룹은 6개의 상장계열사를 포함한 35개의 사업단위로 구성되어 있는데, 이번에 소개할 차이나푸드는 중량그룹내 식품/음료, 농산물가공을 담당하고 있는 계열사이다.

아래 <도표 2>에 정리된 바와 같이 차이나푸드는 중량그룹 계열사들이 총 74.25%를 소유하고 있으며, 중량그룹은 국무원의 직접 통제를 받고 있다.

차이나푸드의 사업영역은 크게 식품/음료사업 부문과 농산물가공사업 부문으로 양분할 수 있다. 먼저 식품/음료 부문은 독일, 프랑스, 일본 등 세계 20여 개 국가에 수출되는 중국 고유 와인제품인 GREATWALL(长城)을 생산 판매하고 있으며, 2000년 5월부터는 코카콜라사와 합자하여 중국내 코카콜라 제품 생산과 유통을 통합 관리하고 있다. 그리고 식용유,

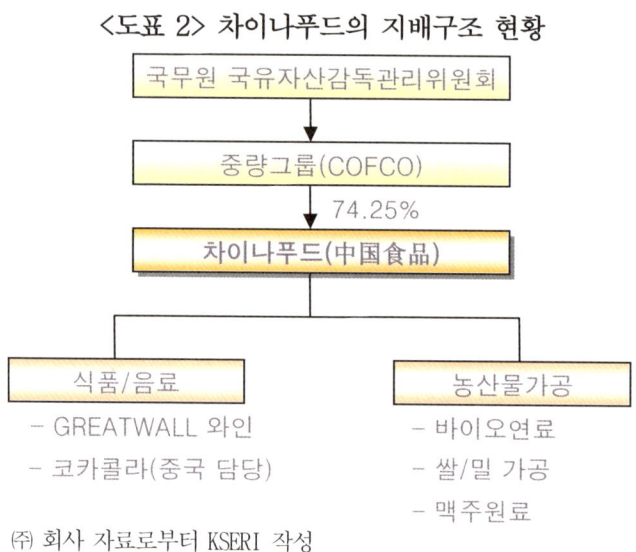

㈜ 회사 자료로부터 KSERI 작성

초콜릿 등 식품가공사업에도 참여하고 있다. 농산물가공 부문은 쌀과 밀, 맥주원료인 맥아 등에 대한 가공사업과 에틸알코올 등 바이오연료 개발사업으로 나뉘어져 있다. 특히 바이오에너지사업은 그룹 차원에서 관심을 갖고 있는 분야로, 현재 계열사 내 지린바이오(吉生化)와 펑웬바이오(丰原生化)와의 합병 등 다양한 구조조정이 검토되고 있다.

차이나푸드의 주요 경영실적은 다음의 <도표 3>에 나타난 바와 같이 매년 지속적인 성장세를 나타내고 있다. 2006년 기준 매출액은 전년대비 20.9%가 증가한 260.1억 홍콩달러(약 3조1,533억 원), 영업이익과 당기순이익은 각각 72.4%와 76.8%가 증가한 15억 홍콩달러와 12.2억 홍콩달러를 기록하였다.

사업부문별 매출실적을 보면 식품/음료사업부문에서 코카콜라 음료수가 전년대비 26.6% 증가한 24.3억 홍콩달러, 와인은 16.1% 증가한 18억 홍콩달러, 초코렛은 10.5% 증가한 4.2억 홍콩달러를 각각 기록하고 있다. 또 농산물가공사업부문에서는 식용유 원료가공이 19.2% 증가한 118.8억 홍콩달러를 기록하면서 회사 전체 매출액의 45.7%를 차지하고 있으며, 식용유 제품은 전년대비 3.2%가 감소한 18.4억 홍콩달러에 그쳤다. 쌀은 58%가 급증한 20.7억 홍콩달러, 밀은 6% 증가한 17.6억 홍콩달러의 매출을 올린 것으로 나타났다.

<도표 3> 차이나푸드의 주요 경영실적 추이

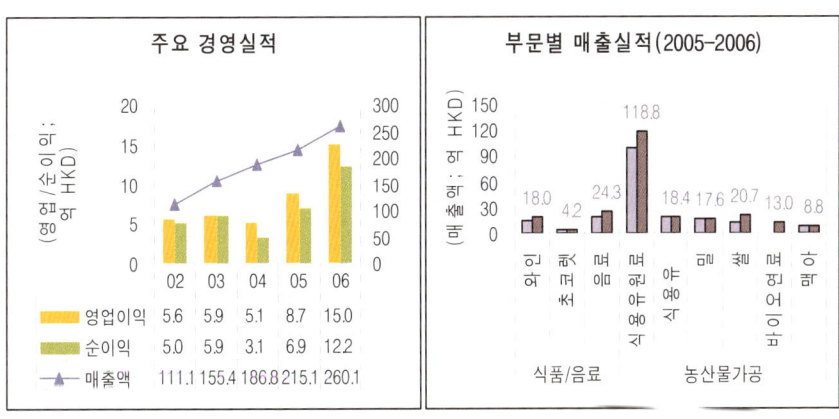

㈜ 회사 자료로부터 KSERI 작성

앞서 설명했듯이 차이나푸드의 모기업인 중량그룹(COFCO) 산하에는 6개 상장 계열사가 있다. 차이나푸드와 중량지주회사(中粮控股)는 홍콩거래소에, 중량툰허(中粮屯河), 지린바이오(吉生化)는 상하이거래소에, 그리고 중량부동산(中粮地产), 펑웬바이오(丰源生化)는 선전거래소에 각각 상장되어 있다.

이 중 차이나푸드는 지난 1988년 10월 7일에 상장되었는데, 최근의 주식거래 추이를 살펴보면 2008년 2월 13일 1주당 5.18홍콩달러(약

628.97원)에 거래되고 있으며 주가 변동이 거의 없는 것으로 나타나고 있다. 다만, 2월에 들어오면서 하루 평균 거래량은 197만 주 안팎으로 전달의 1/5 수준으로 떨어지고 있다.

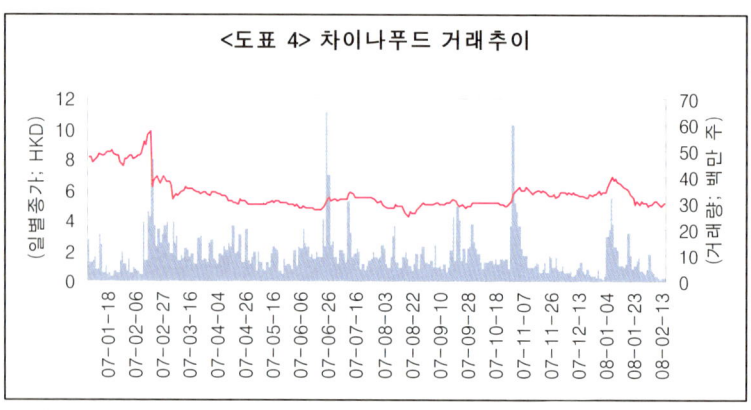

㈜ 홍콩거래소 자료로부터 KSERI 작성

(2008년 2월 29일)

|제6부|

금속·석유·화학

중국의 비철금속산업과
쟝시동업주식회사

2008년 8월말 중국에서는 제11회 전인대 상무위원회 제4차 회의가 열렸다. 이 회의에서 국가발전개혁위원회는 2008년 하반기 이후 국내 경제 발전에 대해 전반적으로 양호한 평가를 내리면서도 국내 자본시장의 건전성에 대해서는 우려를 나타냈다.

국가발전개혁위원회 주즈신(朱之鑫) 부주임은 국제금융시장 불안이 지속될수록 중국 경제의 불확실성도 점차 가중될 것이라고 지적하고, 2008년 하반기 이후 국내물가가 더욱 빠르게 상승할 수 있다고 밝혔다. 또한 조정국면을 보이는 부동산시장에 대해서도 정부 차원의 대책을 신속하게 마련해야 할 것이라고 주장했다.

그리고 폐기물 재활용보다도 자원절약과 폐기물 삭감을 우선하는 순환경제촉진법도 채택하였다. 철강 및 비철금속, 화학 등 효율적인 공장 운영을 위해 기업과 지방정부의 관리를 강화하는 내용을 담고 있다. 2009년 1월부터 시행되는 이 법은 지방정부가 경제계획을 수립할 때 자원의 효율적 이용에 관한 수치목표와 오염물질 배출량의 총량규제를 정하도록 의무화하고 있다. 기업은 지방정부의 요구에 준해 공장을 신설해야 한다.

기업책임도 강화하고 있다. 기업은 종래의 품질책임뿐만 아니라 제품 폐기물 회수 및 처리 책임도 지게 된다. 다만 아직 세부시행령이 발표되지 않은 상태이기 때문에 기업에 실제로 어느 정도의 부담이 생길지는 미지수라고 할 수 있다.

상무위원회 회의 결과에 따라 중국 정부는 하반기 인플레 억제를 위한 적극적인 대책 마련에 고심하고 있다. 쌀, 육류, 채소 등 생필품 등의 가격인상억제를 위해 유통구조를 개선하고 수출물량도 제한할 방침이다. 동시에 최근 문제가 확대되고 있는 석탄 및 전력 수급 불균형을 해소하기 위해 생산량과 발전량도 늘릴 것이라고 밝혔다.

하지만 2008년 초에 있었던 폭설과 쓰촨성 대지진 등으로 전력생산 시설의 일부가 파괴되었고, 중국 전력공급의 83%를 차지하고 있는 화력발전 연료인 석탄 가격도 크게 오르면서 전력공급에 차질을 빚고 있다. 그로 인해 20여 개의 성(省)과 시에서 전력부족 현상이 발생하자 중국 정부는 저장(浙江)성과 광둥(广东)성 등 전력난이 심각한 지역에 내해 세한송전을 실시한다고 발표했다.

전력 소모가 많은 전해알루미늄, 동, 시멘트, 철강 등 원자재 산업에 대한 제한송전이 우선시될 가능성이 높다고 할 수 있다. 실제로 7월 초부터 중국 상위 20개 알루미늄 주요업체들이 전력난을 고려하여 생산량을 5~10%씩 감산하기로 결정하였으며, 중국 비철금속공업협회는 연산 35만 톤 이상의 알루미늄 생산라인이 이미 중단된 상태라고 발표하였다.

사실 중국의 전력부족은 새삼스러운 일이 아니다. 2000년 이후 고도 경제성장으로 인해 전력 소비량이 급증하면서 매년 전력난을 겪고 있기 때문이다. 특히 지난 2004년 여름에는 발전용량 부족으로 인해 심각한 전력난이 발생하면서 비철금속 업체들이 줄줄이 생산 중단에 들어간 적이 있다. 전력부족으로 2008년 하반기 중국의 일부 원자재 생산량 감소가 심화될 경우 해당 원자재의 수입이 증가하면서 국제 원자재 가격에 상당한 영향을 줄 가능성도 있다.

아래의 <도표 1>에서 주요 원자재의 현물 가격 추이를 보면, 2006년 이후 급등하던 가격이 2008년으로 들어오면서 세계 경기침체 영향으로 다소 주춤하는 모습을 보이고 있다. 먼저 동(銅)의 경우, 2004년 중국의 전력난으로 동 생산이 줄고 수입량이 증가함에 따라 동 가격도 급등하는 모습을 보였다. 그 후 중국내 동 소비가 급증하면서 동 수입 증가가 지속되었고, 그로 인해 국제시장의 수급균형이 깨지면서 2006년에는 가격이 폭등하는 모습을 보였다. 2007년부터는 중국의 동 수입 증가가 정체를 보이고 세계경제가 둔화되는 모습을 보임에 따라 동 가격도 정체를 보이고 있는 가운데 투기를 반영하여 등락을 거듭하고 있는 모습을 나타내고 있다.

그리고 철이나 강제품의 부식을 막기 위해 주로 사용되는 아연의 경우는 2005년 하반기에 중국의 수입량이 급증함에 따라 아연 가격도 수직 상승하는 폭등세를 나타냈다. 그러나 2007년부터 중국의 아연 수요가 급감함에 따라 가격도 급락세를 보이고 있다.

알루미늄은 전세계 생산량의 40% 가까이가 중국에서 생산되고 있고, 1차 알루미늄(Primary Aluminum)의 경우는 2007년 51%가 중국에서 생산될 정도로 중국의 생산비중이 높다. 그런 가운데 2005년까지 중국의 수입량

<도표 1> 주요 원자재 가격 추이

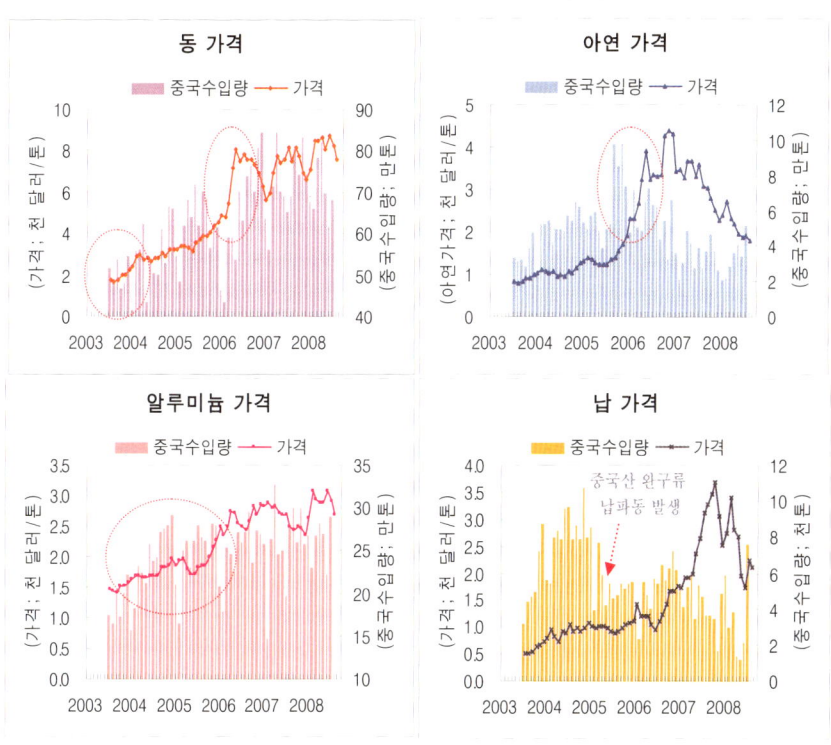

(주) 각종 자료로부터 KSERI 작성.

이 급증함에 따라 가격도 2005년에는 급등하는 모습을 보였다. 그러나 2006년부터 중국의 수입량이 안정됨에 따라 가격도 안정적인 모습을 나타내고 있지만 2007년 후반에는 투기 영향으로 등락하는 모습을 보이고 있다. 알루미늄 생산을 위해서는 대량의 전력이 필요하다는 점을 감안하면 2008년 하반기 전력부족이 예상되는 중국의 알루미늄 생산도 원활치 않을 것으로 예상된다. 이를 우려하여 최근 알루미늄가격이 다시 상승세를 보이고 있다.

납은 2005년 초에 미국과 EU, 일본 등 선진국에서 중국산 완구류 수출품에 납이 함유되어 수입중지 조치가 취해짐에 따라 급증하던 납 수입이 크게 줄어드는 모습을 보였다. 그러나 2007년부터 수요가 급감하는 가운데 투기 등의 영향으로 가격이 급등하는 모습을 보였으나 2007년 후반부터 급락세로 반전되고 있다.

이제 중국 최대 동 생산업체인 쟝시동업그룹(江西铜业集团)의 상장회사인 쟝시동업주식회사(江西铜业股份有限公司)에 대해 살펴보기로 하자. 이에 앞서 세계 동(銅, Copper)산업의 수급추이를 먼저 간단히 살펴보기로 한다.

동은 다단계 공정을 거쳐 생산되는데, 용해와 전기정련 과정을 통해 생산되기 때문에 전력 소비량이 높은 제품이라고 할 수 있다. 열과 전기 전도성이 높고, 은에 비해 가격이 상대적으로 저렴하기 때문에 철과 알루미늄 다음으로 산업용으로 많이 사용되고 있는데, 건물 건축용, 전기전자제품, 운송장비, 소비재, 산업기계장비용 등으로 널리 사용되고 있다.

다음의 <도표 2>에서 정련 동(Refined Copper) 생산과 소비현황을 보면, 2007년 세계 전체로 1,798만 톤의 생산량과 1,803만 톤의 소비량을 기록하였고, 2008년에는 5월 말 기준으로 연환산 약 1,737만 톤의 생산량과 1,833만 톤의 소비량을 기록한 것으로 나타나고 있다.

주요국별 2007년 생산 현황을 보면, 중국이 350만 톤으로 가장 많고, 칠레 214만 톤, 일본 158만 톤, 미국 135만 톤, 러시아 96만 톤의 순으로 나타나고 있으며, 한국은 58만 톤으로 나타났다. 또 주요국별 소비 현황을 보면 중국이 486만 톤으로 전세계 소비량의 27%를 차지하고 있으며, 미국 216만 톤, 독일 139만 톤, 일본 125만 톤, 한국 86만 톤의 순으로

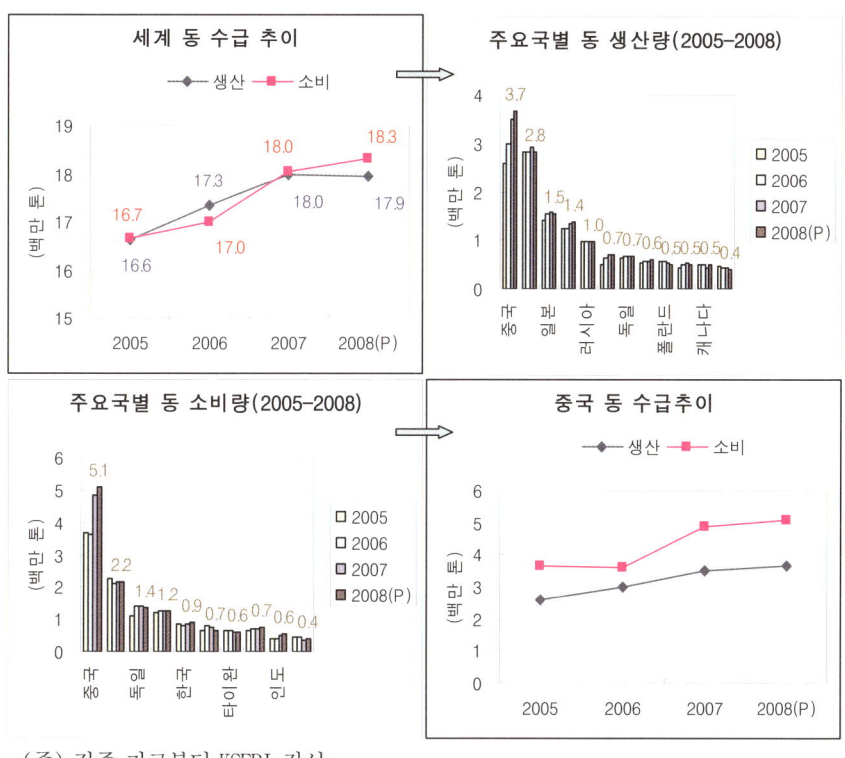

<도표 2> 세계 동(銅) 생산/소비 추이

(주) 각종 자료부터 KSERI 작성

나타났다. 특히 2007년 중국의 동 소비량은 전년에 비해 125만 톤이나 급증해 세계 동 소비 증가를 주도하고 있다.

그리고 중국의 동 생산 및 소비 증가 추이를 살펴보면 지속적으로 소비가 생산을 상회하고 있다. 이처럼 중국의 동 생산 및 소비가 세계 최대이면서 소비가 생산을 상회하는 중국에서 동 공급에 영향을 미치는 사태가 발생하면 국제 동 가격이 급등할 수 밖에 없는 구조라고 할 수 있다.

쟝시동업그룹은 1979년 7월에 설립된 중국 최대 동 생산기업으로 동을 비롯한 금, 은, 납, 아연 등 비철금속에 대한 채굴, 가공, 내수 및 수출을 주요 사업영역으로 하고 있다.

쟝시동업그룹은 <도표 3>에서 볼 수 있는 바와 같이 중국 10대 비철금속 생산업체 중 매출순위 3위에 올라 있다. 중국 비철금속업체 중 매출액 1위업체는 차이나알루미늄(Chalco)으로 2007년 1,337억 위안(약 21.3조원)을 기록하였다.[15] 이어서 진촨(金川)그룹이 521억 위안으로 2위이고, 쟝시동업그룹이 501억 위안, 통링비철금속(铜陵有色金属)그룹

<도표 3> 쟝시동업주식회사 주요 경영 현황

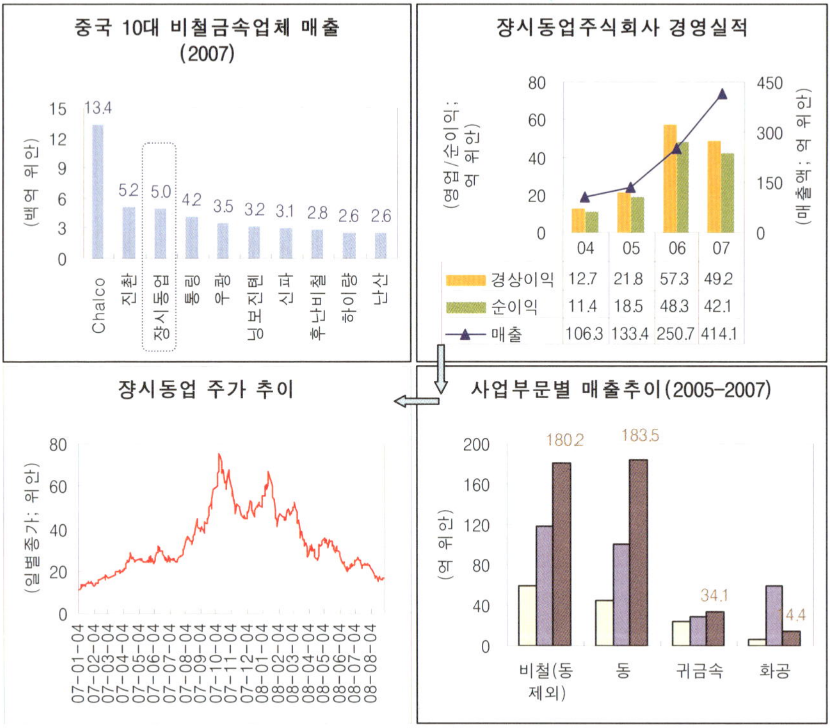

㈜ 각종 자료로부터 KSERI 작성

---

[15] 김광수경제연구소, 「중국의 기업을 해부한다」 휴먼앤북스, 2008, 172~178쪽 참조

420억 위안, 우쾅비철금속(五矿有色金属) 354억 위안의 순이다.

쟝시동업그룹의 유일한 상장회사인 쟝시동업주식회사의 2007년 매출액은 전년대비 65% 증가한 414억 위안(약 6.6조원)으로 그룹 전체 매출액의 79%를 차지하고 있는 것으로 나타났다. 경상이익은 전년대비 14% 감소한 49억 위안을, 당기순이익은 13% 감소한 42억 위안을 각각 기록하였다.

사업부문별 실적을 보면 2007년 동재(銅材) 가공사업 부문이 전년대비 82% 급증한 184억 위안으로 전체 매출액의 44%를 차지하여 주력사업으로 자리잡았다. 2006년까지 최대 매출을 기록했던 비철금속(동 제외)은 180억 위안의 매출액을 기록하였으며, 국제 금값 상승에 힘입어 귀금속(금/은)은 상대적으로 적은 생산에도 불구하고 매출액은 20%가 상승한 34억 위안을 기록하였다.

한편, 쟝시동업주식회사는 1997년과 2001년에 각각 홍콩과 상하이 증시에 상장되었다. 2007년 하반기까지 폭등세를 보이던 쟝시동업주식회사의 주가는 그 후 하락세를 거듭하여 2007년 초 수준까지 떨어졌다. 2008년 8월 29일 주당 16.9위안에 거래가 마감되어 최고가 대비 1/4 수준으로 폭락한 모습을 보이고 있다.

(2008년 9월 1일)

해외 유전 개발에 나서는 중국해양석유주식회사

　2008년 7월 9일 일본 도야코에서 폐막된 G8회담에서 각국 정상들은 고유가와 지구 온난화 문제에 공동 대처하기로 합의함에 따라 국제유가는 다소 안정을 되찾는 듯 하였다. 그러나 이란의 장거리 미사일 발사 시험 성공소식이 전해지면서 국제유가는 또다시 급등하였다.

　최근 단기 폭등세를 보이고 있는 국제유가는 배럴당 150달러 선을 가시권에 두고 있으며 170달러, 200달러 돌파 가능성에 대한 전망들이 나오고 있다. 단기 폭등세를 보이고 있는 국제유가로 인해 세계 각국이 인플레 상승에 직면하여 경기위축이 가시화되고 있다. 주지하는 바와 같이 국제유가 폭등의 원인으로는 투기와 BRICs 등을 중심으로 하는 수요 증가가 지적되고 있다. 이에 이번 도야코 G8 정상회담에서는 투기억제와 중장기적 수요증가에 대응한 산유국들의 공급증가와 대체에너지 개발이 집중 논의되었다.

　하지만 빠른 경제성장을 보이고 있는 BRICs 국가를 비롯한 신흥국들의 석유 수요가 계속 증가할 것이라는 점을 감안하면 당장에는 각국의 원유 확보 쟁탈전도 더욱 가열될 것으로 보인다. 세계 2위의 원유 소비대국이자 원유소비의 40% 가량을 수입에 의존하고 있는 중국도 해외유전 확보에 적극적인 움직임을 보이고 있다. 7월 초 중국의 4대 국영석유회사가 이라크 동남부 유전과 가스전 탐사개발권에 차례로 입찰하였다. CNPC(中国石油天然气集团公司), 시노펙, CNOOC(中国海洋石油总公司), 시노켐의 4대 석유회사가 해외유전 개발에 한꺼번에 입찰하는 것은 이번이 처음으로 중국 정부의 해외유전 확보에 대한 강력한 의지를 보여주는 것이라고 할 수 있다.

특히 CNOOC는 노르웨이 해상굴착회사인 아윌코(Awilco Offshore ASA)사의 지분 100%를 약 25억 달러에 매입하기로 합의하였으며, 시노펙과 함께 프랑스 Marathon 사로부터 앙골라 초심해 32광구 지분인수를 추진하고 있는 것으로 알려지고 있다.

이처럼 7월 초 한 주일 동안에 해외유전 확보와 관련한 일련의 커다란 움직임이 집중적으로 일어났는데, 이는 2008년 들어 중국 국영회사들이 해외유전 개발에 적극적으로 나서고 있는 결과라고 할 수 있다. 그 중에서도 중국 정부로부터 외국기업과 해상유전 개발을 체결할 수 있는 권리를 유일하게 부여 받은 CNOOC의 역할이 더욱 두드러지고 있다고 할 수 있다.

이에 이번 중화경제동향에서는 중국 석유시장의 최근 추이와 CNOOC의 모든 해상자원 개발사업을 맡고 있는 상장 자회사인 CNOOC 주식회사(中国海洋石油有限公司, CNOOC Ltd.)의 경영현황에 대해 살펴보기로 한다.

다음의 <도표 1>에서 OECD와 비 OECD 국가별 원유 소비량을 보면, 우선 OECD 국가의 경우 2007년 기준으로 미국이 2,069.8만 배럴/일로 세계 최대 원유 소비량을 나타내고 있고, 일본 497.2만 배럴/일, 독일 246.7만 배럴/일, 캐나다 234.8만 배럴/일, 한국 220.7만 배럴/일의 순으로 나타나고 있다.

이에 비해 비OECD 국가의 경우에는 중국이 2007년 기준 759만 배럴/일의 소비량으로 미국에 이어 세계 2위의 원유 소비국으로 나타나고 있다. 이어서 러시아와 인도, 브라질은 2006년 기준으로 각각 291.6만 배럴/일,

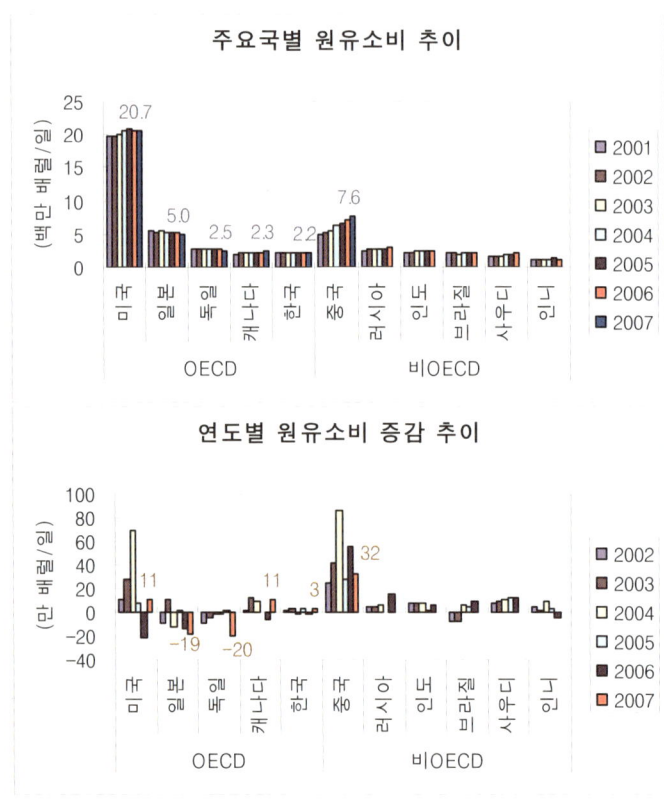

<도표 1> 주요국 원유 소비 추이

(주) 미 에너지정보청 자료로부터 KSERI 작성.

249.9만 배럴/일, 225.2만 배럴/일의 소비량을 보이고 있다.

전체적으로는 지난 2000년 이후 OECD 국가들의 원유 소비량은 정체를 보이고 있는 반면, 비OECD 국가들의 원유 소비량은 매년 증가세를 나타내고 있다. 이 중에서도 중국의 원유 소비량이 가장 빠르게 증가하고 있는데, 2003년 이후 2007년까지 5년 동안에 매년 48.6만 배럴/일의 증가세를 보이고 있다. 이는 세계 전체 원유소비 증가의 1/4 가량에 해당하는 것으로 세계 원유소비의 증가가 중국의 원유소비 증가에 기인한다고 해도 과언이 아닐 정도이다.

그런데 중국은 산유국이기도 하다. 사우디, 러시아, 미국, 이란에 이어 세계 5대 산유국이지만 경제성장에 따라 소비가 급증하는 탓에 원유 소비의 40% 가까이를 수입에 의존하고 있다. 다음의 <도표 2>에서 중국의 원유 및 석유제품 수입 추이를 보면, 2007년 기준으로 원유는 1억6,317만 톤, 석유제품은 3,380만 톤을 수입하였다. 2008년에는 5월 말 현재 원유가 전년동월대비 12.7% 증가한 7,597만 톤, 석유제품은 17.3% 증가한 1,734만 톤을 수입한 것으로 나타나고 있다.

또 석유제품별 중국내 수급 추이를 보면, 2007년 기준으로 생산의 경우 경유가 1억2,370만 톤으로 가장 많고, 이어서 휘발유 5,994만 톤, 연료유 2,310만 톤의 순으로 나타나고 있다. 소비는 경유가 1억2,296만 톤, 휘발유 5,553만 톤, 연료유 4,344만 톤으로 나타나고 있다. 이로부터 경유와 휘발유는 중국내 수급에 큰 문제가 없는 것으로 보이지만 연료유는 무려 2,034만 톤이나 부족한 것을 알 수 있다. 중국은 원유 수입과 함께 부족한 연료유도 수입에 의존하고 있다.

중국은 부족한 연료유를 주로 한국으로부터 수입하고 있는데, 2007년에 한국은 중국으로 가장 많은 석유제품을 수출하였다. 한국의 석유제품

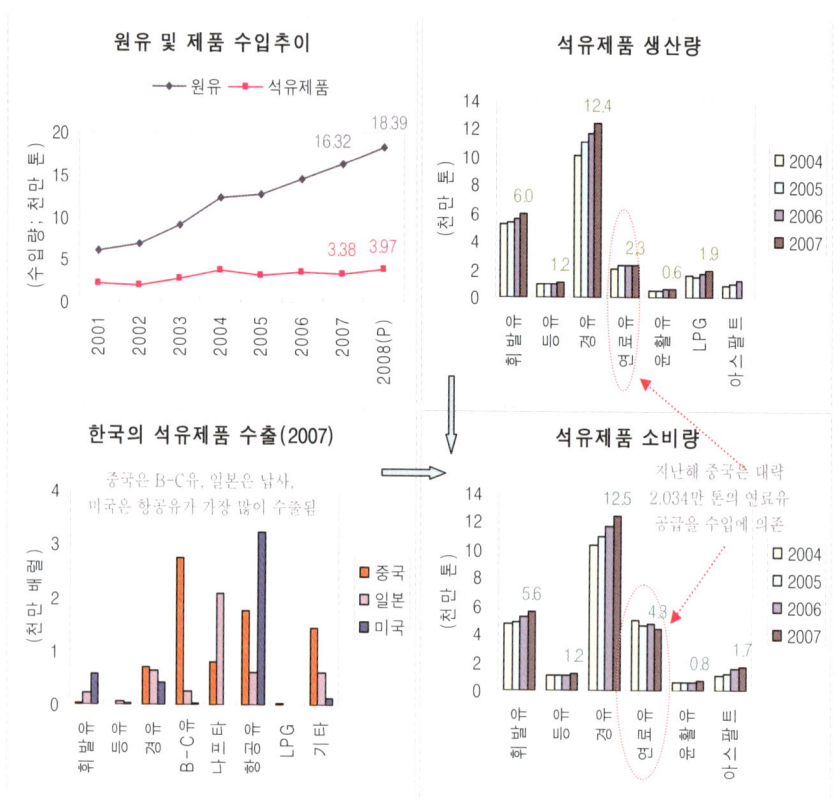

〈도표 2〉 중국 석유제품 수급 추이

㈜ 각종 자료로부터 KSERI 작성

수출은 전에는 일본이 가장 많았으나, 2005년부터는 중국 수출이 가장 많은 비중을 차지하고 있다.

한국의 석유제품 수출을 보면, 연료가 부족한 중국에 대해서는 연료유인 B-C유[16], 석유화학공업이 발달한 일본에 대해서는 석유화학제품의 기

---

[16] B~C(bunker fuel oil C)유는 연료유의 한 종류로, 원유를 증류하여 가솔린·등유·경유 등을 증류한 후 남은 잔유(殘油)를 일컫는다. 경유에 비해 비중이 커서 중유라고 명명된 B~C유는 주로 디젤기관, 보일러 가열용, 화력발전용으로 사용되는 연료용 중유를 가리킨다.

초원료인 나프타, 미국에 대해서는 군용 항공유 수출이 주류를 이루고 있다. 2007년 중국에 대한 B-C 유 수출은 대략 2,759만 배럴로 한국의 B-C 유 전체 수출량의 65% 가량을 차지하고 있다. 이는 2007년 중국이 수입한 연료유의 약 20.2%에 해당하는 것으로 한국산 연료유에 대한 수입 의존도가 높음을 알 수 있다.

이처럼 중국은 경제성장으로 원유 및 석유제품 소비가 빠르게 증가하고 있는 반면, 중국내 유전의 노후화 및 서부내륙 유전개발 지연 등으로 인해 수입도 빠르게 증가하고 있는 상황이라고 할 수 있다. 이런 이유로 중국 정부는 대내적으로는 에너지효율성 제고, 에너지구조의 다변화, 대체에너지 개발 등을 적극 추진하면서 대외적으로는 유전확보를 위한 해외유전 개발에 적극 나서고 있다.

중국의 해외유전 개발 참여는 1992년 '해외진출(走出去)' 전략을 수립한 직후인 1993년부터 시작되었으나, 1997년 카자흐스탄의 악토베무나이가즈(Aktobemunaigaz) 생산시설 인수와 수단의 GNPOC 지분 40%를 획득하면서 본격화되었다고 할 수 있다. 현재 전세계적으로 300여 개에 달하

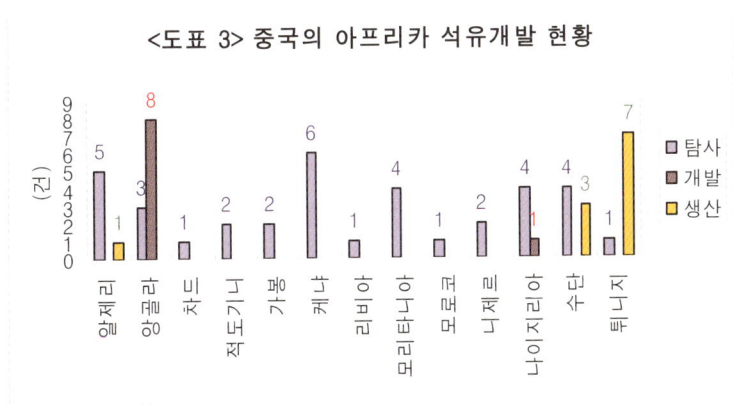

<도표 3> 중국의 아프리카 석유개발 현황

㈜ 각종 자료로부터 KSERI 작성

는 석유 탐사, 개발, 생산계획을 확보하고 있는 중국은 특히 아프리카에서의 개발사업에 상당한 중점을 두고 있다. 2007년 중국은 원유 수입량의 약 35%를 아프리카에서 들여올 정도로 중국의 해외유전 개발 및 원유수입에 있어서 중요한 위치를 차지하고 있다.

위의 <도표 3>에서 볼 수 있는 것처럼, 중국은 아프리카 13개국에서 총 56건의 개발사업을 추진하고 있으며, 이 중 탐사 36건, 생산 11건, 개발 9건을 전개하고 있는 것으로 나타나고 있다.

이상으로부터 2000년 이후 중국은 고도 경제성장을 지속하면서 원유와 석유제품에 대한 수요가 크게 늘어남에 따라 수입도 빠르게 증가하고 있는 상황이라고 할 수 있다. 그에 따라 중국 정부의 에너지 외교도 빈번하게 이루어지면서 해외 유전개발의 첨병으로서 CNOOC의 역할이 점차 중요해지고 있다.

중국의 원유 및 가스 탐사개발은 중국해양석유총공사(CNOOC)와 시노펙(Sinopec), 그리고 중국석유천연가스그룹(CNPC)의 3개 국영회사가 장악하고 있다. CNOOC는 해외유전개발을 비롯한 해양석유 및 천연가스 자원 채굴사업이 주요 사업영역이라면, 시노펙과 CNPC는 업스트림인 산유에서부터 정제, 판매에 이르는 다운스트림까지 모든 분야를 망라하고 있다. 즉, 수심 5m를 경계로 육상 탐사개발은 CNPC가, 해상 탐사개발은 CNOOC가 중심이 되어 분담하고 있다고 할 수 있다.

CNOOC는 1982년 2월에 설립되었는데, 여타 국영석유회사와 마찬가지로 유전과 정유공장을 확보하고 실제로 조업을 하는 회사는 CNOOC주식회사(中国海洋石油有限公司, CNOOC Ltd.)라는 핵심 자회사이다.

<도표 4>에서 CNOOC주식회사의 경영실적을 살펴보면, 2007년 매출액

은 전년과 비슷한 907.2억 위안을 기록하였고, 경상이익과 당기순이익 역시 전년과 거의 비슷한 433.1억 위안과 312.6억 위안을 각각 기록하였다. 사업부문별 매출분포를 보면, 원유 및 가스 판매가 전체 매출액의 80.5%에 해당하는 730.37억 위안의 매출액을 기록하였고, 무역사업이 173.97억 위안으로 19.2%를 차지하였다.

얼마 전 중국 발해의 첸하이(浅海)에서 대형 유전과 가스전이 발견되었다는 소식이 보도되었는데, 최근 중국의 해상 원유생산은 발해를 중심으로 빠르게 증가하고 있다. CNOOC 주식회사 역시 발해와 홍콩 남동해상

<도표 4> CNOOC 주식회사 주요 경영현황

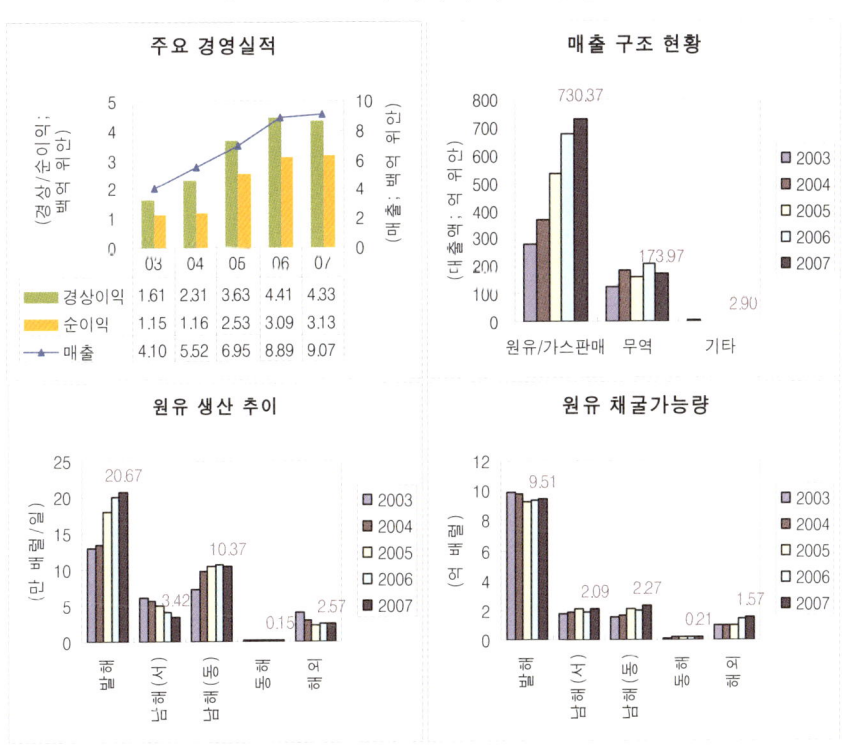

㈜ 회사 자료로부터 KSERI 작성

(남지나해 동부), 홍콩 동남서와 하이난다오(海南岛) 대륙붕(남지나해 서부), 상하이 대륙붕(동지나해)의 4개 지역에서 원유 생산을 하고 있다.

2007년 CNOOC주식회사가 생산한 원유 채굴량은 발해가 20.67만 배럴/일로 가장 많으며, 이어서 남지나해 동부가 10.37만 배럴/일, 남지나해 서부 3.42만 배럴/일, 동지나해 0.15만 배럴/일을 기록하였고, 해외에서는 2.57만 배럴/일의 생산량을 나타내고 있다. 또, 현재까지 확인된 원유 채굴 가능량은 발해가 9.51억 배럴, 남지나해 동부 2.27억 배럴, 남지나해 서부 2.09억 배럴, 동지나해 0.21억 배럴, 그리고 해외지역은 1.57억 배럴로 확인되고 있다.

중국에서 유일하게 외국기업과 해상유전개발 계약을 체결할 수 있는 CNOOC주식회사는 현재까지 BG, BP, 벌링턴(Burlington), 쉐브론(Chevron), 코노코필립스(ConocoPhillips) 등 세계 주요 메이저들과 계약을 체결하고 있다. 또한 미국 증권거래위원회(SEC)에 상장된 만큼 기업공개와 원유 매장량 등은 모두 국제기준에 입각하여 공표하고 있다고 할 수 있다.

1998년 중국 정부가 주요 국영기업에 대한 지배구조 개편작업을 진행하면서 중국의 3대 국영석유회사도 주주개혁을 실시하였다. 이 과정에서 CNOOC주식회사는 1999년 8월 홍콩에서 설립되어 2001년 2월에 홍콩을 비롯한 미국과 영국 증시에 상장을 하였다.

<도표 5>에서 CNOOC주식회사의 최근 주가 추이를 보면 여느 중국 상장회사들의 주가 추이와는 정반대의 흐름을 보이고 있다. 상당수 중국기업들의 주가는 2007년 하반기 이후 급락세를 보이고 있는데, 국제유가의 급등세에 힘입은 CNOOC주식회사는 뉴욕과 홍콩 거래소에서 모두 강

세를 나타내고 있다. 2008년 7월 10일 종가 기준으로 뉴욕거래소에서는 주당 170.74달러에 거래가 마감되어 1년 전에 비해 약 42% 상승하였다. 홍콩거래소의 주가 역시 13홍콩달러에 마감하면서 1년 전에 비해 약 37% 가량 상승한 것으로 나타났다.

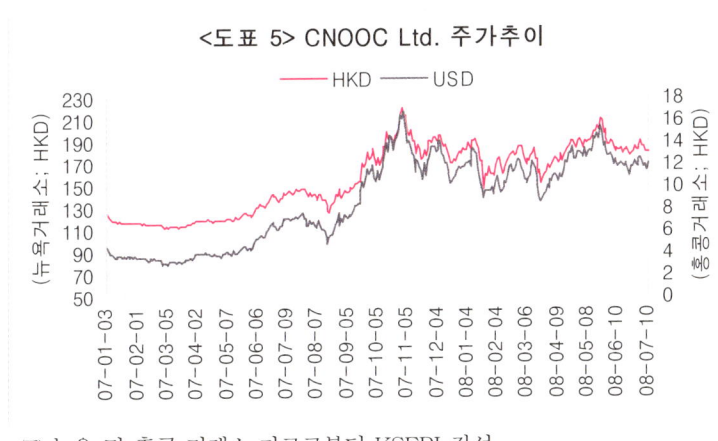

<도표 5> CNOOC Ltd. 주가추이

㈜ 뉴욕 및 홍콩 거래소 자료로부터 KSERI 작성

(2008년 7월 14일)

세계 철강수급 현황과 탕산철강

2008년 6월 중국 최대 철강업체인 바오스틸이 세계 2대 철광석 공급업체인 호주의 리오 틴토(Rio Tinto)와 사상 최고의 철광석 장기공급 납품가에 합의하였다. 바오스틸은 리오 틴토사의 '필바라 블렌드 파인(PB Powder Ore)'을 전년대비 79.8% 인상된 톤당 144.66달러에, '필바라 블렌드 럼프(PB Lump Ore)'는 96.5% 인상된 톤당 201.69달러에 각각 공급 받기로 한 것이다.

바오스틸은 이번 계약갱신에 앞서 시장 상황을 주시하면서 시간 끌기를 하다가 결국 철광석 공급계약 만료일(2008년 6월 말) 1주일 전인 6월 23일에 사상 최고 납품가에 공급 받기로 계약하였다. 동시에 리오 틴토사에 대한 투자를 확대한다는 내용도 포함한 것으로 알려지고 있다. 이번 바오스틸의 계약은 한국과 일본을 비롯한 세계 철강업계의 전반적인 원가상승으로 이어질 전망이다.

게다가 2008년 6월 말 국제유가는 장중 한때 140달러를 돌파하면서 사상 최고치를 기록하였다. 이란의 정정 불안으로 석유 생산이 중단될 수 있다는 우려가 대두되면서 다시 치솟았고, 투기자금이 다시 원유시장으로 유입되면서 급등한 것으로 보인다. 최근 외신보도에 의하면 국제유가가 150달러 또는 170달러를 돌파할 것이라는 전망도 나오고 있다. 유가 상승은 석유의존도가 높은 자동차산업 등에 즉각적인 영향을 미치는 만큼 향후 철강업계를 비롯한 산업 전반에도 악영향을 미칠 전망이다.

이에 이번 호에서는 세계 철강수급 동향과 함께 중국 2위의 철강업체인 탕산철강주식회사(唐山钢铁股份有限公司, Tangshan Iron & Steel Co.,Ltd.)의 주요 경영현황에 대해 살펴보기로 한다.

중국 최대 철강업체인 바오스틸의 철광석 수입단가 인상이 세계 철강산업에 미치는 영향을 가늠하기 위해 철광석 주요 수입국가 현황을 살펴보면 아래의 <도표 1>에 나타난 바와 같다

2005년 말 기준으로 철광석 수입액을 보면 중국이 183.8억 달러를 수입하였는데, 이는 2001년 대비 무려 6.3배를 넘고 있는 규모라고 할 수 있다. 뿐만 아니라 중국의 철광석 수입은 중국을 제외한 상위 10대 수입국가의 전체 수입을 합친 것보다도 많다. 이어서 일본이 55.8억 달러, 독일 20.7억 달러, 한국 19.3억 달러, 이태리 10.5억 달러의 순으로 나타나고 있으며, 미국은 6.1억 달러로 11위로 나타나고 있다.

또 2007년 기준 주요국별 철강 생산을 보면 중국이 4.89억 톤으로 세계 전체 생산의 36.5%를 차지하고 있으며, 일본 1.2억 톤, 미국 0.98억 톤, 러시아 0.72억 톤, 인도 0.53억 톤의 순으로 나타나고 있다. 한국은 0.51억 톤으로 세계 6위로 나타나고 있다. 이 중 중국과 인도의 철강 생산량은 매년 빠른 증가세를 보이고 있다.

<도표 1> 세계 철강수급 현황

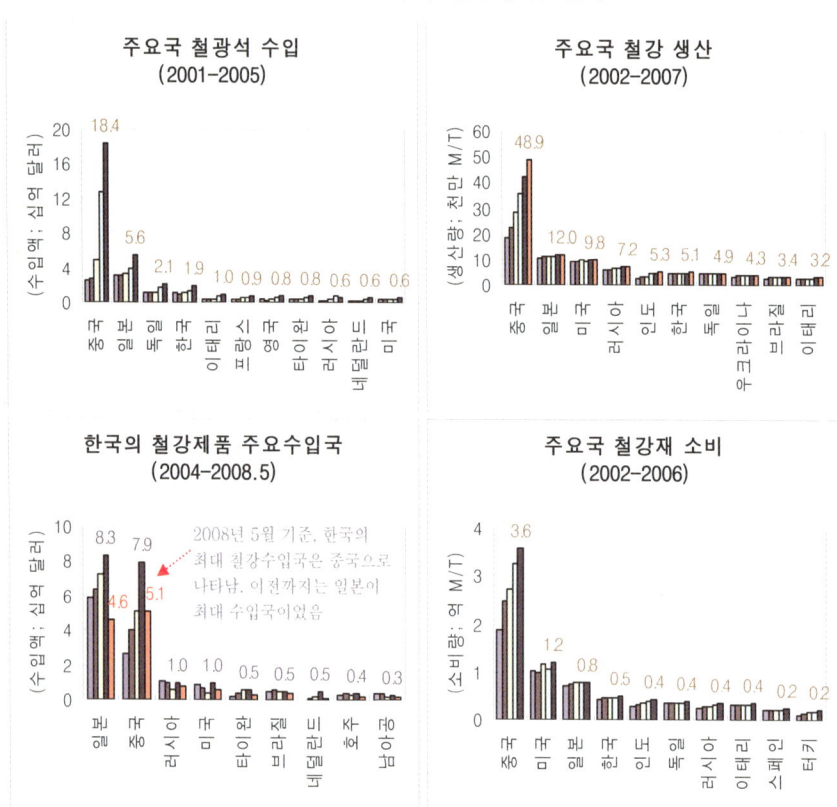

㈜ IISI, ITC, 한국무역협회 자료로부터 KSERI 작성

　2006년 기준 주요국별 철강재(Finished Steel Products) 소비 현황을 살펴보면, 중국이 3.56억 톤으로 전세계 소비량의 32% 가량을 차지하고 있다. 그리고 미국 1.2억 톤, 일본 0.79억 톤, 한국 0.49억 톤, 인도 0.43억 톤의 순으로 나타나고 있다

　중국은 전세계 철강산업의 수급 면에 있어서 1/3 가량을 차지할 정도로 절대적인 비중을 차지하고 있는 것이다. 이런 점에서 이번 중국의 철광석 수입단가 인상이 한국의 철강산업에 미치는 영향을 가벼이 볼 수는

없다.

한국이 수입하는 철강제품의 주요 수입국가 분포를 살펴보면, 2007년 기준으로 일본, 중국, 러시아, 미국, 타이완의 순으로 나타나고 있다. 그런데 2008년 5월 말 기준으로 중국으로부터의 철강수입이 전년동기대비 53.1%나 급증한 50.9억 달러를 기록하고 있으며, 전체 철강제품 수입액에서 중국산 비중이 37.1%를 차지한 것으로 나타났다. 다만 수입량 기준으로 보면 전년동기에 비해 1.5% 증가에 그치고 있다. 이로부터 수입액 증가는 대부분 수입단가 상승에 의한 증가에 기인한 것을 알 수 있다. 여기에 이번 중국의 철광석 수입 평균단가가 85.4% 인상된 것을 감안하면 향후 한국의 철강업과 자동차, 조선업체, 건설업 등의 원가 상승은 불가피해질 것으로 예상된다.

이제 중국 철강업체 중 조강 생산량과 매출액에서 2위를 기록하고 있는 탕산철강에 대해 살펴보자.

바오철강과 함께 중국의 철강산업을 대표하고 있는 탕산철강은 중국의 핵심 국영기업이다. 탕산철강주식회사의 지배구조는 <도표 2>에 정리된 바와 같이 탕산철강그룹이 51.11%의 지분을 소유하고 있고, 다시 탕산철강그룹은 허베이(河北)성 국유자산감독관리위원회가 완전 통제하고 있다.

1943년 설립된 탕산철강은 1994년 6월 29일에 주식회사를 설립하고, 이듬해인 1995년 12월 28일에 철강업체인 쉬엔강(宣钢, 1919년 설립)과 청강(承钢, 1954년 설립)을 인수 합병하여 탕산철강그룹으로 재편되었다. 탕산그룹은 철강과 관련된 거의 모든 제품을 생산하고 있는 반면, 계열사인 탕산철강주식회사는 열연/냉연 강판과 선재, 이형철근 등의 생산에

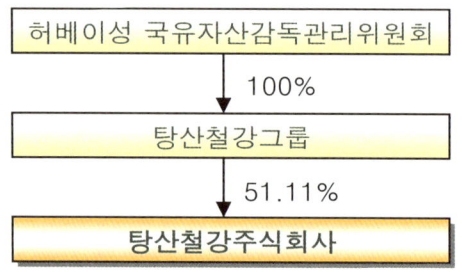

<도표 2> 탕산철강주식회사 지배구조 현황

㈜ 회사 자료로부터 KSERI 작성

주력하고 있다.

아래 <도표 3>에서 중국의 철강 생산량 추이를 보면 2007년 조강 생산량은 전년대비 15.9% 증가한 489.7억 톤이었고, 철강재 생산량은 20.2% 증가한 568.9억 톤이었다. 또 2008년 5월말 현재 조강 생산량은 전년동기대비 9.4% 증가한 216.1억 톤을, 철강재는 12.5% 증가한 246억 톤을 생산한 것으로 나타났다.

중국 철강업의 2007년 제품별 판매량을 보면 철근이 6,185.5만 톤이 판매되면서 가장 많았으며, 형관이 5,403.9만 톤, 중후판재가 5,377.9만 톤의 순으로 나타났다. 이 중 선박, 자동차, 보일러, LNG 탱커의 소재로 사용되고 있는 중후판재는 전년과 비교해 무려 35.7%가 급증하였다. 제품별 수출량을 보면 중후판재가 전년대비 10.7% 증가한 597.8만 톤으로 가장 많으며 선재 538.8만 톤의 순으로 나타나고 있다. 그리고 형관과 철근은 전년대비 각각 76.4%와 91.6%가 급증한 308.7만 톤과 442만 톤이 수출되었다.

탕산철강의 매출액 역시 크게 증가한 것으로 나타나고 있다. 2007년 매출액은 전년대비 38.4%가 증가한 417.9억 위안을 기록하였으며, 영업

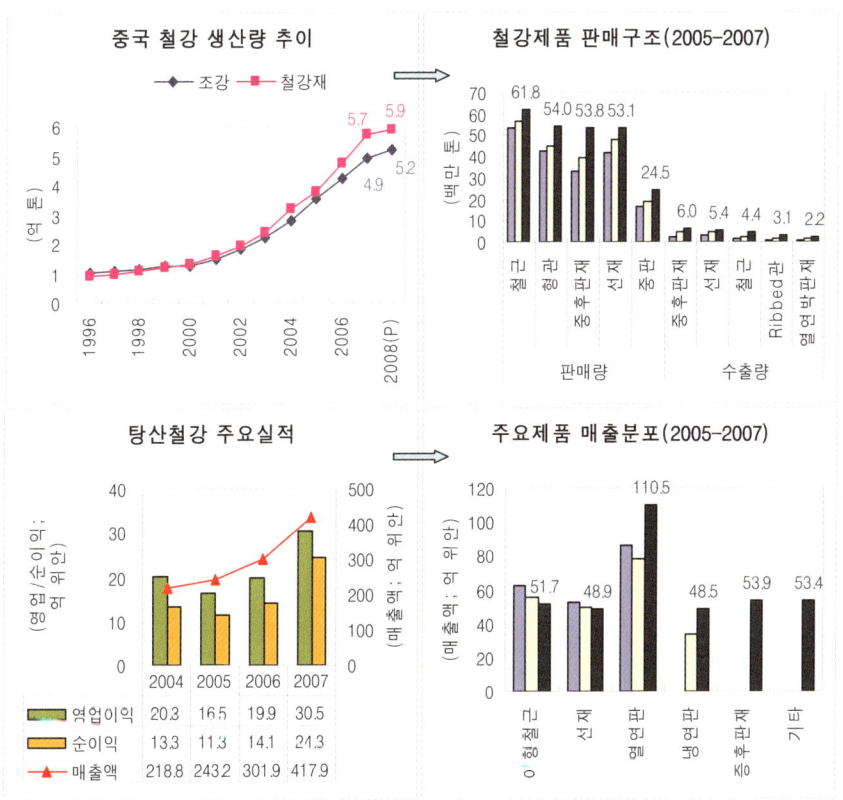

㈜ 중국 국가통계국, 철강협회 및 회사 자료로부터 KSERI 작성

이익과 당기순이익도 53.3%와 72.3%가 증가한 30.5억 위안과 24.3억 위안을 기록했다. 또 2008년 1분기 매출액은 전년동기대비 44% 증가한 137.9억 위안을, 영업이익과 순이익 역시 38.4%와 51%가 증가한 10.1억 위안과 7.8억 위안을 기록하고 있다.

탕산철강의 주요 제품별 2007년 매출액 분포를 보면 열연판이 전년대비 41.1%가 증가한 110.5억 위안으로 전체 매출액의 26%를 차지하고 있고, 이어서 중후판재가 53.9억 위안, 이형철근 51.7억 위안의 순으로 나타나고 있다. 이 중 이형철근과 선재의 매출액은 매년 감소하고 있는 반면에 열연판과 중후판재의 매출액은 급증하고 있는 추세를 보이고 있다. 철근 및 선재의 매출 감소는 중국내 건설업의 정체를 반영하고 있으며, 열연판과 중후판 매출증가는 중국 자동차산업 및 조선산업의 급성장에 따른 수요증가를 반영하고 있는 것으로 보인다.

마지막으로 탕산철강의 최근 주가 추이를 살펴보기로 하자. 2008년 6월 27일 종가 기준으로 전일대비 8%가 하락한 1주당 11위안에 거래가 마감되었다. 바오스틸의 철광석 수입단가 인상이 결정된 6월 23일에 주당 11위안으로 떨어진 이후 조금씩 회복하던 탕산철강의 주가는 국제유가 급등 소식이 전해지면서 다시 11위안으로 급락하였다. 또, 이날 상하이 지수와 선전지수 모두 5.29%와 5.63%가 떨어진 2,748.43 포인트와 9,436.21 포인트로 거래를 마감하면서 중국 증시는 지난 6월 10일 지준율 인상 발표 이후 계속 하락세를 보이고 있다.

<도표 4> 탕산철강 거래주가 추이

㈜ 선전거래소 자료로부터 KSERI 작성

(2008년 6월 30일)

중국 최대의 정유회사, 시노펙주식회사

2005년 초부터 OPEC 탈퇴에 대한 논의가 지속적으로 거론되던 인도네시아가 결국 탈퇴할 것으로 알려지고 있다. 2008년 5월 28일 푸르노모 유스기안토로(Purnomo Yusgiantoro) 인도네시아 에너지광물자원부 장관은 더 이상 OPEC 회원국 지위를 유지하는 것이 의미가 없다고 판단하여 2008년 말 이후 OPEC을 정식 탈퇴한다고 밝혔다. 이로써 유일한 아시아 회원국이었던 인도네시아가 탈퇴를 하게 되면 OPEC은 현재의 13개 회원국에서 2009년부터 12개 회원국으로 축소된다.

인도네시아가 이번에 OPEC 탈퇴를 결정하게 된 원인은 최근의 유가급등 때문으로 보인다. 미국 등 주요국들이 중동 산유국들에게 끊임없이 증산 요구를 하고 있으나, OPEC 회원국들은 미온적 태도로 일관하여 국제 유가가 연일 치솟고 있다. 이런 가운데 현재 원유 수입국으로 전환된 인도네시아로서는 고유가 정책을 지지하고 있는 OPEC 산유국들과 근본적인 이해관계가 다를 수 밖에 없다.

이처럼 최근 몇 년 동안 국제 유가가 급등을 하고 있는 이유로는 중동 산유국들의 원유 증산에 대한 소극적 태도와 미국의 전략적 비축유 증가와 달러 약세, 그리고 무엇보다도 중국의 수요 급증을 꼽을 수 있겠다. 특히 쓰촨성 지진 피해복구와 올림픽 개최로 인해 중국의 원유 수요는 더욱 급증할 것으로 보인다. 이에 이번 중화경제동향에서는 중국정부의 원유대책 및 중국 최대 정유회사인 시노펙주식회사(中国石油化工股份有限公司, Sinopec Corp.)에 대해 살펴보기로 한다.

<도표1>에서 OPEC과 비OPEC의 석유생산(원유+액화석유+정제부산물) 추이를 살펴보면, 먼저 OPEC 회원국의 경우 2007년 기준으로 사우디아라비아가 1,023.4만 배럴/일 생산으로 가장 많은 것으로 나타나고 있다. 이어서 이란 404.3만 배럴/일, UAE 294.8만 배럴/일, 베네수엘라 266.7만 배럴/일, 쿠웨이트 261.3만 배럴/일의 순으로 나타나고 있다. 인도네시아는 104.4만 배럴/일의 생산을 한 것으로 나타나고 있다. 또 비OPEC 국가들 중에서는 러시아가 987.6만 배럴/일로 가장 많고, 미국 848.1만 배럴/일, 중국 390.1만 배럴/일, 멕시코 350.1만 배럴/일, 캐나다 335.8만 배럴/일을 생산한 것으로 나타났다.

세요 주요 국가들의 석유 소비도 급증하고 있다. 세계경제가 2003년부터 본격적인 호조를 보임에 따라 비OECD 국가들의 석유 소비도 빠르게 증가하고 있다. 세계 OECD/비OECD 국별 석유소비량 추이를 살펴보면, OECD국은 대체로 정체를 보이고 있는 반면, 비OECD국 특히 중국의 석유 소비는 빠르게 증가하고 있는 것으로 나타나고 있다.

OECD국의 경우 2007년 기준으로 미국이 전년대비 0.5% 증가한 2,069.8만 배럴/일로 가장 많고, 일본 497.2만 배럴/일, 독일 246.7만 배럴/일, 캐나다 234.8만 배럴/일, 한국 220.7만 배럴/일로 나타나고 있다.

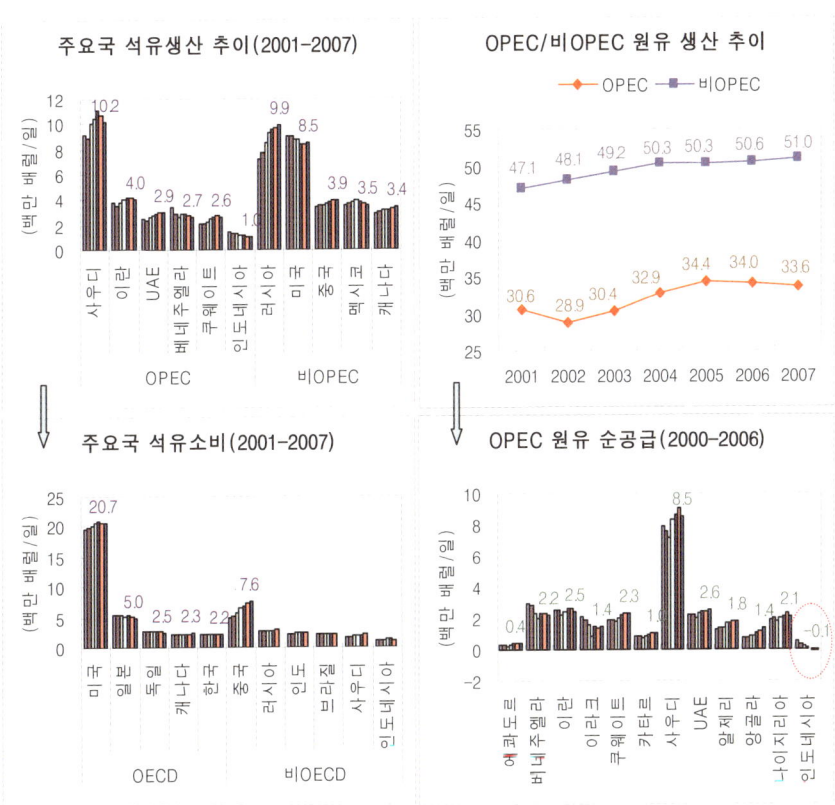

<도표 1> 세계 석유시장 동향

㈜ 미 에너지정보청 자료로부터 KSERI 작성. 2005년부터 2007년은 추정치임.

비 OECD 국가 중에서는 중국이 전년대비 4.4%가 증가한 759만 배럴/일의 소비량을 기록하면서 미국에 이어 세계 2위의 석유 소비국가로 나타나고 있다. 중국의 석유소비는 2002년 이후 연평균 7.6%에 달하는 높은 증가율을 나타내고 있다. 이 밖에 브라질, 러시아, 인도 등 브릭스(BRICs) 국가의 석유 소비량도 빠르게 증가하고 있다.

다음으로 OPEC 회원국과 비 OPEC 국가간의 원유생산 추이를 비교해보면, OPEC 은 2006년부터 감산 추세를 나타내고 있다. OPEC 의 원유생산은

2005년 3,440만 배럴/일로 전세계 생산량의 40.6%에서 2007년에는 3,360만 배럴/일로 39.7%에 그쳐 1% 가까이 생산 비중이 줄어들고 있다. 반면, 비 OPEC 국가들은 2001년 이후 생산량을 지속적으로 늘려 2007년 5,100만 배럴/일까지 늘어나고 있다.

또 OPEC 회원국들의 원유 순공급(=생산-소비, 즉 수출) 추이를 보면, 2006년 말 기준으로 사우디아라비아가 852.5만 배럴/일로 가장 많고, UAE 256.4만 배럴/일, 이란 246.2만 배럴/일, 쿠웨이트 234.0만 배럴/일, 베네수엘라 218.3만 배럴/일의 순으로 나타나고 있다. 이번에 탈퇴를 선언한 인도네시아는 -11.6만 배럴/일을 나타내고 있다. 즉 인도네시아는 이미 지난 2004년부터 3년 연속 원유 순수입국으로 전락한 것으로 나타나고 있다. 2007년에는 생산량이 더욱 감소하여 원유 수입량은 더욱 증가하였을 것으로 추정된다.

한편, 중국정부가 추진하고 있는 전략적 비축유(SPR) 정책 역시 세계 원유 수급에 상당한 영향을 미치고 있다. 2003년부터 전략적 비축유 기지 건설을 시작한 중국 정부는 2008년 현재 저장성의 닝보 전하이(镇海) 기지와 저우산(舟山)기지, 산동성 칭다오시 황다오(黄岛)기지, 랴오닝성 따렌(大连)기지 등 4개 저장기지를 완공하였다. 또, 2008년 3월부터는 중국 최대 규모로 신장 산산(鄯善)기지 건설에 착공하면서 총 투자비용 65억 위안(약 9,616억 원)을 투입할 것으로 알려지고 있다. 뿐만 아니라 향후 2년 안에 랴오닝성 티에링(铁岭), 헤이룽장 따칭린웬(大庆林源), 깐쑤성 란저우(兰州) 등 세 곳에 추가로 비축기지 건설 계획을 세워놓고 있다.

중국 정부는 《국가에너지발전11·5계획》과 3단계 국가 전략적 비축유 기본구상에 근거하여 비축기지를 건설해오고 있다. 국무원 발전연구센터 전략적 비축유팀이 중국 정부에 제시한 기본 방안을 살펴보면 아래 <도표 2>에 나타난 바와 같이 2020년까지 단계적으로 늘려가는 것으로 되어 있다.

구체적으로 정부와 민간을 합한 총 비축유 규모를 살펴보면 우선 2010년까지 2,800만 톤을 비축하며, 2015년까지는 8,200만 톤, 2020년에는 9,900만 톤까지 늘려간다는 계획을 세우고 있다. 이를 원유 수입량 기준으로 환산하면 120일분의 비축량을 목표로 하고 있는 셈이다. 중국 정부는 2010년 중국의 원유 소비량을 대략 3.9억 톤으로 예상하고 있으며, 이 중 2억 톤을 수입에 의존해야 할 것으로 내다보고 있다. 그리고 2015년에는 2.5억 톤, 2020년에는 3억 톤 가량을 수입에 의존하게 될 것으로 추산하고 있다.

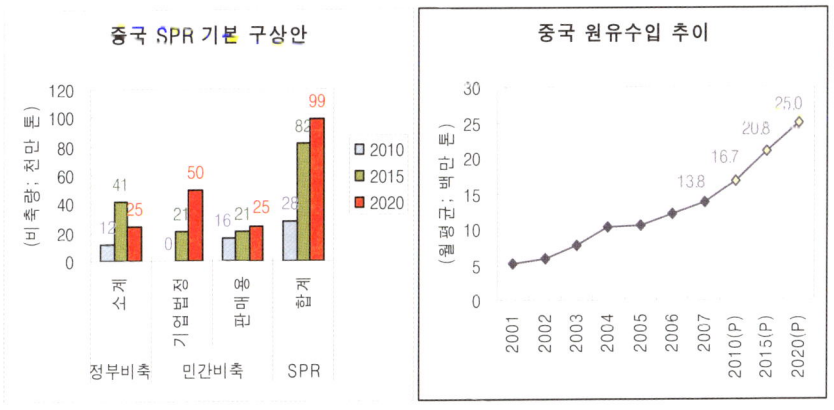

<도표 2> 중국 정부의 전략적 비축유(SPR) 비축 계획

㈜ 국무원 발전연구센터 및 상무부 자료로부터 KSERI 작성

이처럼 중국의 석유소비 급증과 원유 수입의존도가 갈수록 늘어나고 그로 인해 국제 유가도 급등하고 있는 가운데 중국 정유회사들의 적자도

급증하고 있다. 중국 최대 정유회사인 시노펙은 5월 27일 개최된 주주총회를 통해 2008년 3분기 휘발유와 경유 수입량을 결정하지 못했다고 발표했다. 특히 최근 경유 부족현상이 가중되고 있는 것을 감안하면 시노펙은 정제유 수입을 늘려야 하지만 중국 정부의 가격통제로 인해 적자에 직면해 있다고 밝혔다. 현재 중국 정부는 원유 수입세 환급을 통해 정유회사에게 손실 보조금을 지급하고 있다.

시노펙사의 최근 경영현황 분석을 통해 중국 정유회사가 직면하고 있는 적자 문제를 좀더 구체적으로 살펴보기로 하자.

시노펙주식회사의 모기업인 시노펙그룹(中国石化集团, Sinopec Group)은 1998년 7월 중국석유화학공업총공사(시노펙)에 대한 구조조정을 통해 설립된 국영기업이다. 중국의 석유산업은 중앙정부의 직접적인 통제로 운영되다가 1982년 해외유전개발을 담당할 CNOOC(中国海洋石油总公司)과 1983년 중국석유화학공업총공사(시노펙), 중국석유천연가스총공사(CNPC)를 설립하면서 석유산업 구조개편에 착수하였다.

이 과정에서 탄생한 시노펙그룹은 중국의 WTO 가입에 대비하기 위해 주주개혁을 실시하고 1999년 9월에 시노펙주식회사를 설립하였다. 회사

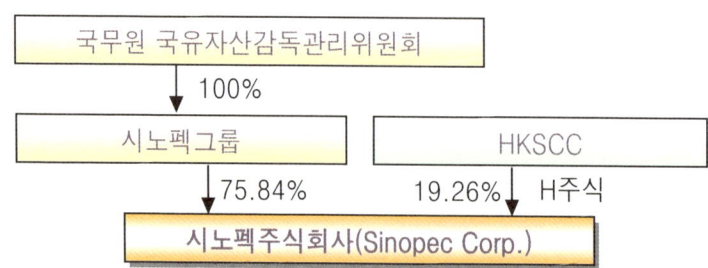

<도표 3> 시노펙주식회사 지배구조 현황

㈜ 회사 자료로부터 KSERI 작성

의 지배구조를 살펴보면, <도표 3>에 나타난 바와 같이 시노펙그룹이 75.84%의 지분을 보유하여 실질적인 주주이며, HKSCC(香港中央結算有限公司, 홍콩 예탁결제원)이 H주식 형태로 19.26%의 지분을 소유하고 있는 것으로 나타나고 있다.

이어서 <도표 4>에서 시노펙주식회사의 주요 경영현황을 살펴보기로 하자. 2007년 시노펙의 매출액은 전년대비 13.4%가 증가한 1조2,097억

<도표 4> 시노펙 주요 경영현황

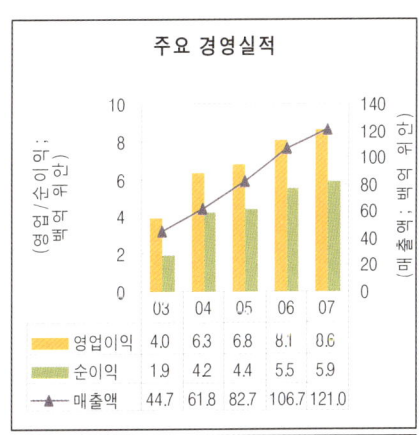

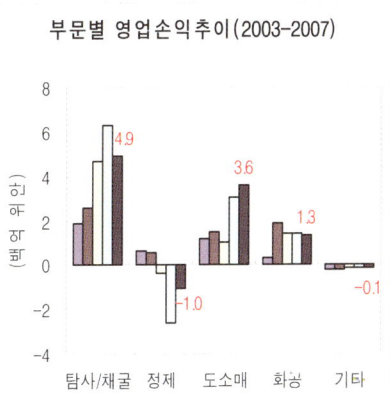

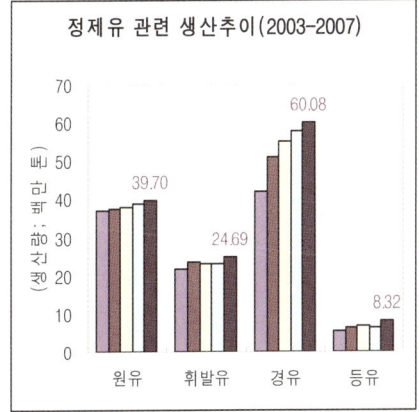

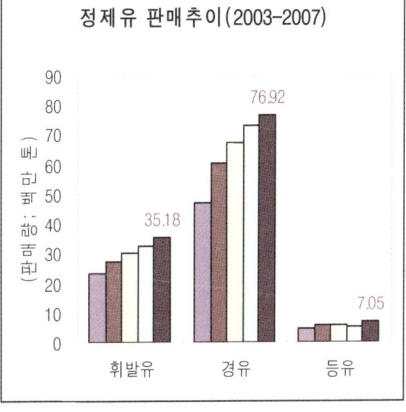

㈜ 회사 자료로부터 KSERI 작성

위안(약 179조원)을 기록하였고, 영업이익은 6.5% 증가한 859억 위안, 당기순이익은 6.7% 증가한 587억 위안을 각각 기록하였다. 또, 2008년 1분기 매출액은 전년동기대비 22.4%가 증가한 3,392.84억 위안을 기록한 반면, 영업이익은 89.4%나 급감한 30.31억 위안에 그쳤다.

2008년 1분기 영업이익 급감의 원인을 살펴보기 위해 사업부문별 영업손익 추이를 살펴보면, 2007년 탐사/채굴부문이 22.8% 감소한 488억 위안의 영업이익을 기록하였고, 도소매부문은 18.2% 증가한 357억 위안, 화공부문은 8% 감소한 133억 위안을 각각 기록하였다. 이에 비해 정제사업부문은 매출액이 전년대비 59.3%가 증가하였음에도 불구하고 105억 위안의 영업손실을 기록하였고, 2005년부터 적자를 지속하고 있다. 이는 2008년 1분기에 더욱 심화되고 있다.

이처럼 큰 폭의 영업손실을 기록하고 있는 정제사업의 생산/판매 추이를 보면 2007년 휘발유는 2,469만 톤을 생산한 반면 판매량은 3,518만 톤을 기록하였고, 경유는 6,008만 톤 생산에 7,692만 톤을 판매함으로써 판매량이 생산량을 초과하고 있다. 이처럼 초과 수요분은 한국 등 해외로부터 수입해올 수 밖에 없다. 2007년 중국이 한국으로부터 수입한 정제유는 865만 톤에 47억 달러에 달하고 있다. 그러나 국제 유가 급등에 비해 국내 판매가는 통제되고 있어 정유회사 입장에서는 원유와 석유정제품을 수입하면 할수록 적자가 늘어날 수밖에 없는 상황이라고 할 수 있다.

1999년 9월에 설립된 시노펙주식회사는 2000년 10월과 2001년 8월에 차례로 H주식과 A주식을 공개 발행하고, 홍콩, 뉴욕, 런던, 그리고 상하이증시까지 상장되었다. 이 중 상하이증시 주가추이를 살펴보면, <도표 5>에 나타난 바와 같이 5월 29일 종가 기준으로 주당 13.12위안에 거래를 마감하였다. 2008년 6월 주가는 1년 전 주가와 거의 비슷한 수준을 유지하고 있는 가운데 서서히 회복되는 모습을 보이고 있다.

㈜ 상하이거래소 자료로부터 KSERI 작성

(2008년 6월 2일)

중국 최대의 시멘트회사, 하이루어시멘트

중국 쓰촨(四川)성에서 발생한 대지진 소식은 중국뿐 아니라 전세계 각국에도 충격적인 것이었다. 2008년 5월 12일 오후 2시 46분 관영통신인 신화사가 지진 소식을 처음 타전하고, 곧바로 1시간 후에 중국 당국은 '대재난'으로 규정하였다. 전세계는 피해 지역민들에게 구호의 손길을 보내는 동시에 중국 정부의 대처능력에 관심을 갖고 지켜보고 있다.

올림픽 개최를 앞두고 연이어 터지는 불미스런 사건과 사고로 인해 민감해 있던 중국 정부는 확산되고 있는 반중국 정서를 사전 차단하기 위해 13만 명에 달하는 대규모 인민해방군과 100여 대의 헬기를 현장에 긴급 투입하면서 구조작업에 최선을 다하고 있다. 하지만 수만 명 혹은 그 이상의 인원이 매몰되어 있는 상황으로 사망 인원은 계속 늘어나고 있다. 중국 언론은 지금까지 밝혀진 사망자가 2만 여명에 달하며 최대 5만 명까지 늘어날 것으로 보도하고 있다.

이번 지진피해가 크게 발생한 이유는 쓰촨성을 비롯한 중국의 서부 내륙지역의 개발이 상대적으로 낙후되어 있기 때문이다. 쓰촨성은 농업 비중이 상당히 높은 지역임과 동시에, 중국 수력에너지의 1/4을 담당하고 있는 수자원 중심지이다. 또, 천연가스, 황화철, 은, 티타늄 등 11개 광물자원의 최대 매장지역이며, 철강, 시멘트, 화학비료, 농약, 맥주, TV 제품 등은 서부지역 최대 생산량을 기록하고 있기도 하다. 이번 대지진 피해를 계기로 중국 정부는 그 동안 추진해온 서부대개발사업을 더욱 강도있게 추진할 것으로 예상되며, 그에 따라 서부지역 산업뿐만 아니라 중국 산업 전체도 재편될 가능성이 있다고 할 수 있다.

이에 이번 중화경제동향에서는 이번 대지진으로 수요가 급증할 것으로 예상되는 핵심 건자재 중의 하나인 시멘트산업에 대해 살펴보고자 한다. 중국의 시멘트 생산은 후진타오 정권에 들어서면서 빠르게 증가하고 있다. 하이루어시멘트주식회사(海螺水泥股份有限公司, CONCH) 중국 최대의 시멘트기업이다.

2007년 세계 시멘트 생산량은 <도표 1>에 정리된 것처럼 전년대비 2%가량 증가한 26억 톤으로 추정된다. 1995년 이후 3% 안팎의 증가율을 보이던 생산량이 2003년부터 급증하는 양상을 보이면서 최근 10년 동안 연평균 5.4%의 증가율을 나타내고 있다.

세계 10대 시멘트 생산국가들의 2007년(추정치) 생산 현황을 살펴보면, 중국이 13.5억 톤으로 세계 전체 시멘트 생산의 절반 이상을 차지하고 있으며, 이어서 인도가 1.6억 톤으로 뒤를 잇고 있고, 미국 9,640만 톤, 일본 7,000만 톤, 러시아 5,900만 톤, 한국 5,500만 톤의 순으로 나타나고 있다.

세계 최대 생산량을 자랑하는 중국의 연도별 생산 추이를 보면 2003년부터 급증하는 모습을 나타내고 있는데, 2003년에는 전년대비 41%의 급증세를 보였다. 뿐만 아니라 최근 10년 동안의 연평균 생산 증가율은 11.3%로 세계 평균의 2배에 달하고 있다. 2003년 이후 세계 시멘트 생산량이 급증하고 있는 것은 대부분 중국의 생산량 급증에 기인하는 것이라고 할 수 있다. 특히 이번 대지진을 계기로 중국 정부는 피해복구를 위해 서부개발사업에 박차를 가할 것으로 예상되는 바, 중국의 시멘트 생산량은 더욱 급증할 것으로 보인다.

이제 중국의 최대 시멘트업체인 하이루어시멘트주식회사(CONCH)에 대해 살펴보기로 하자.

<도표 1> 세계 시멘트 생산량 추이

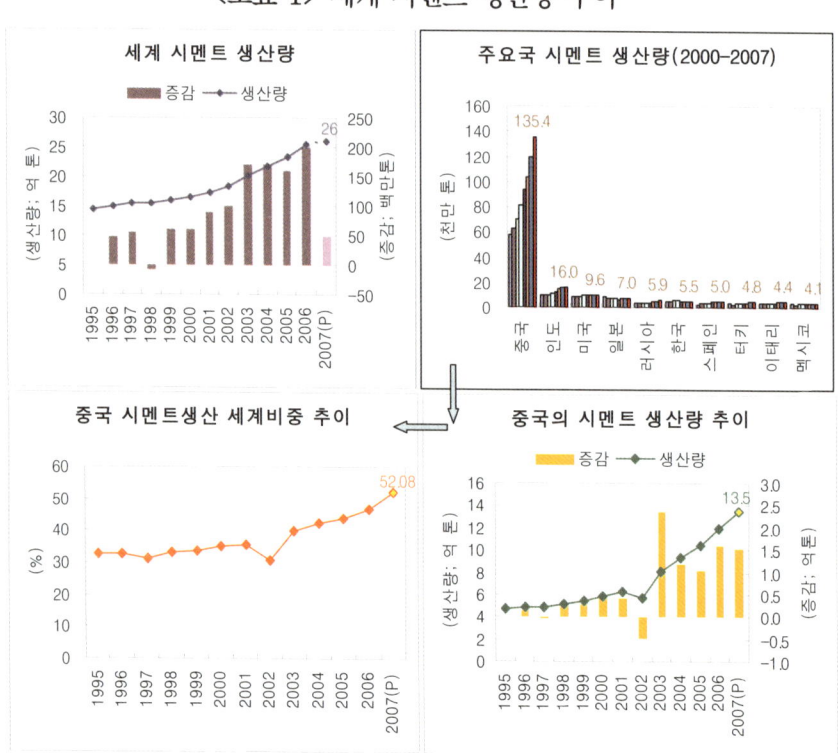

㈜ USGS 자료로부터 KSERI 작성. 2007년은 추정치임.

안휘성(安徽省) 정부와 국가경제체제개혁위원회의 구조조정 계획에 따라 1997년 9월 닝꿔(宁国)시멘트공장과 바이마산(白马山)시멘트공장이 전액 출자하여 안휘하이루어그룹(安徽海螺集团有限责任公司)을 설립하였다. 그리고 하이루어그룹은 국유주 형태로 6억2,248만 주를 발행하고, 그룹 산하에 시멘트 생산업체인 하이루어시멘트주식회사를 설립하였다.

하이루어시멘트의 지배구조 현황은 아래의 <도표 2>에 나타난 바와 같이 모기업인 하이루어그룹이 40.22%의 지분을 소유하고 있으며, 홍콩 예탁결제원이라 할 수 있는 HKSCC(香港中央结算有限公司)가 H주식 형태로 27.63%의 지분을 보유하고 있는 것으로 나타나고 있다.

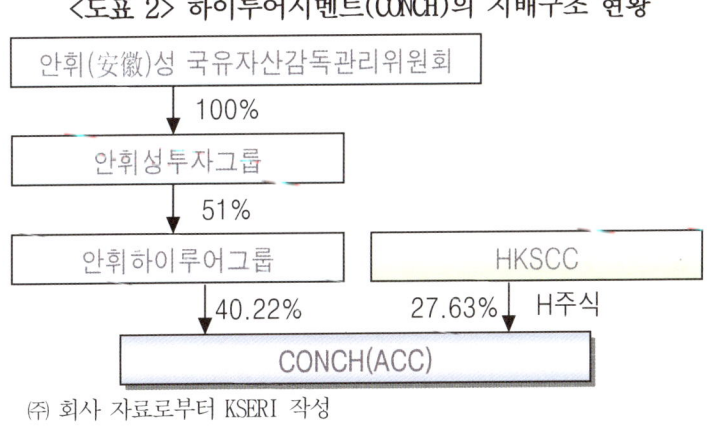

<도표 2> 하이루어시멘트(CONCH)의 지배구조 현황

㈜ 회사 자료로부터 KSERI 작성

하이루어시멘트는 하루 생산량 2000~10,000 톤급 클링커 생산라인을 36개나 구비하고 있다. 이 회사의 주요 경영실적을 살펴보면 다음의 <도표 3>에 나타난 바와 같다.

먼저, 중국 주요 시멘트업체들의 연간 생산량을 보면 2006년 기준으로 하이루어시멘트가 연산 6,300만 톤으로 2위 생산업체에 비해 3배 가량

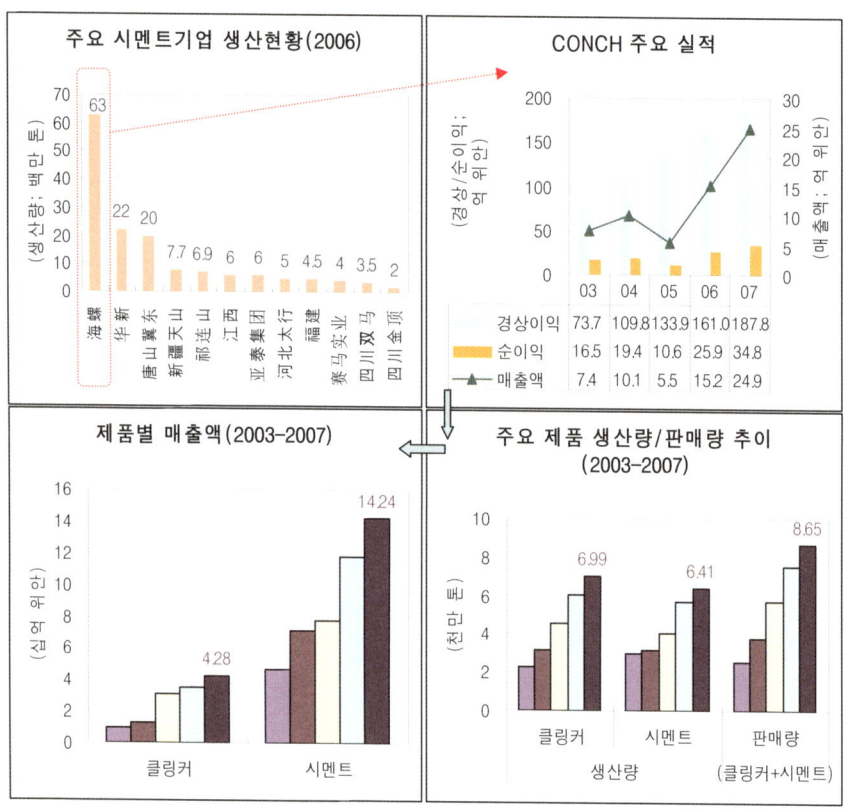

<도표 3> 하이루어시멘트의 경영 현황

㈜ 각종 자료로부터 KSERI 작성

많은 중국 최대 생산업체로 나타나고 있다. 뿐만 아니라 이는 한국 전체의 생산량보다 많으며, 한국 최대의 시멘트 생산업체인 쌍용양회가 연간 924만 톤 생산한 것에 비하면 대략 7배 규모에 달한다고 할 수 있다.

이어서 화신(華新) 2,200만 톤, 탕산지동(唐山冀東) 2,000만 톤, 신쟝톈산(新疆天山) 770만 톤, 치롄산(祁連山) 690만 톤 등의 순으로 나타나고 있다. 이번 지진이 발생한 쓰촨성에는 수앙마(双马)시멘트와 진딩(金顶)시멘트가 350만 톤과 200만 톤을 생산하여 중국 전체 11위와 17위에 올라 있다. 또, 중국건축자재그룹(中国建材集团)이 2007년 9월에 설립한 남방시멘트(南方水泥)의 경우는 생산능력이 대략 연산 3,000만 톤에 달하는 것으로 알려지고 있다. 이처럼 하이루어시멘트의 생산량이 매우 크지만 2006년 기준 중국 전체 생산량이 12억 톤인 것을 감안하면 중국 최대 생산업체인 하이루어시멘트의 중국내 시장점유율은 5.3%에 지나지 않는다. 이에 중국 정부는 2007년 《시멘트공업발전계획(水泥工业发展专项规划)》 및 《시멘트산업발전정책(水泥工业产业发展政策)》을 발표하고 시멘트산업의 구조조정을 단행하고 있다. 내용을 살펴보면 중소업체를 중심으로 운영되고 있는 시멘트산업의 규모화, 집중화를 위해 시멘트업체 설립기준을 대폭 강화함과 동시에 국내 기업간의 인수 합병을 적극 지원하고 외국기업들의 출자 규제를 완화하는 것으로 되어 있다.

이를 반영하듯 상위 업체들의 중소업체 인수합병이 2008년부터 가속화되고 있다. 2008년 2월 현재 중국건축자재그룹은 신장톈산(4위)의 지분 36.28%를, 싸이미(赛马, 10위)의 24.67%, 타이산(泰山)의 80%를 각각 인수하였으며, 하이루어는 치롄산(5위)의 지분 10%와 자오동(巢东, 15위)의 지분 19.69%를 인수하였다. 또, 남방시멘트는 쟝시시멘트(江西, 6위)와 남방완니엔칭(南方万年青)을 설립하고 50%의 지분을, 지엔펑그룹(尖峰, 12위)과는 남방지엔펑(南方尖峰)을 설립하고 65%의 지분을 소유한 것으로 알려지고 있다. 이밖에도 주요 상위기업들간의 합병 혹은 하위업체 인수작업이 빠르게 진행되고 있다.

하이루어시멘트의 2007년 매출액은 전년대비 16.7% 증가한 187.76억 위안이며, 경상이익과 당기순이익도 34.7%, 64.2%가 각각 증가한 34.85억 위안과 24.94억 위안을 기록하고 있다.

주요 제품별 2007년 생산량 및 판매량 현황을 보면, 클링커(clinker,

분쇄 직전의 시멘트 덩어리) 기준으로는 전년대비 15.8% 증가한 6,987만 톤을 생산하였고, 시멘트 기준으로는 12.6% 증가한 6,410만 톤을 생산하였다. 이에 비해 판매량(클링커+시멘트)은 전년에 비해 14.6% 증가한 8,652만 톤이 판매된 것으로 나타났다. 판매가 생산을 초과하고 있다는 것은 수입판매 및 타사제품 판매도 하고 있다는 것을 의미한다. 제품별 매출액 분포를 보면 클링커가 42.75억 위안으로 전체 매출액의 22.8%를 차지하고 있고, 시멘트는 142.36억 위안으로 75.8%를 차지하고 있다.

마지막으로 하이루어시멘트의 최근 거래주가 추이를 살펴보자. 1997년 9월에 설립된 하이루어시멘트는 곧바로 홍콩거래소에 상장하였으며, 이어서 2002년 2월에는 상하이거래소에도 상장하였다.

아래 <도표 4>는 상하이거래소 주가 추이를 나타낸 것으로, 주당 가격이 높은 것으로 나타나고 있다. 2008년 5월 15일 현재, 주당 64.98위안에 거래되고 있으며, 1년 전의 주가에 비해 50% 가량 상승한 수준이다.

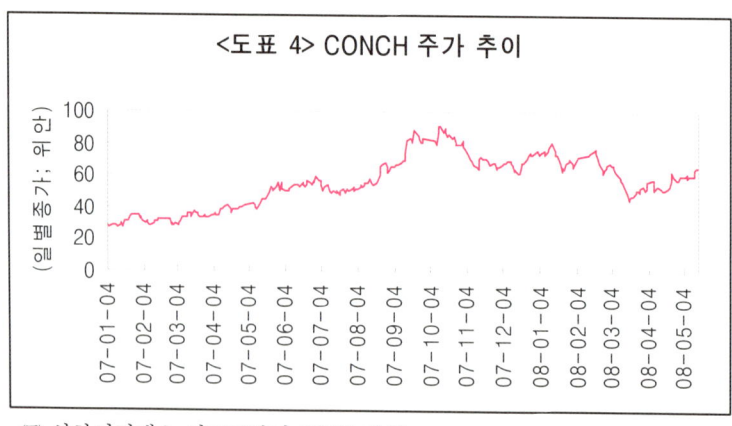

㈜ 상하이거래소 자료로부터 KSERI 작성

(2008년 5월 19일)

금시장 동향과 중진황금주식회사

　세계 경제 곳곳에서 적신호가 켜지고 있다. 미 달러화 가치가 연일 하락하는 가운데, 국제유가(WTI)는 2008년 3월 13일에 1배럴당 110달러를 돌파하였고, 같은 날 금 가격은 장중 1온스당 최고 1,000.1달러까지 치솟았다. 대두, 옥수수, 면화 등 주요 농산물과 철강을 비롯한 주요 원자재 가격 역시 급등세를 나타내고 있어 세계 각국의 물가를 위협하고 있다.
　제조 공산품 수출을 중심으로 고도성장을 지속하고 있는 중국경제도 달러 약세와 물가상승의 영향으로 고도성장에 급제동이 걸리는 양상을 보이고 있다. 3월 13일, 중국 위안화는 달러당 7.097위안까지 상승하였고, 이런 추세대로라면 조만간 6위안 대에 진입할 것으로 보인다. 또, 2월의 소비자물가는 전월의 7.1%에 이어 8.7%까지 치솟음에 따라 향후 중국 정부의 추가 긴축정책에 대한 우려로 상하이종합주가지수가 급락했다. 상하이종합주가지수는 3월 13일과 14일 연속으로 하락하면서

3,962.67로 장을 마감하였다. 2007년 5월 9일 이래 처음으로 4,000 포인트 아래로 떨어진 것이다.

그 결과 그 동안 증시로 몰리던 투기자금들도 금을 비롯한 원자재 시장으로 계속 빠져 나가고 있다. 특히 금이 투자대상으로 가치를 인정 받고 있는 이유는 고대부터 가치저장 수단으로서의 현물화폐로 널리 활용되어 왔을 뿐만 아니라, 보석장식용으로 그리고 전기 전도성과 항부식성 등 물리적, 화학적 물성들로 인해 산업용으로 널리 사용되고 있기 때문이다. 컴퓨터, 휴대전화 등의 통신장비에서부터 우주선, 제트기 엔진 등 용도도 날로 다양화되고 있다. 이에 이번 주 중화경제동향에서는 투기적 가격 급등이 지속되고 있는 금 시장 동향과 중국 최대의 금 생산기업인 중국황금그룹(中国黄金集团公司)의 상장 계열사인 중진황금주식회사(中金黄金股份有限公司)의 경영현황에 대해 살펴보기로 한다.

다음의 <도표 1>은 최근 국제 금 가격 및 중국 국내 금 거래 추이를 나타내고 있다. 국제 금 시세(London Gold PM Fix 기준)는 3월 13일 기준 전일대비 19.5달러가 상승한 1온스당 995달러로 거래가 마감되었다. 이는 2년 전 가격에 비해 83.1%나 상승하였고, 1년 전과 비교해도 52.9%나 급등한 것이다.

중국의 금(Au 99.99기준) 거래시세를 보면[17] 3월 13일 기준 g 당 225.2

---

[17] 중국의 금 거래는 상하이황금거래소(上海黄金交易所, SGE)를 통해 이루어지고 있다. 상하이황금거래소는 2001년에 설립되었는데, 금, 은, 플래티넘 등의 귀금속에 대해 집중 입찰경쟁방식으로 거래가 이루어지며, 가격우선 및 시간우선의 원칙을 적용한다.

회원제로 운영이 되고 있는 상하이황금거래소는 2008년 3월 13일 현재 128개 회원이 등록되어 있다. 회원자격은 중국에서 사업자자격증을 취득해야 하고, 금 업무와 관련이 있는 금융기관과, 귀금속 및 관련제품을 생산, 제련, 가공, 도매, 수출입을 할 수 있는 법인기업 및 신용평가가 우수한 기관들로 제한되어 있다.

거래되고 있는 상품은 황금, 백은, 플래티넘 등 3종류이며, 황금은 Au99.95%,

위안으로 거래되었다. 이는 2년 전 가격에 비해 59.2%가 오른 것이며, 1년 전에 비해서도 38.8%나 상승한 것이다. 참고로 중국의 금 거래가를 온스로 환산해보면 3월 13일 기준으로 온스당 6,384위안으로 대략 900

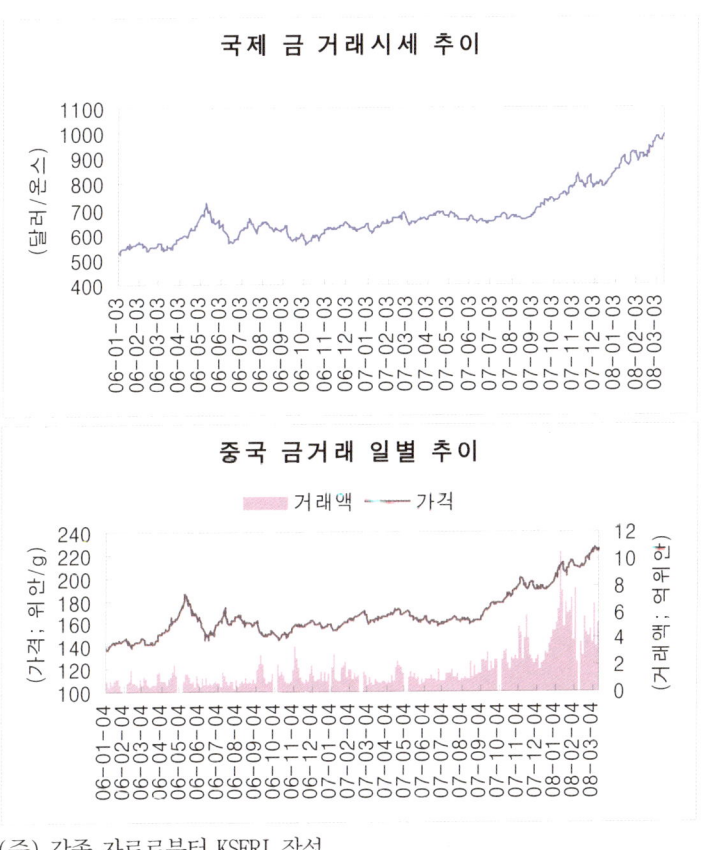

<도표 1> 중국 금 거래시세 동향

(주) 각종 자료로부터 KSERI 작성

Au99.99% 및 Au50g 등 현물 3가지에 대해 Au(T+5)와 Au(T+D)의 현물보증금 방식으로 거래가 된다. 플래티늄은 Pt99.95%의 한 가지에 대해 Pt(T+5) 현물보증금 방식으로 거래되고 있다. 그리고 은은 특별 규격이 없으며, 대부분 분할지불방식 등 협약에 의해 거래가 성사된다.

달러에 거래되고 있는 것이다. 그리고 중국의 금 거래금액은 2007년 9월부터 급증하는 양상을 보이고 있다. 특히, 2008년 들어서는 하루 평균 4.33억 위안(약 608억 원) 가량이 거래되고 있어 전년에 비해 147%나 급증한 것으로 나타났다. 이것은 상대적으로 중국 내에서도 2007년 9월부터 물가상승이 빨라지기 시작하고 있다는 것을 반영하고 있는 것으로 보인다.

다음에 아래의 <도표 2>에서 세계 주요국의 금 생산현황을 살펴보면, 2006년 기준으로 남아공이 292톤으로 세계 최대 금 생산국가로 나타났으며, 미국 252톤, 중국 247톤, 호주 245톤, 페루 203톤 등의 순으로 나타나고 있다. 그런데 남아공과 미국, 호주 등의 금 생산은 지속적으로 줄어들고 있는데 비해 중국과 페루의 금 생산은 지속적으로 증가하고 있는 것으로 나타나고 있다. 최근 외신보도에 의하면 중국이 2007년에 전년대비 11.7%가 증가한 276톤의 금을 생산하면서 남아공을 제치고 세계 최대 금 생산국가가 된 것으로 나타났다. 이에 비해 근 1세기 동안 세계 최대 금 생산국가였던 남아공은 전년대비 6.8%가 감소한 272톤을 생산하는 데 그쳤다. 이처럼 남아공의 채굴실적이 지속적으로 감소하고 있는 것은 채광이 깊어짐에 따른 생산단가의 상승과 노사분규 등에 기인하고 있다.

세계 주요 금 생산기업들의 생산실적(2005년 기준)을 보면 미국의 Newmont Mining 사가 200톤으로 가장 많이 생산을 하였고, 이어서 남아공 Anglo Gold Ashanti 192톤, 캐나다 Barrick Gold 170톤, 남아공 Gold Fields 131톤, 미국 Freeport McMoRan 87톤 등의 순으로 나타났다. 중국 황금그룹은 46톤으로 중국 생산업체 가운데에서는 가장 많은 것으로 나타났다.

<도표 2> 세계 주요국별 금 생산 및 주요 금 생산기업

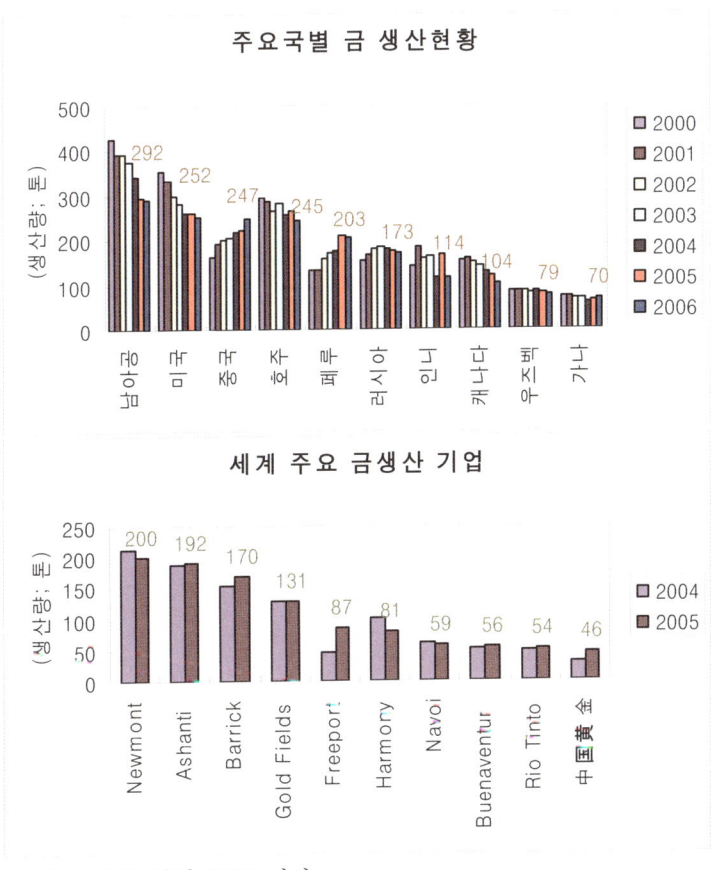

㈜ 각종 자료로부터 KSERI 작성

이제 중국 중진황금주식회사의 경영현황에 대해 자세히 살펴보기로 하자.

중국황금그룹의 상장 계열회사인 중진황금주식회사(中金黃金股份有限公司, Zhongjin Gold Corp.)는 중국황금그룹을 비롯한 중신꿔안황금회사(中信国安黃金有限责任公司), 티벳광업개발회사(西藏自治区矿业开发总公司) 등 7개 회사가 공동발기인으로 참여하여 2000년 6월 23일에 설립되었다. 그리고 금 생산기업으로서는 최초로 2003년 8월에 상하이거래소에 상장되었다. <도표 3>에 나타난 것처럼 최대주주는 중국황금그룹으로 48.06%의 지분을 소유하고 있다. 또 중국황금그룹은 국무원 국유자산감독관리위원회의 직접 통제를 받는 국영기업이다.

<도표 3> 중진황금주식회사의 지배구조 현황

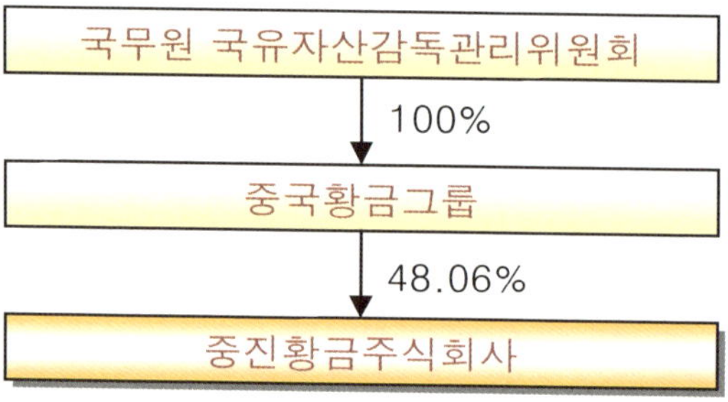

```
┌─────────────────────────────┐
│   국무원 국유자산감독관리위원회   │
└─────────────────────────────┘
              │ 100%
              ▼
      ┌─────────────┐
      │  중국황금그룹  │
      └─────────────┘
              │ 48.06%
              ▼
     ┌───────────────┐
     │ 중진황금주식회사 │
     └───────────────┘
```

㈜ 회사 자료로부터 KSERI 작성

아래의 <도표 4>에서 중진황금주식회사의 주요 경영실적을 살펴보면 2006년 기준 매출액은 전년대비 21%가 증가한 53.85억 위안으로 나타났다. 경상이익과 당기순이익도 111%와 121%가 증가한 4.03억 위안과 1.48억 위안을 기록하였다. 또 2007년 3분기까지의 누계 매출액은 전년동기대비 81.2%가 증가한 68.48억 위안으로 나타났으며, 경상이익과 당기순이익도 20.7%와 22.9% 증가한 4.23억 위안, 2.91억 위안으로 나타났다.

이어서 사업부문별 매출분포(내부거래 포함)를 보면, 금 제련사업이 전체 매출액의 82.2%에 해당하는 51.47억 위안을 차지하고 있으며, 채굴사업이 11.14억 위안으로 17.8%로 나타났다. 또 제품별 매출분포를 보면 금이 전체 매출액의 86.4%에 해당하는 46.52억 위안을 차지하고 있으며, 동과 기타(은, 납, 유황, 철)제품이 각각 5.97억 위안과 1.35억 위안의 매출을 기록하고 있다.

2006년 현재 중진황금주식회사의 전체 근로자 수는 8,785명이며, 특히 2005년 한 해에만 5,855명의 근로자가 증가한 것으로 나타났다. 이들 대부분이 생산직 인원으로, 현재 전체 근로자의 85% 가량을 생산직 인원이 차지하고 있다.

<도표 4> 중진황금주식회사의 주요 경영현황

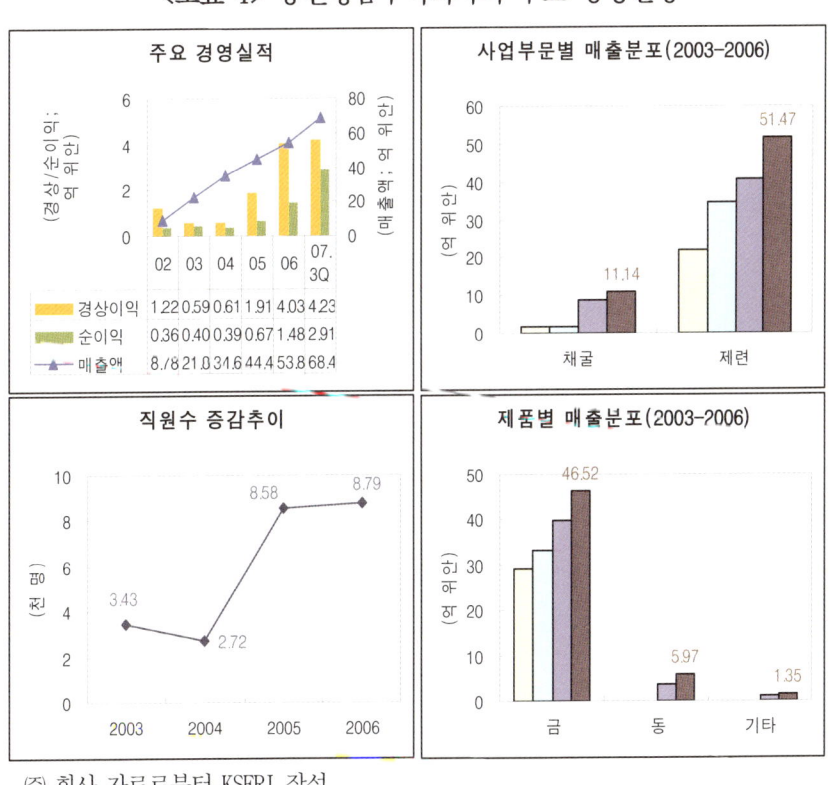

㈜ 회사 자료로부터 KSERI 작성

마지막으로 중진황금주식회사의 최근 주가추이를 <도표 5>에 정리하였다. 중진황금주식회사는 앞서 설명했던 것처럼 중국 금 생산업체 중 최초로 상하이증시에 상장하였다. 2003년 8월부터 거래가 시작된 중진황금주식회사의 거래주가는 2008년 3월 14일 현재 주당 105위안 전후로 상하이증시의 여타 주식의 주가와 비교해 상당히 높은 가격이라고 할 수 있다. 1년 전 주가와 비교해도 2.5배 이상 오른 상태라고 할 수 있다.

㈜ 상하이거래소 자료로부터 KSERI 작성

(2008년 3월 18일)